EKONOMIA

DBH 4

Anxo Penalonga Sweers

Ipuinak eta jokoak
Abelardo Fernández Bagüés

Berrikusketa teknikoa eta aholkularitza pedagogikoa
José Ángel Navarro Martínez
Abelardo Fernández Bagüés

W0279712

Mc Graw Hill Education

MADRIL · BUENOS AIRES · CARACAS · GUATEMALA · LISBOA · MEXIKO
NEW YORK · PANAMA · SAN JUAN · BOGOTA · SÃO PAULO · AUCKLAND
HAMBURG · LONDRES · MILNN · MONTREAL · NEW DELHI · PARIS
SAN FRANCISCO · SYDNEY · SINGAPUR · SANT LOUIS · TOKIO · TORONTO

VLADI

EDUKIEN TAULA

LIBURUAREN EGITURA

Unitatearen aurkezpena

Testu interesgarri bat, unitatea aurkezteko, laburpen moduan.

Laburpena atalean, unitateko edukiak aurreratzen zaizkizu.

Hasi aurretik, **ipuin** bat duzu. Unitateko edukien sarrera gisako bat da, modu atsegienean hasteko.

Edukien garapena

Testuak irudi asko ditu, teoria modu argian eta zehatzean ikasten laguntzeko..

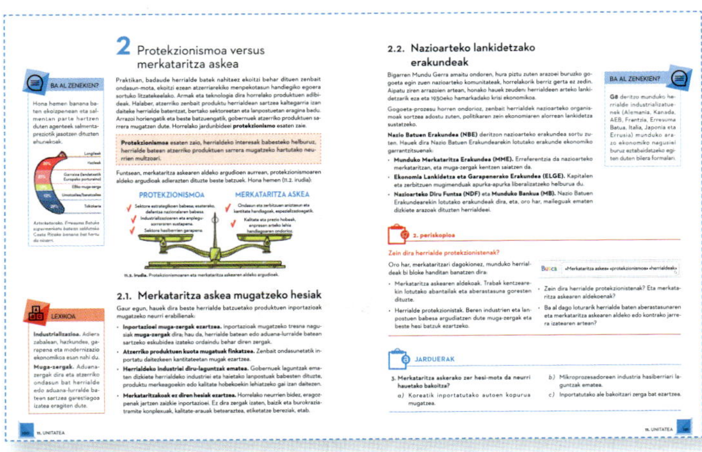

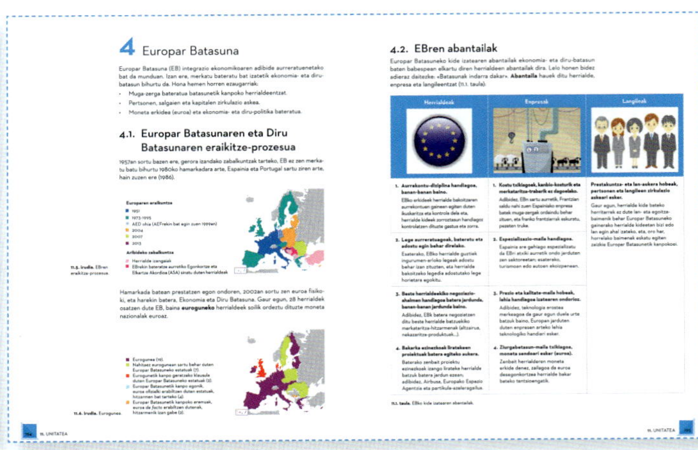

Zenbait motatako jarduerak topatuko dituzu, gaitasunak garatzeko; eta, horrez gain, informazio gehigarria ere baduzu, orrialdeen ertzetan.

JARDUERAK

Ezagutzak zabaltzeko.

JARDUERA EBATZIA

Ebatzitako jarduera bat, eduki garrantzitsuak ikasteko.

PERISKOPIOA

Arrazoitzen ikasteko jarduerak.

Unitatearen amaiera

Teoria amaitzeko, **kontzeptu-mapa** bat dago, unitatean landutako edukiak modu grafikoan ikusteko.

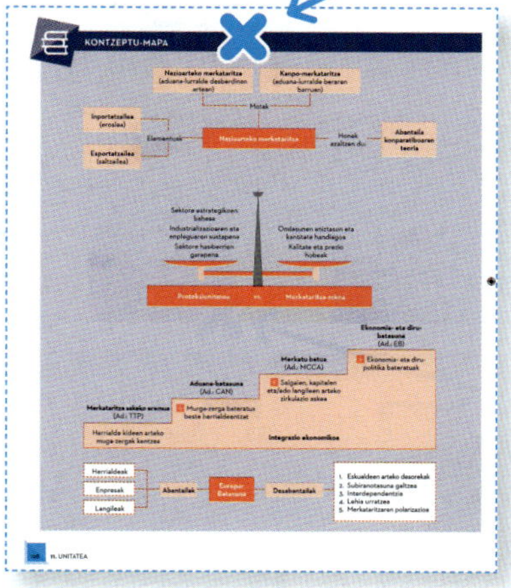

Berrikusketa-testa eginez, azkar eta egoki aztertu ahal izango duzu zenbat ikasi duzun unitate honetan.

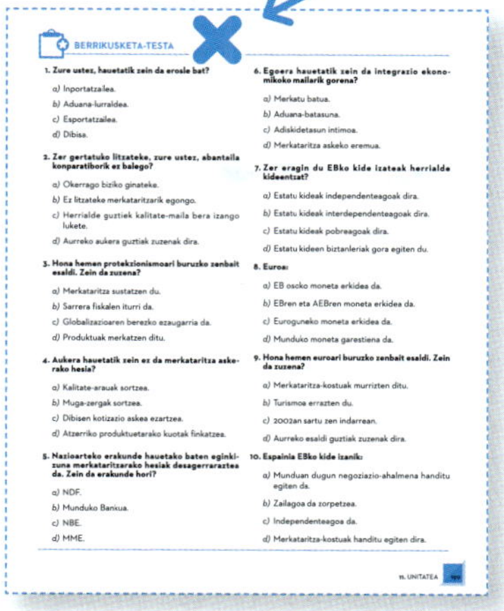

Prentsa-lantegian, ekonomiarekin lotutako albisteak aztertzen ikasiko duzu. Horrez gain, **lexikoa** atala dago, unitatean definitutako kontzeptu nagusiak begiratu batean berrikusteko.

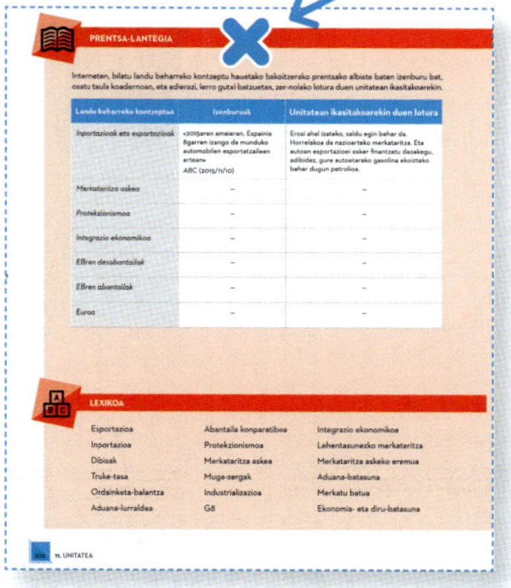

Unitatea amaitzeko, **ekonomiako joko** bat proposatzen dizugu: unitatean landutako gaiekin jarduteko eta haiek berrikusteko modu jostagarri-jostagarri bat.

Hiruhilekoaren amaiera

Hiruhilekoaren berrikusketa atalean, bi eztabaida-proposamen egiten dira: film bati buruzkoa (*Film-proposamena*) eta prentsa-albiste bati buruzkoa (*Albistea*). Eta amaitzeko, hiruhilekoko edukia berrikusteko *Galdetegia* dago.

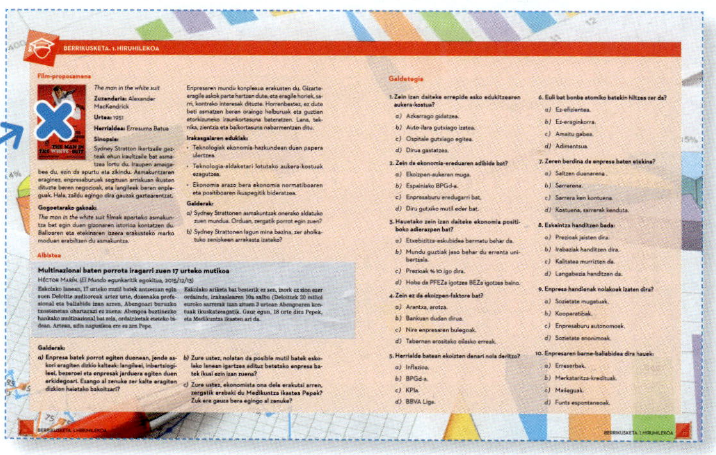

1 EKONOMIA, ZIENTZIA BALIAGARRIA

Gure beharrei eta behar horiek asetzeko modurik egokienei buruzko erabakiak hartzen laguntzeko. Horretarako sortu zen Ekonomia. Zientzia horrek aholku baliagarriak ematen dizkigu eskuragarri ditugun aukeren artean onena aukeratzeko; adibidez, gure dirua erabili behar dugunean edo lana bilatu behar dugunean.

Horrez gain, enpresei laguntzeko ere gai da ekoizpenari buruzko erabakietan, edo estatuei zergak finkatu behar dituztenean, edo zerga-ordaintzaileen baliabideak enplegatzeko erabakietan. Izan ere, ekonomiak bilakaera bat izan du, eta jada gai da erabakiak hartzen laguntzeko egoera oso ezberdinetan. Horretarako, printzipio gutxi batzuetan oinarritzen da. Unitate honetan ikasiko ditugu.

BERRIRO BIZI AHALKO BANU...

Berriro bizi ahalko banu nire bizitza,
hurrengoan akats gehiago egiten saiatuko nintzateke.
Ez nintzateke hain perfektua izaten saiatuko.
Izan naizen baino tuntunagoa izango nintzateke,
gainera, oso gauza gutxi hartuko nituzke serio.
Ez nintzateke hain aseptikoa izango.
Arrisku gehiago hartuko nituzke,
bidaia gehiago egingo nituzke,
ilunabar gehiagori so egongo,
mendi gehiago igoko nituzke, ibai gehiago igeri egingo.
Inoiz izan ez naizen leku gehiagotan izango nintzateke,
izozki gehiago jango nituzke, eta baba gutxiago
arazo erreal gehiago izango nituzke, eta alegiazko gutxiago.

Ez badakizue ere, horiez bakarrik dago eginda bizitza,
momentuez bakarrik; ez ezazue oraina galdu.

Baina ikusten duzue, 85 urte ditut...
eta badakit hiltzen ari naizela.

Nadine Stair
85 urte
Louisville, Kentucky

Galderak:

1. **Testuak aukera-kostuari buruz hitz egiten digu: bide bat aukeratzen dugun bakoitzean galtzen dugunaz. Nadinen ustez, zer aukera-kostu ordaindu ditu bizitzan?**

2. **Egileak dio: «Berriro bizi ahalko banu [...] bidaia gehiago egingo nituzke, ilunabar gehiagori so egongo, mendi gehiago igoko [...]». Zure ustez, zergatik ez zuen halakorik egin?**

3. **Nadinek esaten du: «[...] arazo erreal gehiago izango nituzke, eta alegiazko gutxiago». Zure ustez, zer alegiazko arazori buruz ari da Nadine?**

Laburpena

1 Zer da ekonomia?

Elikagaiak, jantziak eta hezkuntza pertsona guztiek behar dituzten ondasun eta zerbitzuak dira.

Beharra falta dugun zerbait asetzeko nahia da. **Ondasunak** (ukigarriak) edo **zerbitzuak** (ukiezinak) beharrak asetzen dituzten haiek dira.

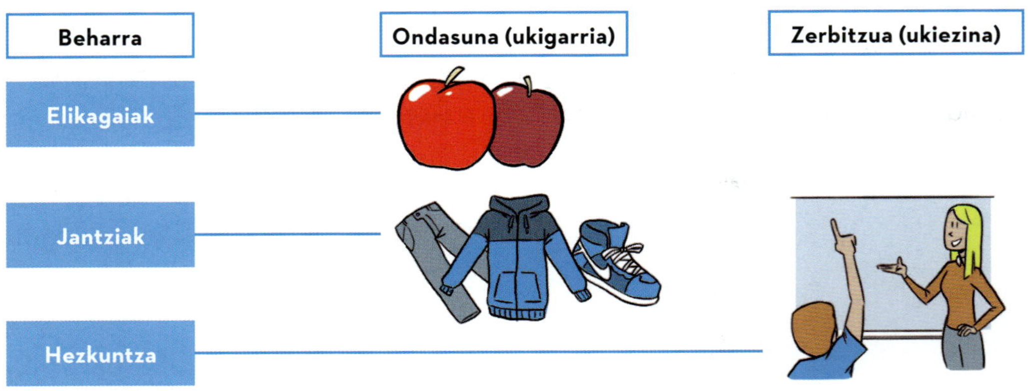

1.1. irudia. Beharren, ondasunen eta zerbitzuen adibideak. Pertsonek ondasunen (ukigarriak) eta zerbitzuen (ukiezinak) bidez asetzen dituzte beren gabeziak.

BA AL ZENEKIEN?

Ekonomia-gertakariak gizakia bezain zaharrak diren arren, zientzia moduan XVIII. mendean sortu zen Ekonomia, Adam Smith eskoziarraren eskutik.

Kontsumitzen dituzten ondasunen eta zerbitzuen kantitatea eta kalitatea da pertsona batzuetatik besteetara aldatzen dena; izan ere, batzuek besteek baino diru edo jabetza gehiago dituzte. Oro har, jendeak nahi baino ondasun eta zerbitzu gutxiago dagoenez, prezio bat jartzen zaie norentzat izango diren erabakitzeko.

Ingurura begiratze hutsarekin konturatuko zara ia-ia guztiak duela prezioa: liburuek, eskola-materialak, idazmahaiek, irakaslearen irakaspenek eta abarrek.

1.1. Baliabideak eta beharrak

Nahi dugun guztia erosteko nahi adina diru ez dugunez, ondo administratu behar dugu, gehien behar edo nahi dugun hura erosteko behintzat. Hor hasten da ekonomiaren esku-hartzea. Zientzia horrek gure beharrak (jantziak, elikagaiak, hezkuntza, etab.) baliabide urrien bidez (normalean dirua) asetzen laguntzen digu. *Ekonomia* hitza grekotik dator, eta etxea administratu esan nahi du.

Ekonomia gure beharrak asetzeko nahikoak ez diren baliabideak administratzeko pertsonok dugun moduaz arduratzen den zientzia da.

Egia esan, pentsatzen jarrita, gizakia eta haren inguru guztia mugatuak dira: euroak, kilometroak, segundoak, urteak, zentimetroak, kiloak, etab. Dena dago tasatuta edo neurtuta, eta, beraz, administratu eta kudeatu egin daiteke. Gure bizitzak berak ere denbora-muga du.

1.2. Ekonomia-eskasia

Guztiok dugu gure baliabideak administratzeko premia, gure nahien aldean urriak baitira baliabideak. Duguna baino gehiago nahi izatearen arazo horri ekonomia-eskasia esaten zaio, eta pertsona ororen ezaugarria da.

Ekonomia-eskasia pertsonen beharrak asetzeko nahikoa baliabide ez izatearen sentsazioa da.

Alabaina, eskasiaren sentipena gauza bat da, eta beste bat, oso desberdina, hura nabaritzeko modua: herrialde garatuetan, esaterako hemen, ondasunak eta zerbitzuak ugariak dira; eta herrialde azpigaratuetan (hau da, Hirugarren Munduan), nekez asetzen dira behar oinarrizkoenak.

GARRANTZITSUA

Pobrezia herrialde azpigaratuetan dago gehienbat. Aitzitik, ekonomia-eskasia unibertsala da: modu desberdinean bada ere, pertsona guzti-guztiei eragiten die.

1.2. irudia. Ekonomia-eskasiaren ezaugarriak.

1. JARDUERA EBATZIA

Carlos espainiarra da eta 20.000 € inguru irabazten ditu urtean administrari-lanetan. Lan berdinean, Abasik 1.700 €-ren baliokidea irabazten du Tanzanian. Deskribatu nola eragiten dien:

a) Ekonomia-eskasiaren arazoak.

b) Baliabide-eskasiak.

Erantzuna:

a) Bai Carlosek, bai Abasik ekonomia-eskasia dute (unibertsala da), baina modu ezberdinean hautematen dute. Biek egokitu behar dute beren aurrekontura, baina behar ezberdinak dituzte.

b) Baliabide-eskasia edo pobrezia ekonomia-eskasiatik haragoko zerbait da. Tanzania Espainia baino askoz herrialde pobreagoa da.

JARDUERAK

1. **Beharrezkoa al litzateke ekonomia Bibliako *Hasiera* liburuan deskribatutako paradisuan biziko bagina? Arrazoitu erantzuna.**
2. **Zeri esaten zaio eskasia hizkera arruntean? Eta zer da, berez, ekonomiaren ikuspegitik?**

2 Aukeratzeko beharra

Aurreko atalean ikasitakoa kontuan hartuta, bi funtsezko ideia daude ekonomiaren eta bizitzaren beraren muinean: ekonomia-eskasia eta aukeratzeko beharra.

1.3. irudia. Ekonomia-eskasiaren eraginez, aukeratu egin behar da nahitaez. Ezin dugu nahi dugun guztia eduki, baina, gutxienez, aukeratu egin dezakegu gure lehentasunak eta eskuragarritasuna kontuan hartuta.

Pertsonok gara aukeratzeko arduradunak, egunero hartzen diren milioika erabakiren bidez. **Erabaki-hartzaileen** edo **ekonomia-eragileen** hiru multzo bereiz ditzakegu: familiak, enpresak eta sektore publikoa (1.1. taula).

! GARRANTZITSUA

Familiak, enpresak eta sektore publikoa dira **erabaki-hartzaileak** edo **ekonomia-eragileak**.

Kontsumoa eta ekoizpena dira oinarrizko **ekonomia-jarduerak**.

Erabaki-hartzaileak	Erabaki-motak
Familiak	Kontsumo pribatua
Enpresak	Ekoizpen pribatua
Sektore publikoa	Gizartearen ongizatera bideratutako kontsumoa eta ekoizpena

1.1. taula. Ekonomiaren erabaki-hartzaileak.

Eta nola hartzen dira erabakiak? Aukerarik onena zein den erabakitzeko, gehien asetzen edo ongizate handiena ematen digun haren alde egiten dugu, gure lehentasunak eta gure denbora- eta diru-bitartekoak kontuan hartuta. Alabaina, erabakiak ez dira hain errazak izaten, ondorioak baitituzte: kostuak edukitzeaz gain, konplikazioak ere sortu ohi dira. Hain zuzen, alderdi hauek erabakiak baldintzatzen dituzte (1.2. taula):

Aukera-kostua	Zerbait aukeratzen dugun bakoitzean, zerbaiti uko egiten diogu, ondorio guztiekin.
Kostu berreskuraezinak	Okerreko erabaki bat hartzen badugu, ahaztu egin behar dugu kostu berreskuraezinez, eta egoera zuzentzen saiatu.
Etekinak eta kostu gehigarriak	Behin erabaki bat hartutakoan, beharrezkoak izan ohi dira beste erabaki txiki batzuk ere.
Pizgarriak	Oro har, pertsonok gure portaera aldatzen dugu sari bat jasotzeko edo zigorrik ez jasotzeko.

1.2. taula. Erabaki guztietan dauden ekonomia-kontzeptuak.

2.1. Aukera-kostua

Familiek, enpresek edo sektore publikoak, erabaki bat hartzen duten bakoitzean, uko egiten diete hautatu ez dituzten aukerei. Horregatik, erabakiak aukera-kostua duela esaten da, aukera bat beste baten ordez hautatzean aukera bat baliatu gabe uzten delako.

Aukera-kostua erabaki bat hartzen den bakoitzean uko egiten zaion horren balioa da, dirutan neurtuta egon ala ez.

2. JARDUERA EBATZIA

Ezkerreko zutabean dilema batzuk ageri dira. Azaldu zer aukera dauden haietako bakoitzari lotuta eta zer aukera-kostu duten.

Dilema	Erantzuna	
	Aukera	Aukera-kostua
Ikasi edo zinemara joan?	Ikasi	*Ikusi ez duzun filma.*
	Zinema	*Nota hobea.*
Prestakuntza-zikloak edo unibertsitateko ikasketak?	Zikloak	*Ospe akademiko handiagoa, eta, akaso, soldata hobea.*
	Unibertsitatea	*Lan-merkatura azkarrago sartzea.*
Nork bere kontura edo besteren kontura lan egin?	Besteren kontura	*Norberak finkatzea bere lan-helburuak eta helburu ekonomikoak.*
	Nork bere kontura	*Soldata finkoa.*
Etxea alokairuan edo jabetzan?	Alokairuan	*Ordaindutakoa berreskuratzeko aukera, erosi baino garestiago salduz gero.*
	Jabetzan	*Hipotekari edo berriz saltzen zaila den jabetzari lotuta egon beharrik ez izatea.*
Pentsio-plan pribatu bat kontratatu?	Ez	*Lan-bizitza amaitutakoan sarrera gehiago.*
	Bai	*Lan-bizitzan zehar gehiago erosteko aukera.*

2.2. Kostu berreskuraezinak

Iraganeko kostuak ere agertzen dira erabakietan, hau da, berreskuratu ezin diren kostuak.

Kostu berreskuraezinak iraganekoak dira, eta, beraz, ez lukete eragin behar erabaki berrietan.

Nahiz eta jakin ezinezkoa dela iraganeko kostuak berreskuratzea, erabaki baten ondoriozko kostu berreskuraezinek eragina izaten dute pertsonen hurrengo erabakietan, baldin eta egindako aukerarekin ez bazen asmatu.

Adibidez, azterketarako ikasten geratu ordez zinemara joatea erabakitzen badugu, filma gustatu ezean, aterako al ginateke zinematik galdutako denbora berreskuratzeko? Jende asko ez da gai hutsegitea onartzeko, eta geratu egiten da. Beraz, ez du filmaz gozatzen, eta ez du denbora berreskuratzen ikasteko. Hau da, lehen hutsegitea ez onartzeagatik, bigarren bat egiten du.

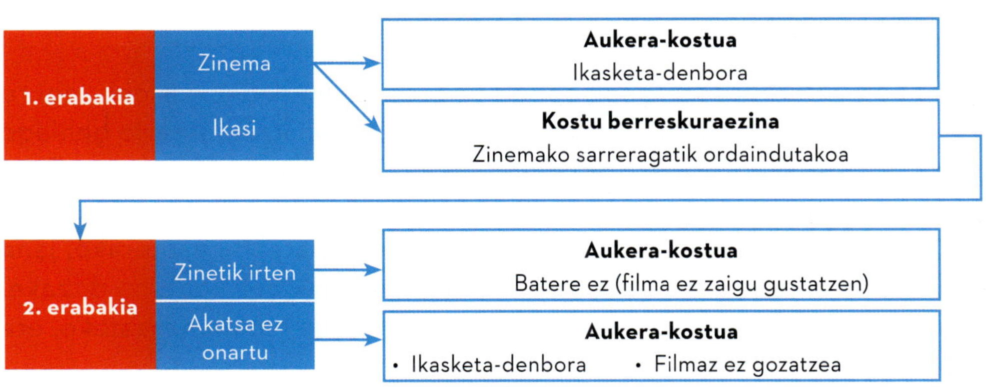

1.4. irudia. Gure hautuen kostu berreskuraezinak onartzea lagungarri izango zaigu gure erabakietan hutsegiterik ez egiteko.

! GARRANTZITSUA

Atal honetan aztertutako suposizioak sen onean oinarritzen dira, eta baliozkoak dira orokorrean, baina ez partikularrean. Erabaki asko informazio nahikorik gabe hartzen dira; beste batzuk aurrekontu mugatuarekin; eta beste asko, gehiegi, buruarekin ez, baizik eta bihotzarekin pentsatuta.

2.3. Etekinak eta kostu gehigarriak

Orain arte planteatutako erabakiek aukera bat beste baten kaltetan egitea zekarten. Alabaina, erabaki askotan ez da gauza bat ala bestea egitea erabakitzen, baizik eta, behin aukera jakin baten alde egindakoan, gehiago edo gutxiago egitea.

Erabaki-mota horretan kontua ez da guztia edo ezer ez aukeratzea, baizik eta etekinak eta kostu gehigarriak alderatzea erabakia fintzeko. Horrenbestez, analisi mota horri marjinal esaten zaio, mugan egiten delako, hau da, xehetasun txikiak kontuan hartuta.

Analisi marjinalak egindako aukera baten kostu gehigarriak eta etekin gehigarriak neurtzen ditu.

3. JARDUERA EBATZIA

Adierazi ezkerreko zutabean aipatutako erabaki bakoitzari lotutako kostu eta etekin gehigarriak.

		Erantzuna: analisi marjinala	
Erabakia	**Dilema**	**Kostu gehigarria**	**Etekin gehigarria**
Beroki bat erosi	50 € gehiago ordainduta, kalitate bereko eta marka hobeagoko beroki bat erosi.	*50 €*	*Estatus handiagoa*
Bidaia bat egin hilabete barru	20 € gehiagogatik, bidaia ezeztatzeko aukera ematen duen asegurua hartu.	*20 €*	*Bidaia ezeztatzeko malgutasuna*
Hoteleko logela bat alokatu	10 € gehiago ordaindu eta gosaria ere hartu.	*10 €*	*Hotelean gosaltzeko erosotasuna*

2.4. Pizgarriak

Erabaki bat hartzerakoan aukeren abantailek eta desabantailek eragina izaten duten arren, gure portaera aldatu egin daiteke tartean pizgarriren bat egonez gero.

Pizgarria pertsona edo eragile bat modu jakin batean aritzera bultzatzen duen hura da. **Sari** bat izan daiteke edo **zigor** bat.

Irakasle batek borondatezko lan bat egiteko eskatzen badie ikasleei, seguru asko ikasle batzuek bakarrik egingo dute. Eta, ziurrenik, boluntario gehiago izango dira irakasleak pizgarriren bat eskaintzen badu; adibidez, lanak aparteko puntuak ematen baditu ebaluazio-notarako. Era berean, irakasleak parte-hartze handiagoa lortuko du pizgarri negatibo batekin; esaterako, lana aurkezten ez dutenak zigortzen baditu. Bi pizgarriak ere konbina ditzake: gutxieneko batzuk eskatuta, parte-hartzea ahalik eta handiena izateko, eta lanik onenak sarituta.

4. JARDUERA EBATZIA

400 € inguru aurreztu ostean, zalantzak izan zituen Aitorrek: 350 € inguru balio zuen lasterketako bizikleta bat erosi edo antzeko balioa zuen jokodun bideokontsola bat erosi. Azken aukera horren alde egin zuen.

a) Azaldu Aitorren erabakia eskasiaren ikuspegitik.

b) Zein da bideokontsola erostearen aukera-kostua? Eta kostu berreskuraezinak?

c) Denda batean, Aitorrek nahi duen bideokontsola 369 euroan saltzen dute, 2 urteko bermearekin; beste batean, ordea, bermea 4 urtera luzatzen diote 399 € ordainduta. Azaldu zer dilemari egin behar dion aurre Aitorrek etekin eta kostu gehigarriei dagokienez.

d) Aurreztutakoaren zati bat gorde nahi zuenez, Aitorrek aukerarik merkeena lehenetsi zuen, bi urteko bermearena, hain zuzen. Haren aitaren iritziz, ordea, komenigarriagoa zen bermea luzatzea. Horregatik, 30 euroko alde hori ordaintzea eskaini zion pare bat asteburutan lorategian laguntzearen truke. Aitorrek aitaren eskaintza onartzen badu, zer aldaketa izango du Aitorren portaerak?

Erantzuna:

a) Aitorrek bizikleta eta bideokontsola erosi nahiko lituzke, baina aukeratu egin behar du, bere aurrekontua, guztiona bezala, mugatua delako.

b) Aitorren erabakiaren aukera-kostuak eta kostu berreskuraezinak:

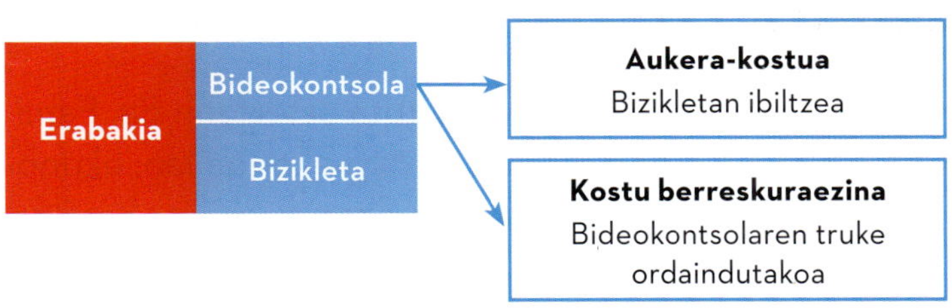

c) Analisi marjinala:

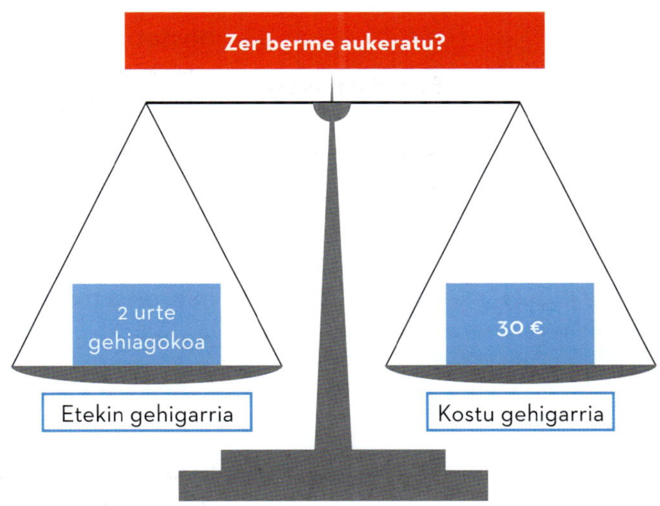

d) Aitorrek aldatu egin du bermeari buruzko erabakia; izan ere, aurreztutakoaren zati bat gordetzea pizgarri bat da harentzat, bermea aitak ordaintzen duelako lorategian laguntzearen truke.

JARDUERAK

3. Zer alde dago enpresen eta familien erabakien eta sektore publikoaren erabakien artean?

4. Zein izaten da jendearen irizpide orokorra erabaki bat hartu behar duenean? Zergatik ez da beti betetzen?

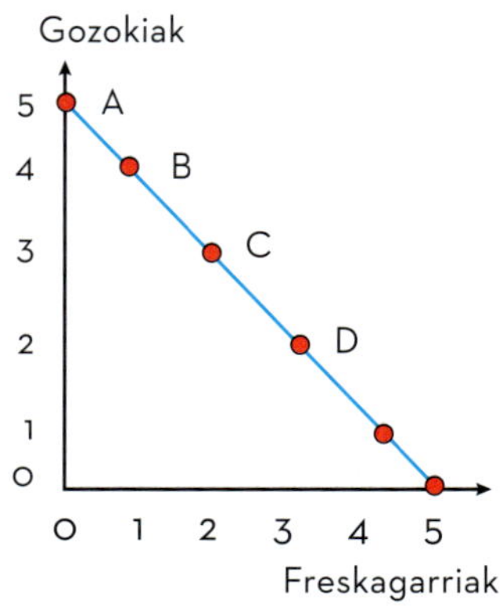

	Goz.	Fre.
A puntua	5	0
B puntua	4	1
C puntua	3	2
D puntua	2	3
E puntua	1	4
F puntua	0	5

1.5. irudia. Aukera-kostuaren ekonomia-eredua. Ikasle batek 5 €-ren aurrekontua du gozoki-sortatan (1 €) edo freskagarritan (1 €) gastatzeko. Zenbat eta freskagarri gehiago erosi, orduan eta gozoki gutxiago, eta alderantziz. Pertsona bakar baten portaera azaltzen du. Dena den, aukera-kostuaren aldetik, herrialdeek ere antzeko eredua erabiltzen dute erabakiak hartzeko. Herrialdeak esatea milioika pertsona esatea bezala da.

3 Ekonomiaren azterketa

Ekonomia oso konplexua da, familiatan, enpresatan eta gobernutan bildutako milioika pertsonaren erabakiak bezain konplexua. Hura ulertzeko, ekonomialariek **metodo zientifikoa** deritzona erabiltzen dute: iragana aztertzen dute modu arrazoituan, etorkizuna iragartzeko, matematika- eta estatistika-tekniken bidez.

Analisiaren azalpena edo ekonomia-arazoen igarpena errazteko, ekonomia-ereduak esaten zaien grafikoak erabiltzen dira askotan.

Ekonomia-ereduak adierazpen grafiko sinplifikatuak dira, errealitate askoz konplexuagoaren portaera adierazten edo iragartzen dutenak.

Paperean egindako adierazpen grafikoek ez dute aldagai asko adierazteko aukerarik ematen. Horregatik, adierazpenak argiagoak izan daitezen, bi aldagairen portaera soilik adierazi ohi da. Gainerako aldagaiek konstante dirautela jotzen da (1.5. irudia).

Horrez gain, beste zenbait diziplinatan egiten den bezala, ekonomia ere zatitu egiten da, errazago aztertzeko. Bi irizpide nagusi daude ekonomiaren azterketa sailkatzeko: alde batetik, aztergaia (mikroekonomia eta makroekonomia); eta, bestetik, azterketaren helburua (ekonomia positiboa eta ekonomia normatiboa).

3.1. Mikroekonomia eta makroekonomia

Ekonomiaren edukia haren protagonistak kontuan hartuta aztertzen da. Familiak, enpresak eta sektore publikoa oso garrantzitsuak dira ekonomian: ekonomiaren azterketa bi arlo handitan sailkatzen da elementu horiek ardatz hartuta. Hauek dira:

- **Mikroekonomiak** familia, enpresa eta sektore publikoaren banakako portaera eta haien elkarren arteko erlazioa du ardatz.
- **Makroekonomiak** ekonomiaren portaera globala aztertzen du, ekonomia-eragileen arteko erlazioen ondorio gisa. Portaera hori neurtzeko, zenbait adierazle erabiltzen dira: prezioen maila orokorra, enplegu-tasak, esportazioak, etab.

Mikroekonomia			Makroekonomia		
Mediku espezialista (bereizitako zatiak)			Familia-medikua (organismoa oro har)		
Otorrinoa	Traumatologoa	Kardiologoa	Pultsua	Tentsioa	Tenperatura

1.3. taula. Ekonomia giza gorputza izango balitz, **mikroekonomia** haren gorputz-atalen banakako azterketaz arduratuko litzateke (adibidez, burua, gorputz-enborra eta gorputz-adarrak), bai eta atal horiek lotzen dituzten nerbio, zain eta hezurrez ere.
Makroekonomiak, berriz, organismoa oro har aztertuko luke, bizi-zeinuen azterketaren bidez (pultsua, tenperatura edo arnasketa).

3.2. Ekonomia positiboa eta ekonomia normatiboa

Azterketaren helburua aintzat hartuta, bi ekonomia bereiz ditzakegu: ekonomia positiboa eta ekonomia normatiboa (XIX. mendeko bigarren erdian, *izaera* eta *izan beharko lukeena* esaten zitzaien, hurrenez hurren). **Ekonomia positiboak** gauzak nolakoak diren aztertzen du, eta **ekonomia normatiboak**, berriz, balioak aztertzen ditu, gauzek nolakoak izan beharko luketen, alegia (1.6. irudia).

Ekonomia

Positiboa

Gertatzen dena deskribatzen du, hegazkin baten kutxa beltzak egiten duen bezalaxe. Eztabaidaezinak diren datuak dira.

Adibideak
Salmenta datuak, esportazioak, soldatak, prezioak, kontratuak, ekoizpena.

Normatiboa

Ekonomia positiboko datuek sorrarazten dituzten teoriek, iritziek edota aurreikuspenek osatzen dute. Interpretazioak eta balioespenak izaten dira, eta, beraz, oso subjektiboak dira.

Adibideak
Zergak murriztea, diru-laguntzak gutxitzea, pentsioak igotzea.

1.6. irudia. Ekonomia positiboa eta ekonomia normatiboa.

1. periskopioa

Ekonomia normatibo eztabaidagarria

Irakurri arretaz ekonomiako prentsa-izenburu hauek:

a) «Irailean, 100.000 lagun gutxiago zeuden langabezian».

b) «% 10 hazi dira bigarren eskuko autoen salmentak».

c) «Gobernuak soldata izoztu die funtzionario publikoei».

d) «Jaurlaritzak tabakoaren eta alkoholaren gaineko zergak igoko ditu».

- Adierazi ekonomiako izenburu horietatik zein diren positiboak eta zein normatiboak.
- Bilatu Interneten ekonomia positiboko hiru albiste eta ekonomia normatiboko beste hiru. Azaldu zergatik sailkatu dituzun kategoria horietan.

GARRANTZITSUA

Ekonomia normatiboan, beti erakunde publikoren bat izaten da erabakiak hartzen dituena.

JARDUERAK

5. **Zer errealitate adierazten dute ekonomia-ereduek?**

6. **Zeren mende dago, azken finean, herrialde bateko ekonomia-bizitza zuzentzen duen ekonomia normatiboa? Zergatik?**

KONTZEPTU-MAPA

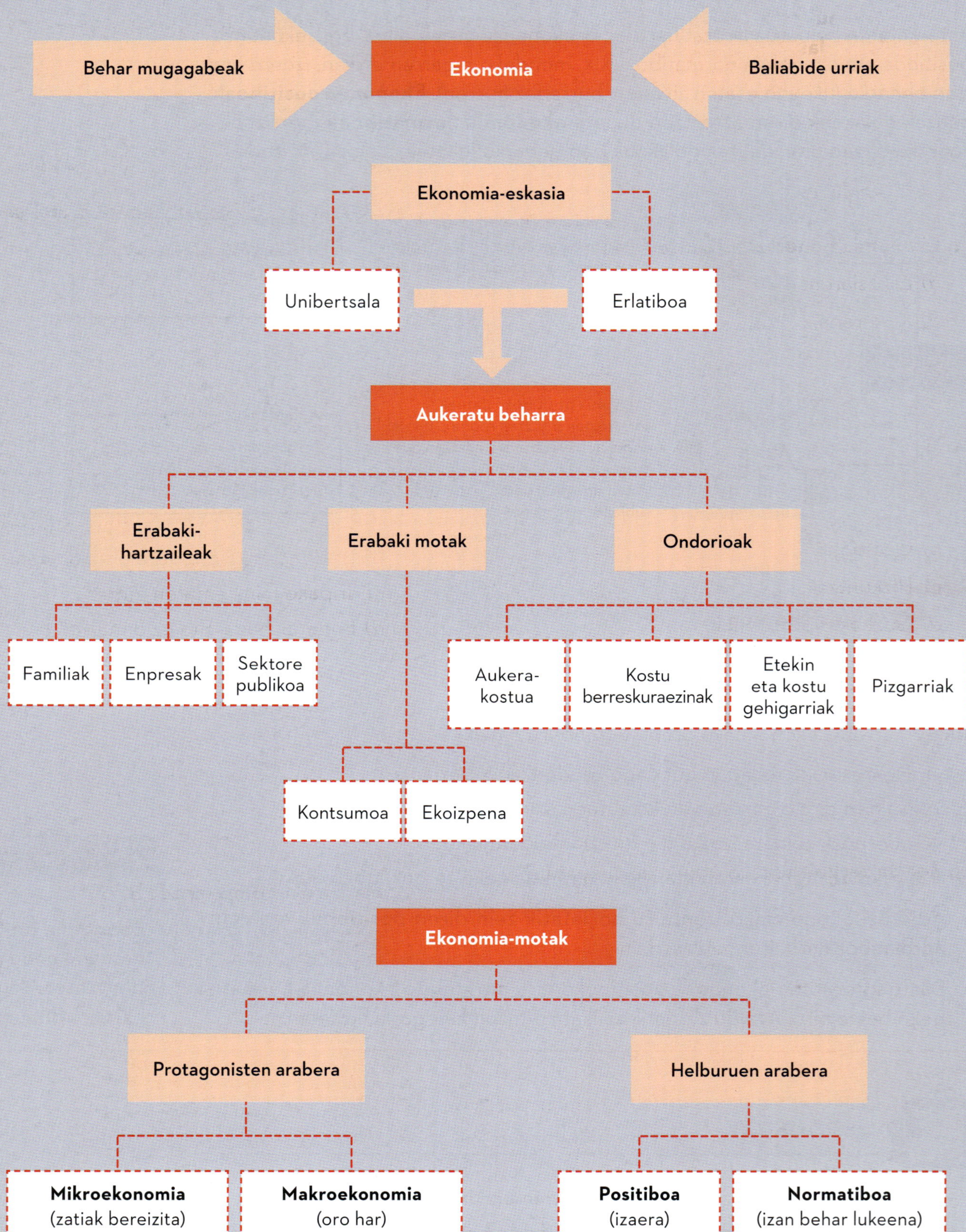

BERRIKUSKETA-TESTA

1. Langile hauetako batek zerbitzuak eskaintzen ditu (ez ondasunak). Zeinek?

a) Errementariak.

b) Abokatuak.

c) Baserritarrak.

d) Gozogileak.

2. Ekonomia honen zientzia da:

a) Eskasiarena.

b) Aukerena.

c) Beharrarena.

d) Guztiak dira zuzenak.

3. Tresna hauetako zein da baliagarria ekonomia aztertzeko?

a) Estatistika.

b) Geologia.

c) Hizkuntzak.

d) Guztiak dira zuzenak.

4. Zergatik dugu aukeratzeko beharra?

a) Geurekoiak garelako.

b) Beti dagoelako eskasia.

c) Gizakiak garelako.

d) Ez dugulako irizpiderik.

5. Zer da zerbait erostearen aukera-kostua?

a) Zerbait erosteagatik ordaintzen dudana.

b) Besteek zerbaitengatik ordainduko luketena.

c) Diru horrekin erosi ahal izango nituzkeen beste gauzak.

d) Erositakoari ematen diodan erabilera.

6. Hauetako zein da pizgarri bat nire txakurrarentzat, ondo porta dadin?

a) Saltxitxa bat ematea.

b) Bainugelan itxita uztea.

c) Telebistan futbol-partida bat jartzea.

d) Harekin batera zaunka egitea.

7. Zein da ikasgelan egotearen aukera-kostua?

a) Jakintsuagoa izatea.

b) Hemen eserita egon beharra.

c) Gainditzea.

d) Etxean geratzea kontsolarekin jolasten.

8. Zein da ikasgelan egotearen erabilgarritasuna?

a) Gehiago jakitea.

b) Lan-aukera gehiago izatea.

c) Nire adimena trebatzea.

d) Aurreko guztiak.

9. Martak film oso txar baten lehen 40 minutuak ikusi ditu jada, baina iruditzen zaio bukaeraraino ikusi behar duela. Martari kostu berreskuraezinek:

a) Eragin egiten diote bere erabakietan.

b) Ez diote eragiten bere erabakietan.

c) Tripako mina ematen diote.

d) Badena, bada. Eta ez dena, ez da.

10. Nola esaten diogu ekonomialariok testa ondo egiteagatik irakasleak positibo bat jartzeari?

a) Gainditzea.

b) Merezitako saria.

c) Justizia.

d) Pizgarria.

11. Zer da ekonomia-eredu bat?

a) Errealitatearen adierazpena.

b) Errealitatea bera.

c) Errealitatearen ordezkapena.

d) Aurreko guztiak zuzenak dira.

12. Politikari batek «mundu guztiak eduki behar luke etxebizitza» esaten duenean, nolako adierazpena egiten du?

a) Ekonomia positibokoa.

b) Ekonomia normatibokoa.

c) Ekonomia ebolutibokoa.

d) Ekonomia berreskuraezinekoa.

AMAIERAKO JARDUERAK

Teoria

1. Oro har, zure ustez berdina al da somaliar baten eta norvegiar baten baliabide-eskasia? Eta ekonomia-eskasia bera al dute? Arrazoitu zure erantzuna.

2. Zergatik esaten da ekonomia-eskasia erlatiboa dela aberatsei nahiz pobreei eragiten badie?

3. Viktor Janukovitx tirano bat zen, aberatsa. Luxuzko autoak gustatzen zitzaizkion: 10 Ferrari zituen, 15 Lamborghini eta beste auto asko. Behin, Porsche Panamera bat erostera joan zen, baina esan zioten azken alea salduta zegoela jada. Negarrez hasi zen Janukovitx.

Unitatean ikasitakoa kontuan hartuta, nola azalduko zenuke haren erreakzioa?

4. Baliabide asko izanda ere, herrialde guztietan aukeratzen al da norberaren nahien arabera? Arrazoitu erantzuna.

5. Kontsumoa eta ekoizpena dira ekonomiaren oinarrizko jarduerak. Zeren bidez erlazionatzen dira?

6. Zure etxean, gurasoek soldatak kudeatzen dituzte, gastuak zertan egin erabakitzeko. Zein dira hartzen dituzten erabakien aukera-kostuak?

7. Espainian, diru publikoa lapurtzeak eta lagunak *entxufatzeak*, hau da, ustelkeriak, 40.000 milioi euroko kostua eragiten du urtean.

Diru horrekin, 100 ospitale berri eraiki eta hornitu ahal izango lirateke, eta, horrenbestez, milaka bizitza salbatu. Ekonomiako zer kontzepturekin lotuko zenuke ustelkeriaren eta ospitaleen alderaketa hori?

8. Okerreko erabaki baten ostean ezinezkoa baldin bada zenbait kostu berreskuratzea, zergatik kostu berreskuraezin horiek arazoa izan daitezke erabaki berriak hartu behar direnean?

9. Zergatik deritzo analisi marjinala erabaki baten etekinen eta kostu gehigarrien analisiari?

10. Erabaki batean eragin dezaketen zer pizgarri-mota ezagutzen dituzu? Jarri pizgarri-mota bakoitzaren adibide bat.

11. Zerk bereizten du mikroekonomia makroekonomiatik? Eta ekonomia positiboa ekonomia normatibotik?

12. Esan ekonomiako zein adarrek, mikroekonomiak edo makroekonomiak, aztertzen dituen fenomeno hauek:

a) Prezioen igoerak eta jaitsierak.
b) Enpresen arteko lehia.
c) Familien kontsumoa.
d) Langabezia- eta okupazio-tasak.
e) Sektore publikoaren erabakiak.

13. Esan prentsako izenburu hauetako zein diren ekonomia positibokoak eta zein ekonomia normatibokoak:

a) «Jaitsi egin dira Gizarte Segurantzan erregistratutako kontratuak»
b) «Garestitu egin da gasolina»
c) «Burtsak sekulako kolpea hartu du»
d) «Udalak langabeak kontratatuko ditu lorezaintza-lanetarako»
e) «Gobernuak kendu egin du oinordetzen gaineko zerga».
f) «Gutxitu egin dira, gure lurraldean, banaketa-zentroak».
g) «Turismoak iaz baino emaitza hobeak izan ditu».

Praktika

14. **Kopiatu taula hau zure koadernoan eta bete hutsuneak.**

Beharra	Ondasuna (ukigarria)	Zerbitzua (ukiezina)
Aisia	---	---
Segurtasuna	---	---
Elikadura	---	---
Etxebizitza	---	---
---	Berokia	---
---	---	Osasun-arreta

15. **Irakurri arretaz zerrenda hau: esku-argia, lozakua, supiztekoa, ura, sakelako telefonoa, iparrorratza, soka, botika-kutxa, 20 €-ko billetea, gaileta-paketea eta erabilera askoko labana.**

Imajinatu basamortura zoazela pare bat egunerako eta sei gauza soilik eraman ditzakezula: zerrendako bost eta egokia iruditzen zaizun beste bat.

Egin aukeraketa beharrezkoena iruditzen zaizunetik hasi eta ez hain beharrezkoa iruditzen zaizunera. Gero, jardun taldean ikaskideekin, zerrenda bateratu bat egiteko.

16. **Esan honako taula honetan ageri den erabaki bakoitzak zer kostu eta etekin gehigarri dituen.**

Erabakia	Dilema
Kirol-oinetakoak erostea	20 € gehiagogatik kalitate hobeko oinetakoak erostea.
Hegazkinez bidaiatzea	10 € gehiago ordainduta eserlekua aukeratzea.
Telebista bat erostea	50 € gehiagogatik pantaila handiagokoa erostea.

17. **Ondo pentsatu ostean, Susanak nahiago izan zuen aurreztuta zeukan diruarekin informatika-tableta bat erosi eta ez sakelako telefonoa.**

a) Azaldu Susanaren erabakia eskasiaren ikuspegitik.

b) Zein da tableta erostearen aukera-kostua? Eta kostu berreskuraezinak?

c) Susanak nahi duen tableta 400 €-an saltzen dute dendan, 13 hazbeteko pantailaduna. Modelo bera baina 14 hazbetekoa, 469 €-an dago. Azaldu zer dilemari egin behar dion aurre Susanak etekin eta kostu gehigarrien aldetik.

d) Susanak 13 hazbeteko tableta erosteko adina soilik zuen aurreztuta, baina ados jarri zen amarekin: amak ipiniko zuen modelo hobea erosteko falta zitzaion dirua, baldin eta Susanak hiruhilekoan ez-nahikorik ateratzen ez bazuen. Nola aldatu du portaera Susanak?

18. **Zer aukera-kostu dituzte honako erabaki hauek?**

a) Lagunekin irten ekonomiako azterketarako ikasi ordez.

b) Aurrezkiekin sakelako telefono bat erosi informatika-tableta baten ordez.

c) Diskotekan dantza egin zinemara joan ordez.

d) Liburutegian irakurri igerilekuan igeri egin ordez.

e) Kirola egin telebistan zure telesail gogokoena ikusi ordez.

f) Janari lasterreko jatetxe batean jan dieta orekatu bat jarraitu ordez.

Ezinbestekoa · Beharrezkoa · Osagarria

PRENTSA-LANTEGIA

Bilatu Interneten landu beharreko kontzeptu hauetako bakoitzerako prentsa-albiste baten izenburua, osatu taula koadernoan, eta adierazi, lerro gutxi batzuetan, zer-nolako lotura duen unitatean ikasitakoarekin.

Landu beharreko kontzeptua	Izenburuak	Lotura unitatean ikasitakoarekin
Pobrezia eta ekonomia-eskasia ez dira gauza bera	«Orain landa-eremu bat erosi nahi dut Iowan» *La Nación* (2016/02/02)	Esaldi hau Donald Trump politikari iparramerikar izugarri aberatsarena da. Ia denetik du, baina, hala ere, eskasia sentitzen du. Aberatsek ere jarraitzen dute ez dituzten gauzak nahi izaten. Horregatik esan izan da «aberatsagoa ez da gehien duena, baizik eta gutxien behar duena».
Aukera-kostua	–	–
Etekin eta kostu gehigarriak	–	–
Kostu berreskuraezinak	–	–
Pizgarri positiboak	–	–
Pizgarri negatiboak	–	–
Ekonomia normatiboa	–	–

LEXIKOA

Beharra
Ondasuna
Zerbitzua
Ekonomia
Ekonomia-eskasia
Eragileak edo erabaki-hartzaileak
Aukera-kostua
Kostu berreskuraezinak
Etekin eta kostu gehigarriak
Analisi marjinala
Pizgarria
Ekonomia-eredua
Mikroekonomia
Makroekonomia
Ekonomia positiboa
Ekonomia normatiboa

EKONOMIAKO JOKOA

Ikasturte perfektua

Ikasturte berria hasi duzu, eta perfektua izatea nahi duzu. Horretarako, denbora zure bizitzako lau arlotan banatu behar duzu: ikasi, ondo pasa, kirola egin eta zure zaletasunak landu. Baina kontuz! Edozein unetan estu jar zaitzakete haietakoren batean.

Helburuak

Aukera-kostuaren kontzeptua lantzea: jokalariak gorde ditzakeen ahalik eta ikasketa, zaletasun, festa eta kirolen karta gehienen bidez adieraziko da. Helburua baliabideei ahalik eta probetxurik handiena ateratzea eta ikasturte perfektua lortzea da.

Denbora

15 minutu inguru partidako.

Jokalari-kopurua

Egokiena 3 edo 4.

Materiala

Karta-sorta.

Jokoaren arauak

Prestaketa:

Zortzikoak eta bederatzikoak kendu behar dira karta-sortatik. Urreak ikasten pasatutako orduak dira; kopak festan edo neska-mutil berriak ezagutzen pasatutakoak; ezpatak rol-jokoetan pasatako orduak; eta bastoiak futbolean jokatzen igarotakoak.

Karta bakoitzaren zenbakiak esaten du jarduera horretan zenbat ordu igaro diren (adibidez: 5eko urrea = 5 ordu ikasten).

Jokoaren hasiera:

Kartak hartu eta jokalari bakoitzari bost karta banatuko zaizkio. Kartak banatzen dituenaren eskuineko jokalaria esku izango da, eta hura hasiko da. Haren atzetik besteak.

Txanda:

1. Eskuak erabakiko du zer jarduera egin, eta esango du: «azterketa egingo dugu» (urreetara joan), «festa muntatu dut» (kopetara joan), «rolean ibiliko gara» (ezpatetara joan) edo «futbol-partida egingo dugu» (bastoietara joan).
2. Orduan, eskuak mahai gainera bota behar ditu jarduera horretan igaro nahi dituen orduak (karta-sortako palo horretako kartak). Buruz behera egon daitezke kartak, bat izan ezik (esandako jarduerari dagokion palokoa izango da hura).
3. Hurrengo jokalariek, hurrenez hurrez, jarduera horri (urre, kopa, ezpata edo bastoi) eskaini nahi dizkioten orduak (kartak) botako dituzte mahai gainera, gutxienez karta bat ahoz gora dagoela.
4. Txanda amaitutakoan karta guztiak buruz gora jarriko dira, eta ordu gehien pilatzen dituen jokalariak (jarduerari dagozkion paloko kartekin puntu gehien pilatzen dituenak) txanda irabaziko du; hau da, puntu bat.

Hurrengo txandak:

1. Jokalari bakoitzari bi karta berri banatuko zaizkio, hurrengo jokalaria izango da esku, eta txanda errepikatu egingo da.
2. Kartak amaitu arte jarraituko du partidak.
3. Puntu gehien pilatzen dituenak irabaziko du.

2 EKOIZPENA ETA HAZKUNDEA

Ondasun eta zerbitzu oro lanaren, lanabesen eta beste material eta instalazio batzuen jarraibide bateratuaren emaitza da. Ekoizpen-baliabide edo ekoizpen-faktore deitzen diegu, eta instrukzio multzo bati jarraituz konbinatzen dira, sukaldeko errezetetan gertatzen den bezala. Teknologia deritze.

Eskuragarri dauden baliabideek eta haiek konbinatzeko erabilitako teknologiaren mailak zenbait ekoizpen-aukera ematen dizkio ekonomia bati: adibidez, aukeratu ahal izango du nekazaritza-produktu gehiago edo industria-ondasun gehiago ekoitzi. Teknologia hobetzen denean edo eskuragarri dauden ekonomia-baliabide kopurua ugaritzen denean, interes handiko fenomeno bat posible bihurtzen da: ekonomia-hazkundea.

ABENDUAREN 22 HARTAN...

Abenduaren 22a zen. Miren eta Ane, bi lagun bereizezin, elkarrekin ari ziren telebista ikusten. Gabonetako loteriako billete bana erosi zuten. 32.012 zenbakia Mirenentzat, eta 32.013, Anerentzat. Zorte pixka batekin, bietakoren batek bota adinakoa jasoko zuen. Denek dakite loterian inoiz ez dela irabazten.

San Ildenfonsoko haurrak zenbakiak kantatu zituen: «Hogeita hamabi miiila... hamaaabi!» Mirenek eta Anek aulkiei heldu zieten ikusten ari zirena sinetsi ezinik: «Laurehun milaaa eeeuro!» Saltoka hasi zen Miren, elkar besarkatu zuten bi lagunek. Sekulako festa izan zen. Miren aberastu egin zen.

Hurrengo egunean, ohean geratu zen Miren telebista ikusten. Diru asko zuen, eta jada ez zeukan lanera joan beharrik. Bolada batean zoriontsu izan zen Miren. Bidaiak egin zituen, eta gauza garestiak erosi. Ane ere gonbidatzen zuen asteburu guztietan.

Ane bere gelan geratu zen negozioren bati buruz pentsatu nahian, denda bat jarri, tailer bat sortu... Zerbait. Dirua irabazten hasi beharra zeukan. Oso ona zen pastelak egiten. Zergatik ez jarri gozotegi bat? Bankura joan eta kreditu bat eskatu zuen, baina etxebizitzarik ez zuenez, ez zioten eman. Mila modutara saiatu zen. Azkenean, ordea, ez zuen lortu, eta inoiz ezin izan zuen gozotegia jarri. Kutxazain lan egin behar izan zuen.

Egun batean, Mirenek poltsa eder bat ikusi zuen denda baten erakusleihoan, eta haren apeta jarri zitzaion. Dendara sartu zen erostera. Hartu zuen poltsa eta saltzaileari txartela eman zion ordaintzeko. Saltzaileak oso serio begiratu, eta esan zion: «Ez duzu saldorik, andereño». Bukatu egin zitzaion dirua. Mireni malkotxo bat atera zitzaion. Akaso kutxazain izan zitekeen bere laguna bezala.

Galderak:

1. **Mirenek dirua zuen, eta Anek pastelak egin nahi zituen. Zure ustez, egin al zezaketen proiektu bat elkarrekin?**
2. **Zure ustez, hobeto al da besterentzat lan egitea nork bere negozioa sortzea baino? Zergatik?**
3. **Imajinatu loteriako sari nagusia egokitzen zaizula lagun batekin zaudenean. Mirenek bezala dena gastatuko zenuke ala proiekturen bat jarriko zenuke martxan?**

Laburpena

1 Ekoizpen-faktoreak: natura-baliabideak, lana, eta kapitala

2 Ekonomia-sektoreak

3 Ekoizpen-aukeren muga

4 Ekonomia-hazkundea

1 Ekoizpen-baliabideak: natura-baliabideak, lana eta kapitala

Ekonomia-jarduera guzti-guztien muinean ekoizpena dago, hura gabe ez dagoelako kontsumorik. Zenbat eta handiagoa izan kontsumoa, orduan eta handiagoa izaten da ekoizpena, eta alderantziz. Dena den, ekoitzitako kantitatea eta kalitatea enpresek eskuragarri dituzten bitarteko edo baliabideen mende dago.

2.1. irudia. Natura-baliabideak bi multzotan sailka daitezke: berriztagarriak (eguzkia, haizea) eta ez-berriztagarriak (ikatza, petrolioa, gasa). Bien erdibidean, hirugarren kategoria bat dago, **landare- eta animalia-baliabideak.** Berriztagarriak dira, baina egoki kudeatzen badira bakarrik. Horrelakoak dira, esaterako, basoak eta arrantza.

Ondasunak eta zerbitzuak ekoizteko eta banatzeko erabilitako oinarrizko elementuak dira **ekoizpen-baliabideak** edo **-faktoreak**.

1.1. Ekoizpen-faktoreen sailkapena

Ekoizpen-baliabideak edo -faktoreak beren jatorria kontuan hartuta sailkatzen dira:

- **Natura-baliabideak (lurra).** Jatorria naturan dutenak dira. Termino hori adiera zabalean erabiltzen da eta, landatzeko lurraz eta hiri-lurraz gain, lurzoruko eta itsasoko baliabideak ere hartzen ditu, hala nola mineralak eta arrainak.
- **Lana.** Ekoizpen-prozesuan parte hartzen duen ordaindutako giza jarduera fisiko nahiz intelektual oro da. Gaur egungo gizartean mekanizazio- edo informatizazio-maila oso handia bada ere, ezinezkoa da ordenagailu bat erabiltzea, uzta biltzea edo ikatza erauztea gutxienez pertsona batek parte hartu gabe.
- **Kapital-ondasunak.** Enpresaren titulartasuna duten ondasunak dira, eta bi multzo handitan banatzen dira: alde batetik, dirua, eta, bestetik, elementu fisikoak edo ondasunen eta zerbitzuen ekoizpenean eta banaketan erabilitako ondasun eta zerbitzuak (eraikuntzak, makinaria, altzariak, ordenagailuak eta lursailak, besteak beste).

! GARRANTZITSUA

Autore batzuek laugarren baliabide bat ere aipatzen dute: **enpresa-ekimena.** Haien esanetan, lehengaiak, lana eta kapitala biltzea ez da nahikoa ekoizpenak eta banaketak behar bezala funtzionatzeko; baliabideak antolatzen eta langileak zuzentzen ere jakin egin behar da. Enpresaburua arduratzen da zeregin horietaz.

1.2. Ekoizpen-baliabideen konbinazioa

Neurri baten edo bestean, herrialde guztiek dituzte ekoizpen-baliabideak (natura-baliabideak, lana eta kapitala), baina zenbat ondasun eta zerbitzu ekoitz ditzakete baliabide horiekin? Eta baliabideen kantitatearen mende al dago guztia? Baliabideen kantitatea bezain garrantzitsua da baliabide horiek konbinatzeko modua. Erabilitako ekoizpen-baliabideen konbinazioaren arabera (hau da, ekoizpen-metodoaren arabera) sortuko dira aldeak ekoizpenean. Baliabideen konbinazio horri teknologia esaten zaio.

Ondasun edo zerbitzu bat lortzeko erabilgarri dauden faktoreen konbinazioari **teknologia** esaten zaio.

1. JARDUERA EBATZIA

Paulek eta Mikelek ekonomiako lana aurkeztu dute. Paulek eskuz idatzita aurkeztu du, eta, Mikelek, berriz, ordenagailuz idatzita. Adierazi kasu bakoitzean erabilitako ekoizpen-baliabide edo -faktoreak eta deskribatu zer teknologia-mota den.

Erantzuna:

	Lana	Kapitala	Teknologiaren deskribapena
Paule	Eskuz idatzi	*Papera, bolaluma, errotuladoreak*	*Lan gehiago kapitala baino*
Mikel	Teklatuarekin idatzi eta ekipamenduak maneiatu	*Ordenagailua, papera, inprimagailua*	*Kapital gehiago lana baino*

Bi kasuetan lana eta kapitala ekoizpen-baliabideak erabili dituzte lana aurkezteko, baina teknologia ezberdinak erabilita.

1.3. Ekoizpen-faktoreen ordainketa

Ekoizpen-faktoreak pertsonenak dira, eta horiek enpresei saldu edo alokatzen dizkiete, errenta izeneko sari baten truke.

Errentak ekoizpen-baliabide bat denbora-aldi jakin batean erabiltzearen truke ordaintzen den balioa edo prezioa adierazten du.

2.2. irudia. Altzarien eskuzko ekoizpena.

Erabilitako ekoizpen-baliabidea kontuan hartuta, izen ezberdina hartzen du errentak: **soldata**, lanak sortzen badu; **alokairua**, natura-baliabideek sortzen badute; eta **interesa**, jatorria kapitalean badu. Ikus dezagun grafikoki:

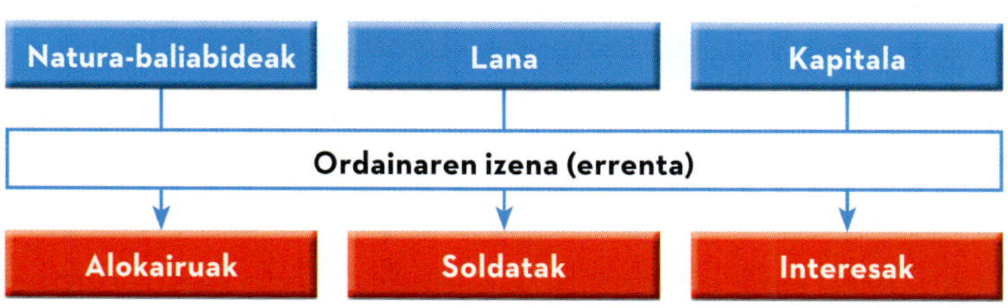

2.3. irudia. Ekoizpen-baliabideen ordainketari ematen zaizkion izenak.

JARDUERAK

1. Azaldu esaldi hau: diru guztia ondasun-kapitala da, baina kapital guztia ez da dirua.
2. Zer lotura dute errentak eta enpresen ekoizpen-jarduerak?
3. Suitza eta Japonia herrialde aberatsak dira, nahiz eta beste herrialde batzuen aldean natura-baliabide gutxi dituzten. Beste herrialde batzuk, aldiz, oso pobreak dira, natura-baliabide ugari dituzten arren. Zure ustez, zer faktorek azaltzen dute kontraesan hori?

GARRANTZITSUA

Hizkera arruntean, ez dira bereizten teknologia eta teknologia-aurrerapenak. Horrenbestez, pentsatu ohi da teknologia berriak soilik direla teknologia. Eta ez da horrela, eskuzko ekoizpen-metodoak ere teknologia baitira. Gertatzen dena zera da: gero eta gehiago direla eskulanaren ordez makina gehiago eta hobeak erabiltzen dituzten teknologiak.

2 Ekonomia-sektoreak

Enpresen jarduerak ekoizpen-prozesu motaren arabera sailkatu daitezke.

Ekonomia-sektoreek lurralde bateko ekonomia nola dagoen banatuta adierazten dute. Horretarako, ekoizpen-prozesu motari erreparatzen diote.

Ekonomia-sektoreak hiru dira:

a) **Lehen sektorea.** Baliabideak edo lehengaiak ateratzen ditu naturatik, nekazaritza-, abeltzaintza-, meatzaritza- edo arrantza-jardueren bidez. Gaur egun, lehen sektoreko ekoizleek arazo larriak dituzte, sarrerekin nekez estaltzen baitituzte ekoizpen-kostuak.

b) **Bigarren sektorea. Industria-sektorea** ere esaten zaio. Lehengaiak landutako produktu bihurtzen ditu. Eraikuntzak, industriak eta energiak garrantzi handia dute sektorean. 1970eko eta 1980ko krisien eraginez, enpresa asko itxi ziren, eta birmoldaketak egin behar izan ziren Espainiako ekonomian garrantzi handia zuten jardueretan; esaterako, ehungintzan, ontzigintzan eta siderometalurgian. Gaur egun, Espainiako industriak zenbait **arazo** larriri egin behar die aurre:

- **Faktura energetikoa.** Inportatutako erregai fosilekiko mendekotasuna da gaur egungo ezaugarri nagusia, energia berriztagarriek (eguzki-energiak eta haize-energiak, adibidez) ekarpen oso txikia egiten baitute, eta energia nuklearrak arriskuak baititu.
- **Deslokalizazioa.** Hala esaten zaio, aurrezteko edo beste enpresekiko abantailak lortzeko, enpresak beste herrialde batzuetara lekualdatzeari.
- **Teknologia-defizita.** EBko azkenetakoa da Espainia ikerketa, garapen eta berrikuntzako (I+G+B) inbertsioetan. Horregatik, inportatutako teknologiak erabili behar dituzte, eta horrek dakartzan kostu handiak ordaindu.
- **Enpresen tamaina txikia.** Enpresak txikiak izatea (% 99 baino gehiago **ETEak** dira, gehienak enpresa txikiak) eragozpena da finantziazio-iturri onak izateko edo jarduera nazioartekotzeko.

c) **Hirugarren sektorea.** Zerbitzuak ematen dizkie jendeari edo beste enpresa batzuei. Horrelakoak dira, adibidez, banku-jarduera, Internet, garraioa eta turismoa. Mendebaldeko gizarteen aberastasunak gora egin duenez, emakumeak lan-merkatuan sartu direlako eta langileen produktibitatea handitu delako, handitu egin da zerbitzuen eskaria, hala nola, aisialdiarekin, kulturarekin eta osasunarekin lotutako zerbitzuena. Hirugarren sektorea garatzeko, erabakigarriak izan dira, besteak beste:

- **Turismoa.** Espainiak 60 milioi bisitaritik gora izaten ditu urtean, eta, Frantziaren atzetik, munduko bigarren turismo-helmuga garrantzitsuena da.
- **Zerbitzuen esternalizazioa.** Gaur egun, lehen beren langileriarekin egiten zituzten zenbait jarduera beste enpresa batzuei azpikontratatzen dizkiete enpresek, esaterako, garbiketarako, segurtasunerako eta osasun-laguntzarako zerbitzuak.

2.4. irudia. Uzta biltzeko makinak lan asko aurrezten du nekazaritzan. Industriako langileek ekoizten dute makina hura, eta zerbitzuen sektoreko langileek konpontzen.

LEXIKOA

Nazioartekotu. Merkatu propioan ez ezik, atzerriko beste merkatu batzuetan ere aritzea esan nahi du.

ETE. Enpresa txiki eta ertainak adierazteko erabiltzen den akronimoa.

1. periskopioa

Deslokalizazio-prozesuak eta antzekoak

Besteak beste, kostuak aurrezteko, eskura azpiegitura hobeak izateko eta ondo prestatutako langile gehiago izateko **deslokalizatzen** dira enpresak beste herrialde batzuetara. Lehia-abantailaren bat eskuratzeko ere deslokalizatzen dira, hau da, beste enpresekin baldintza hobeetan lehiatzeko.

Ekoizpen-jarduera, kapitala eta horien ondorioz enplegua lekuz aldatzeak ondorio ekonomiko handiak izan ohi ditu kaltetutako herrialdean baldin eta alde egin duen enpresa multinazional bat bada, eta berarekin batera milaka enplegu eta inbertsioak beste herrialde batera eramaten baditu.

Tamalgarria izaten da enpresak herrialde batetik alde egitea, baina, era berean, ospatzeko modukoa izaten da enpresa handi batek norbere herrialdea aukeratzea enpresa berri bat jartzeko. Antzeko prozesua da **birlokalizazioa** ere, hau da, enpresak berriro bueltan etortzea aurrez utzi zuten herrialde horretara.

Bilatu «zure_hiria» «zure_autonomia_erkidegoa» deslokalizazio, birlokalizazio, faktoreak

- Adierazi zer beste faktorek eragiten dieten enpresei herrialde jakin batean kokatzea erabakitzeko.
- Adierazi Euskal Autonomia Erkidegoan edo zure herrian kokatzea erabaki duten enpresak, eta adierazi izandako ondorio ekonomikoak eta erabakian eragin duten faktoreak.
- Adierazi Euskal Autonomia Erkidegotik edo zure herritik deslokalizatu diren enpresak, eta adierazi izandako ondorio ekonomikoak eta erabakian eragin duten faktoreak.

GARRANTZITSUA

Gizarte garatuetan, mekanizazioaren eta nekazaritzaren produktibitate handiaren eraginez, populazioa hirietara joan da. Hori dela eta, zerbitzuen eskaintza handitu behar izan da. Fenomeno horri **tertziarizazio** esaten zaio.

BA AL ZENEKIEN?

Espainian, lehen, modu zentralizatuan eskaintzen ziren zerbitzuak. 17 autonomia-erkidegoei eskumenak transferitu ostean, ugaritu egin dira zerbitzu publikoak.

JARDUERAK

4. **Zer faktorek lagundu dute Mendebaldeko gizarteak (adibidez, EAEkoa) tertziarizatzen?**
5. **Zergatik izaten da arazo bat herrialdeentzat I+G+Baren arloan gutxi inbertitzea?**
6. **Zure ustez, enpresa handi batentzat zer abantaila eta desabantaila ditu lehen enpresan bertan egiten ziren zerbitzu batzuk kanpoko baten esku uzteak, esternalizatzeak, alegia?**

3 Ekoizpen-aukeren muga

! GARRANTZITSUA

Eredu ekonomikoek modu sinplifikatuan erakusten dute errealitate ekonomikoa.

Lasterkari olinpiko batek, bere kirol-ibilbidean ahalmenak ahalik eta ongien erabiliko balitu, bere potentzialaren muga lortuko luke. Gizarte guztiek ere ekoizpen potentzial jakin bat dute, hau da, ondasunen eta zerbitzuen ekoizpenaren muga honako hauei ahalik eta etekin handiena ateraz gero:

- Ekoizpen-baliabideei.
- Eskuragarri duten teknologiari.

Ekoizpen potentzialaren mugari ekoizpen-aukeren muga (EAM) esaten zaio, eta lortu ahal izateko, nahitaezkoa da eskuragarri dauden baliabideak modu ezin hobean antolatzea, ahalik eta ongien baliatzeko.

Ekoizpen-aukeren muga (EAM) da gizarte batek ekoizpen-baliabide eta teknologia batzuk erabilita aldi jakin batean ekoitzi ditzakeen ondasunen eta zerbitzuen gehienezko kantitatea.

Herrialde jakin batek, ondasun jakin bat ekoitzi ahal izateko, berez urriak diren ekoizpen-baliabide batzuk erabiltzea aukeratzen duen bakoitzean, uko egiten die gainerako aukerei. Hau da, aukeraketa bakoitzak **aukera-kostu** bat du, aurreko unitatean ikusi dugun bezala.

EAMaren kontzeptua azaltzeko, grafikoki aztertuko dugu, aukera-kostua ere adierazten duen ekonomia-eredu bat erabilita. Horretarako, ohikoena izaten da herrialde batek bi ondasun eta zerbitzu jakin bakarrik ekoizten dituela pentsatzea, nahiz eta edozein herrialdek milaka edo milioika ere ekoizten dituen urtean. Hau da EAMa grafikoki irudikatzeko erabiltzen dugun metodoa (2.5. irudia):

a) Ardatz-diagrama batean, ondasunak edo zerbitzuak adieraziko ditugu.

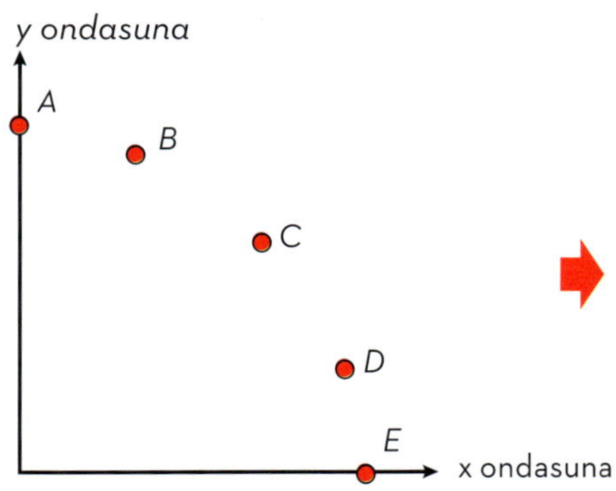

b) Ondoren, konbinazioak egingo ditugu, eta letra batekin izendatuko puntuak (*A, B, C, D...*). Letra bakoitzak konbinazio efiziente bat adierazten du, eskuragarri dauden baliabideak ahalik eta ondoen erabiltzen direlako.

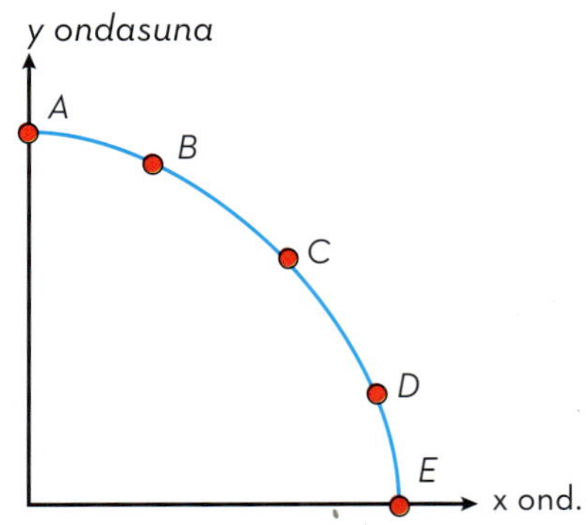

c) Jarritako puntuak elkartuta, EAMa trazatuko dugu. EAMaren gainetik dauden puntuek lortu ezin diren konbinazioak azaltzen dituzte; azpitik daudenek, berriz, lor daitezkeen konbinazioak erakusten dituzte, baina puntu horiek ez dira efizienteak.

2.5. irudia. EAMaren irudikapen grafikoa.

2. JARDUERA EBATZIA

Maitane batxilergoko ikaslea da, eta 20 ordu ditu astean libre. Ikasten *(i)* edo gurasoei familiako negozio txikian laguntzen (*l*) banatzen ditu ordu horiek. Izandako esperientzia kontuan hartuta, Maitanek taula honetan adierazi ditu egin ditzakeen konbinazioak, emaitzak neurtuta; batetik, eskolako batez besteko notak neurtu ditu, eta, bestetik, lana egitearen truke eskuratzen duen dirua.

Konbinazioa	A		B		C		D		E	
Banaketa	(i)	(l)	(i)	(l)	(i)	(l)	(i)	(l)	(i)	(l)
20 ordu	20	0	15	5	10	10	5	15	0	20
Nota	8		7		5		3		0	
Euroak	0		20		35		45		60	

2.1. taula. Ikasketa-orduen (i) eta lanaren (l) banaketa posibleak.

a) Deskribatu EAMa puntuz puntu grafikoki irudikatzeko metodoa.

b) Grafikoaren zer puntutan lortzen du Maitanek bere potentziala? Hau da, zer puntutan da efizientea?

c) Zer interpretazio egin beharko litzateke EAMako puntuetara iritsi ordez Z puntuan geratuko balitz Maitane (20 € eta batez beste 3 nota)?

d) EAMari jarraituz, posible al da Maitanek H puntua erdiestea (35 € eta batez beste 8 nota)?

e) Zein da 8 nota lortzearen aukera-kostua Maitanerentzat?

f) Lotu Maitaneren EAMa kontzeptu hauekin: baliabide-eskasia, aukera-kostua eta ekoizpen potentziala.

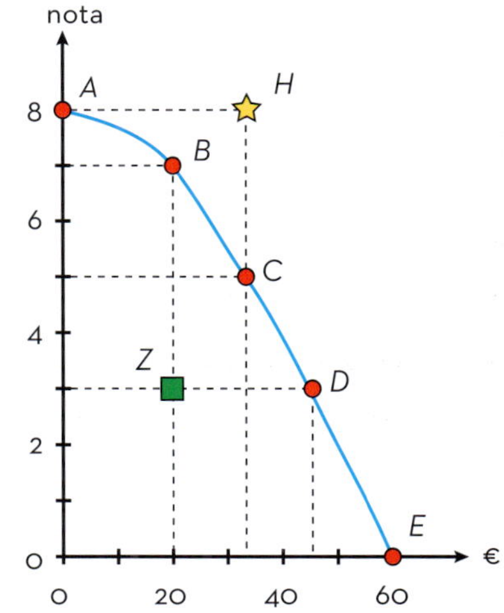

2.6. irudia. Maitaneren ekoizpen-aukeren muga.

Erantzuna:

Behin EAMa grafikoki adierazita (2.6 irudia), emaitza hauek lortzen ditugu:

a) Maitaneren EAMaren adierazpen grafikoa astean 20 orduko denborarentzat:

- Ardatz-diagraman Maitaneren bi ondasunak adierazi ditugu; alde batetik, lanaren fruitu diren euroak, eta, bestetik, batez besteko nota.
- Aldagaiak gurutzatzen diren puntuek konbinazio efizienteak adierazten dituzte; A, B, C, D eta E puntuez markatzen ditugu.
- A, B, C, D eta E puntuak lotuta trazatzen da EAMa.

b) Maitane EAMak erakutsitako konbinazio guztietan (A, B, C, D eta E) da efizientea; hau da, ekoizpen potentziala lortzen du, bere baliabideak ahalik eta ondoen erabiltzen dituelako.

(Jarraitu egiten du)

2. JARDUERA EBATZIA (Jarraipena)

c) EAMaren azpitik, Z konbinazioan, Maitane ez da efizientea. Haren emaitzak (20 €, eta batez beste 3 nota) konbinazio efizienteen azpitik daude. Izan ere, Maitaneren potentziala kontuan hartuta:

- Lan egindako 5 orduri 20 € dagozkie, baina 15 orduz ikasita, azterketan 7 nota atera behar zuen, B puntuak erakusten duen moduan. Faktore askok izan dezakete eragina errendimendu kaskarrean: ondo kontzentratu ez delako, distraitu egin delako edo leku egokian ikasi ez duelako atera ditzake, besteak beste, nota txarrak.
- 5 orduz soilik ikasi badu azterketarako, 3 nota normala da, baina 15 orduz lan eginda 45 € irabazi behar zituen, D puntuak erakusten duen moduan. Alabaina, 20 € soilik lortu ditu. Espero baino gutxiago irabaztearen arrazoia izan daiteke lanera ez joan izana, adibidez.

d) EAMaren gaineko puntuak, H moduko konbinazioak, eskuraezinak dira oraingo baliabideekin. H puntuan, Maitanek 10 orduz lan eginda adina irabaziko luke, baina gutxienez 20 orduz ikasi behar du Ekonomiako azterketan 8 nota ateratzeko. Eta Maitaneren baliabideak 20 ordu dira guztira, ez 30. Eta 30 ordu beharko lituzke lanean 35 € eskuratzeko eta azterketan 8 nota ateratzeko.

e) 8 nota ateratzeko, Maitanek familia-negozioan lan egiteari utzi beharko lioke eta astean dituen 20 orduak ikasten eman.

f) EAMak kontzeptu hauek adierazten ditu (2.2. taula):

Ekoizpen-aukeren mugan (EAM) adierazitako kontzeptuak	
• **Baliabide-eskasia.** Baliabideak mugatuak dira, baina erabilera alternatiboak izan ditzakete.	Astean 20 ordu libre
• **Aukera-kostua.** Ondasun edo zerbitzu gehiago lortzeko, nahitaez baliabideak transferitu behar dira beste baten ekoizpenetik.	Soldata hobea = Nota kaskarragoa (eta alderantziz)
• **Ekoizpen potentziala.** Bi adibideetako A, B, C, D eta E puntuek Maitanek baliabide eta teknologia jakin batzuekin lor dezakeen gehienezko ekoizpena erakusten dute, betiere baliabide horiek ahalik eta ondoen erabilita.	

2.2. taula. EAMan adierazitako kontzeptuak.

JARDUERAK

7. **Nola azaltzen du EAMak ekonomia baten aukera-kostuaren kontzeptua?**

8. **Ebatzitako 2. jarduera oinarri hartuta, estrapolatu Maitaneren Z puntuko emaitzak herrialde bateko ekonomiara. Azaldu, zure ustez, zer faktorek eragin dezaketen herrialde batek, esate baterako gureak, ez erdiestea bere ekoizpen-aukeren muga.**

9. **Zer faktoreren mende daude ekonomia baten ekoizpen-aukerak?**

4 Ekonomia-hazkundea

Ekoizpen-baliabide eta teknologia batzuk erabiliz, gizarteek ondasunen eta zerbitzuen ekoizpen jakin bat lortzen dute. Ekoizpen horren balioa neurtzen duen magnitudea barne-produktu gordina (BPGd) da.

BPGd-a gizarte batek denbora-tarte jakin batean ekoitzitako ondasunen eta zerbitzuen balioa da.

Herrialde baten ekoizpena aldatu egiten da urtez urte, eta, horrenbestez, baita haren BPGd-a ere. Adibidez, erabil daitezkeen ekoizpen-baliabideen kantitatea handitzen bada edo teknologia hobetzen bada (ekoizpen-metodoak), ekoizpen-aukerek ere gora egingo dute. Hori gertatzen denean, ekonomia hazten ari dela esaten da, edo, bestela esanda, herrialdeak ekonomia-hazkundea duela.

Gizarte batean aldi jakin batean izandako ondasunen eta zerbitzuen ekoizpenaren balio-handitzea da **ekonomia-hazkundea**.

Bi modu daude ekonomia-hazkundea izateko, kantitatean eta kalitatean:

a) **Ekoizpen-baliabideak handituta (kantitatea).** Ondasunen ekoizpena areagotzeko, baliabide gehiago erabili behar da: langile gehiago, instalazio gehiago, diru gehiago eta abar.

b) **Produktibitatea hobetuta (kalitatea).** Bitarteko berak erabiliz (hau da, ekoizpen-baliabide berak), badago unitate gehiago ekoizteko aukera. Produktibitatea handitzeko modu bat langileak hobeto prestatzea da, edota teknologia berriak ezartzea. Horri guztiari esker, hobetu egingo dira ekoizpen-baliabideen konbinazio erabilgarrien emaitzak.

LEXIKOA

Produktibitatea. Ekoitzitako ondasunen eta zerbitzuen eta ekoizteko erabilitako baliabideen arteko lotura.

BA AL ZENEKIEN?

Herrialdeen produktibitatea handitzen laguntzen duten faktoreak dauden bezalaxe, hura txikitzeko faktoreak ere badaude; esate baterako, zaharkitutako instalazioak eta teknologiak edo behar bezalako prestakuntzarik gabeko langileak izatea.

4.1. EAMaren eta ekonomia-hazkundearen arteko lotura

Herrialde baten ekoizpen-aukerak handitu egiten dira ekonomia-hazkundearekin. Beraz, 2.7. irudian ikus dezakegun bezala, ekoizpen-aukeren muga (EAM) eskuinera mugitzen da (EAM'). Baina ez dira nahasi behar ekoizpen-aukerak eta BPGd-a:

- **Ekoizpen-aukerek** ekoizpen potentziala erakusten dute, baina, betiere, baliabideak ahalik eta gehien aprobetxatuko balira. Alabaina, herrialde guztietan daude erabiltzen ez diren baliabideak; adibidez, langabezian dagoen jendea.
- **BPGd-ak** herrialde batek benetan ekoitzitakoaren balioa erakusten du; hala, beraz, aurreko puntuan esandakoa kontuan hartuz, BPGd-a beti dago EAMaren azpitik.

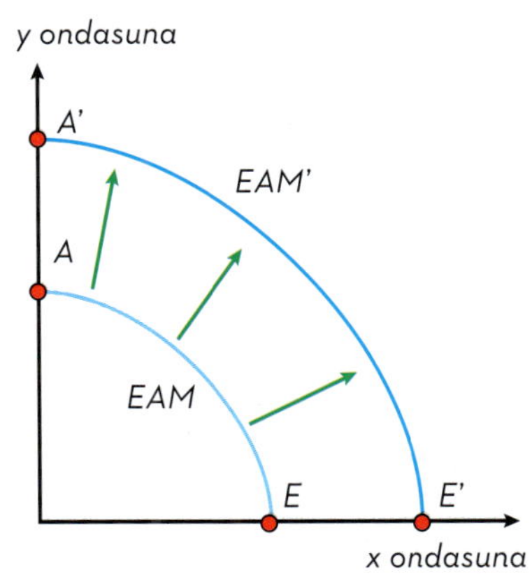

2.7. irudia. Ekonomia-hazkundeak EAMa gora eta eskuin aldera mugiarazten du.

3. JARDUERA EBATZIA

Josuk 4 orri ikasten ditu 2 orduan; Amaiak, berriz, 4 orri, ordubetean:

a) Alderatu bi ikasle horien emaitzak, ekoizpenaren eta produktibitatearen aldetik.

b) Hartu kontuan Josuren eta Amaiaren ikasteko gaitasuna hobetzeko faktore hauek, eta esan kasu bakoitza zer den, produktibitatea hobetzeko faktorea edo ekoizpen-baliabideak gehitzeko faktorea: ordu gehiagoz ikasi, edukiak eskematizatu, ariketak garbira pasatu, ikasteko lekua ondo atondu eta akademia batera joan.

Erantzuna:

a) Amaiak adina ekoizten du Josuk (4 orri); baina produktibitatearen aldetik, Amaiak hobeto aprobetxatzen du ikasteko denbora (4 orri/ordu) Josuk baino (2 orri/ordu).

	Ekaina		
	Ikasketa-orduak (ekoizpen-baliabidea: lana)	Ikasitako orriak (ekoizpena)	Produktibitatea (orri/ordu)
Josu	2	4	4/2 = 2 orri/ordu
Amaia	1	4	4/1 = 4 orri/ordu

b) Eguneroko ikasketa hobetzeko neurriak:

Ordu gehiagoz ikasi	*Ekoizpen-baliabideen gehikuntza*
Edukiak eskematizatu	*Produktibitatearen hobekuntza*
Ariketak garbira pasatu	*Produktibitatearen hobekuntza*
Ikasteko lekua ondo atondu	*Produktibitatearen hobekuntza*
Akademia batera joan	*Ekoizpen-baliabideen gehikuntza*

! GARRANTZITSUA

Ez nahasi produktibitatea eta produkzioa hitzak. **Produkzioa** (ekoizpena) neurri absolutu bat da (km, m, €); **produktibitatea**, berriz, bi magnitude lotzen dituen (km/h, m/s, €/ordu) neurri bat da.

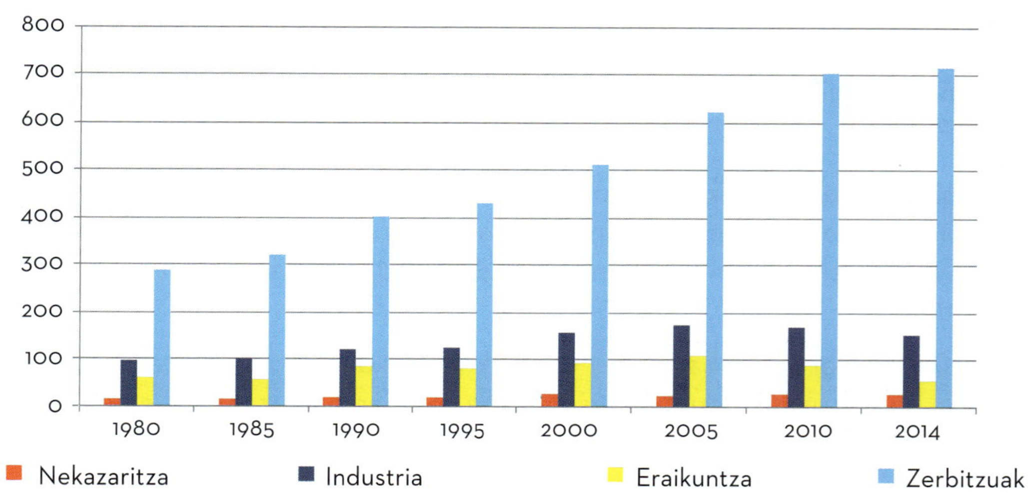

2.8. irudia. Espainiako BPGd-a jarduera-adarraren arabera, milioi eurotan (Iturria: AMECO).

4. JARDUERA EBATZIA

Marta DBHko ikaslea da. Matematika eta ingelesa ikasgaietan ditu zailtasun handienak, baina ordutegia erabat beteta du, eta ezin du matematika ikasten denbora gehiago eman, ez bada denbora hori ingelesa ikasteari kenduta, eta alderantziz. Ikasturteko lehen hiruhilekoan, hauek ziren lor zitzakeen notak, ikasteko denbora bi ikasgaien artean honela banatuta:

Matematikako nota	8	7	5	3	0
Ingeleseko nota	0	3	5	7	8

Alabaina, Gabonetan, ikasketa-teknikei buruzko ikastaro trinko batean eman zuen izena Martak. Hala, haren efizientzia asko hobetu zen bi ikasgai horiek ikasterakoan, eta, ikasteko orduak gehitzerik izan ez bazuen ere, haren nota posibleak aldatu egin ziren. Ikasten pasatutako denbora kontuan hartuta, honela geratu ziren:

Matematikako nota	10	9	6	3	0
Ingeleseko nota	0	3	6	9	10

a) Egin Martaren EAMa ikastarora joan aurretik eta ondoren.

b) Martak nota hobeak ateratzeko dituen aukerak zer dira kantitatearen ala kalitatearen hazkundearen ondorio?

Erantzuna:

a) 2.9. irudian grafikoki adierazi dira Martaren aukerak ikasketa-teknikei buruzko ikastaroaren aurretik (EAM) eta ondoren (EAM').

b) Martak ez du handitu ikasten pasatako denbora: ikasketa-tekniken ikastaroak emandako produktibitate handiagoaren ondorio da matematikan eta ingelesean nota hobea ateratzeko ikusten dugun aukera. Hala beraz, hazkundea kalitateak izan du, ez kantitateak.

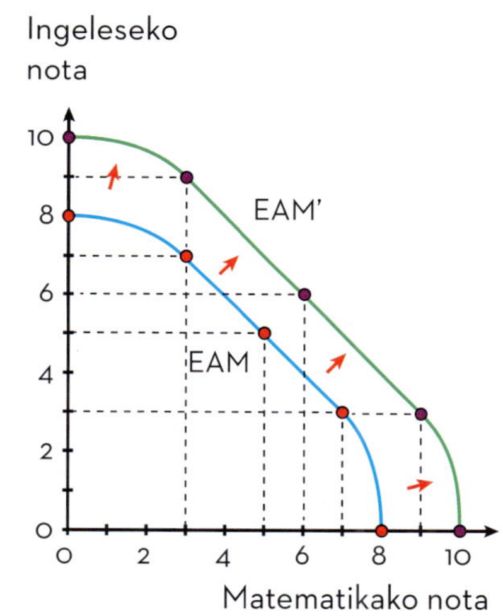

2.9. irudia. Martaren matematikako eta ingeleseko nota-aukeren muga.

JARDUERAK

10. **Zergatik da barne-produktu gordina herrialde bateko bizi-kalitateari buruzko neurri erlatiboa?**

11. **Zer da ekonomia-hazkundea? Zer faktoreren mende dago herrialde batek ekonomia-hazkundea izatea? Azaldu faktore horiek.**

12. **Adierazi ikasle baten ikasteko ahalmena hobetu dezaketen beste faktore batzuk.**

13. **Erantzun beheko galderei, 2.8. irudiko grafikoa kontuan hartuta:**

a) Zein sektorek egiten dio ekarpenik txikiena Espainiako ekonomiari? Eta handiena?

b) Zure ustez, grafiko horretan zergatik bereizten da eraikuntzaren azpisektorea bigarren sektoretik?

KONTZEPTU-MAPA

Ekoizpen-baliabideak
(Errenta)

- Natura-baliabideak (alokairua)
- Lana (soldata)
- Kapitala (interesak)

Ekonomia-sektoreak

- **Lehena** — Natura
- **Bigarrena** — Eraldaketa
- **Hirugarrena** — Zerbitzuak

Ekoizpen-aukerak

EAMak irudikatzen du

- Baliabide-eskasia
- Aukera-kostua
- Ekoizpen potentziala

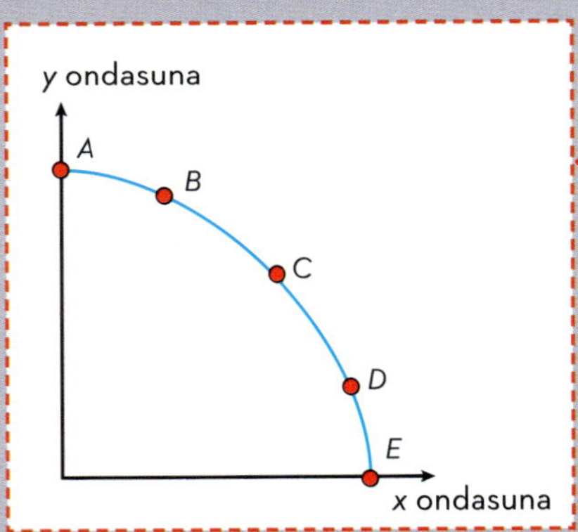

Ekonomia-hazkundea

- Ekoizpen-baliabide gehiago (kantitatea)
- Produktibitate handiagoa (kalitatea)

BPGd-ak neurtua

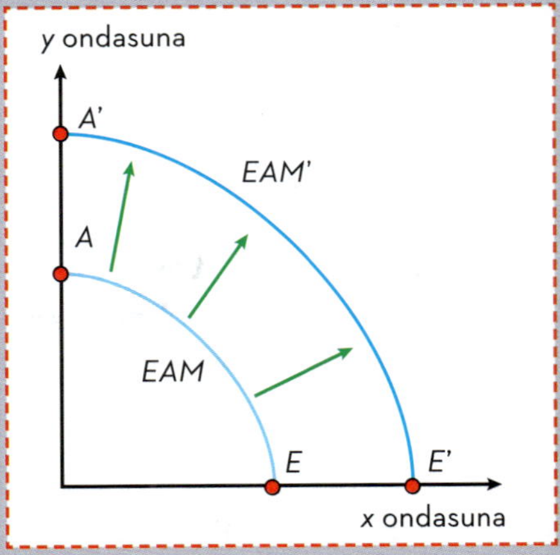

BERRIKUSKETA-TESTA

1. Ekoizpen-faktoreak dira:

a) Airea, itsasoa eta lurra.

b) Lurra, kapitala eta lana.

c) Enpresaburuak eta langileak.

d) Dirua.

2. Ekoizpen-faktore guztiek jasotzen dute:

a) Saria.

b) Ordainketa.

c) Errenta.

d) Irabazia.

3. Ez da errenta bat:

a) Soldata.

b) Interesak.

c) Alokairua.

d) Zergak.

4. Fruta-denda bat sektore honetakoa da:

a) Lehena.

b) Bigarrena.

c) Hirugarrena.

d) Laugarrena.

5. Espainiako enpresa gehienak honelakoak dira:

a) Txikiak.

b) Ertainak.

c) Handiak.

d) Multinazionalak.

6. Enpresa batek beste bati zerbitzu bat kontratatzen dionean honetan ari da:

a) Dibertsifikatzen.

b) Burutzen.

c) Deslokalizatzen.

d) Kanporatzen.

7. Enpresa bat beste herrialde batera joaten denean, merkeago ekoizteko, hau egiten ari da:

a) Ihes egiten.

b) Delitua egiten.

c) Deslokalizatzen.

d) Esternalizatzen.

8. Ahal dudan guztia ekoizten dudanean:

a) Ekoizpen potentzialean nago.

b) Nire ekoizpen potentzialaren azpitik nago.

c) Nire ekoizpen potentzialaren gainetik nago.

d) Akituta nago.

9. EAMaren azpitik egoera honetan nago:

a) Nire ekoizpen potentzialean.

b) Nire ekoizpen potentzialaren azpitik.

c) Nire ekoizpen potentzialaren gainetik.

d) Atseden hartuta.

10. Bizikletan zoazenean hartz batek jarraitzen badizu:

a) Produktiboagoa zara pedalei eragiten.

b) Produktibitatea galtzen duzu pedalei eragiten.

c) Zure EAMaren azpitik zaude.

d) Hartzaren gosea hartu behar da kontuan.

11. Jonek 4 ariketa egin baditu ordubetean, eta Mirenek, 15 minutuan 3:

a) Jon produktiboagoa izan da.

b) Miren produktiboagoa izan da.

c) Produktibitate berdina izan dute biek.

d) Ezin dugu jakin.

12. AEBren eta Espainiaren BPGd-ari erreparatuz:

a) AEBk Espainiak baino BPGd handiagoa du.

b) Espainiak AEBk baino BPGd handiagoa du.

c) Biek BPGd berdina dute.

d) Nork gobernatzen duen ikusi behar da.

AMAIERAKO JARDUERAK

Teoria

1. Zer errenta-mota ezagutzen dituzu?

2. Enpresa jakin baten gaur egungo egoera eta duela 50 urtekoa alderatuko bageni-tu, zer-nolako aldaketak nabarituko genituzke hark jarduerarako erabiltzen dituen ekoizpen-baliabideetan?

3. Zein da bigarren sektorea lehen eta hirugarren sektoreetatik bereizten duen ezaugarri nagusia?

4. Zer iritzi duzu hemengo enpresak atzerrira deslokalizatzearen gainean? Azaldu Espainian kokatu diren kanpoko enpresei buruzko zure iritzia ere; esate baterako, hori izan zen automobil-industriaren kasua 1960ko hamarkadatik aurrera.

5. Zer dira ekoizpen-aukerak? Zer-nolako lotura du kontzeptu horrek ekoizpen potentzialarekin?

6. Nola handitzen dira herrialdeen ekoizpen-aukerak?

7. Zergatik da garrantzitsua BPGd-aren urte batetik besterako aldaketa?

8. Zein da ekoizpena eta produktibitatea hitzen arteko aldea? Jarri adibide bat gustatzen edo egiten duzun kirol batekin.

9. Zergatik herrialde baten BPGd-a ez da inoiz ere EAMaren adinakoa?

Praktika

10. Sailkatu ekoizpen-baliabide hauek dagokien kategorian: olioa, dirua, makinak, egurra eta eskulana.

11. Adierazi zure koadernoan zer ekoizpen-faktore edo ekoizpen-baliabide behar dituen negozio hauetako bakoitzak ekoizpenerako:

a) Okindegia.

b) Aroztegia.

c) Supermerkatua.

d) Aurrezki-kutxa.

e) Irakaskuntza-akademia.

Horretarako, egin 2.3. taulan ageri dena bezalako koadro bat zure koadernoan eta osatu erantzunekin.

	Ekoizpen-faktoreak		
	Lurra	Lana	Kapitala
Adibidea: Internet-mintzategia	*Argia, ura*	*Informatika-ezagutzak dituen jendea*	*Lokala, ordenagailuak, dirua*
Okindegia	...	...	...
Aroztegia	...	...	...
Supermerkatua	...	...	...
Aurrezki-kutxa	...	...	...
Irakaskuntza-akademia	...	...	...

2.3. taula. Ekoizpen-faktoreak ekonomia-jarduera kontuan hartuta.

12. Ekonolandia izeneko herrialdeak bi ondasun ekoizteko erabiltzen ditu bere baliabide guztiak: tankeak eta traktoreak ekoizteko, hain zuzen ere. Hauek dira ekoizpen-konbinazioak, ekoitzitako unitatetan neurtuta:

	A	B	C	D	E
Tankeak	0	1	2	3	4
Traktoreak	2.000	1.500	1.000	500	0

a) Zein da Ekonolandiak tanke bat ekoiztearen aukera-kostua?

b) Adierazi grafiko batean ekonomia horren EAMa.

c) Grafikoko zer puntutan lortzen du Ekolandiak bere ekoizpen potentziala?

d) Adierazi puntu ez-efizienteren bat grafikoan, eta azaldu zer faktorek eragotz dezaketen ekoizpen potentziala lortzea. Aipatu bat, gutxienez.

e) Azaldu konbinazio batzuk zergatik ezin diren lortu, eta adierazi grafikoan.

f) Adibide honetako EAMa erreferentziatzat hartuta, azaldu zure ikaskideei ekonomia-kontzeptu hauek: baliabide-eskasia, aukera-kostua eta ekoizpen potentziala.

13. Zeramikari batek astean bost egunean egiten du lan, eta zortzi ordu egunean. Egunean 24 pieza ekoizten baditu, zein da haren asteko ekoizpena? Zer produktibitate du lan egindako ordu bakoitzeko?

14. Taula honetan bi okinek egindako lana agertzen da. Urrian, egunean lau orduko lanaldia izan zuten:

	Urria	
	Tartak eguneko	Produktibitatea
Iker	24 tarta	?
Ander	20 tarta	?

a) Eguneko zenbat aleko ekoizpena dute okindegi horretan?

b) Kalkulatu okin bakoitzaren orduko produktibitatea.

c) Azaroan, enpresak kontratua aldatu eta lanaldia luzatu zion Ikerri, eta egunean zortzi ordu egiten hasi zen. Anderrek lehengo lanaldiarekin jarraitu zuen. Hil horretan, Ikerrek 32 tarta egin zituen egunean, eta Anderrek, berriz, 24.
Egin aurrekoaren antzeko taula bat eta kalkulatu azaroko ekoizpena eta produktibitatea.

d) Azaroko ekoizpena urrikoa baino handiagoa izan zen. Zein da hazkundearen arrazoia?

15. Ordenatu ekonomia-hazkundea sustatzeko neurri hauek garrantziaren arabera. Hasi zure ustez garrantzitsuena denetik.

a) Prestakuntza-ikastaroak ematea langileei.

b) Teknologia-aurrerapenak lortzeko edo martxan jartzeko aukera emango duten inbertsioak sustatzea.

c) Hitzarmenak sinatzea beste herrialde batzuekin, haien natura-baliabideak ustiatu ahal izateko.

d) Langile kualifikatuen immigrazioa sustatzea.

e) Atzerriko inbertitzaileak erakartzea, etekin handiak lortzeko aukera ematen dutela esanez.

Alderatu zure erantzunak zenbait ikaskideren erantzunekin, eta gero atera zeure ondorioak gobernuek herrialdeko ekonomia-hazkundea sustatzeko dituzten arazoei buruz.

Ezinbestekoa | Beharrezkoa | Osagarria

PRENTSA-LANTEGIA

Bilatu Interneten landu beharreko kontzeptu hauetako bakoitzerako prentsa-albiste baten izenburu bat, osatu taula koadernoan, eta adierazi, lerro gutxi batzuetan, zer-nolako lotura duen unitatean ikasitakoarekin.

Landu beharreko kontzeptua	Izenburuak	Lotura unitatean ikasitakoarekin
Izaera ekintzailea	«Aleix Valls: "Ekintzaile izatea oso gogorra da, baina sexya kanpotik ikusita"». *ABC* (2016/02/24)	Ekintzaile batek oso gogor egin behar du lan, baina bere ahaleginari esker mundua aldatzen du, enplegua, aberastasuna eta ongizatea sortuta. Ausartuko al zinateke haietako bat izatera?
Espainiaren ahalegin txikia I+G+B arloan (beste herrialdeekin alderatuta)	...	...
Turismoaren garrantzia	...	...
Deslokalizazioaren ondorioak	...	...
Langabezia eta herrialdeei beren ekoizpen potentziala erdiestea galarazten dieten beste faktore batzuk	...	...
Espainiaren produktibitatea beste herrialde batzuekin alderatuta	...	...
Ekonomia-hazkundearen garrantzi erlatiboa (ekoizpena bakarrik neurtzen baitu)	...	...

LEXIKOA

Ekoizpen-faktorea edo ekoizpen-baliabidea

Natura-baliabideak

Lana

Kapital-ondasunak

Teknologia

Errenta

Ekonomia sektorea

Lehen sektorea

Bigarren sektorea

Hirugarren sektorea

Deslokalizazioa

Birlokalizazioa

Nazioartekotzea

ETEak

Ekoizpen-aukeren muga (EAM)

Barne-produktu gordina (BPGd)

Produktibitatea

Ekonomia-hazkundea

EKONOMIAKO JOKOA

Bikoteen jokoa

Ekonomia-lexikoa errepasatzeko joko bat egingo dugu. Jarraian, ekonomia-edukia duten 24 termino erakutsiko dizkizugu, bikoteka ordenatuta. Binaka bildu beharko dituzu, 12 bikote osatu arte.

Helburuak

Oinarrizko ekonomia-lexikoa ikastea modu dibertigarrian. Ikasleen arteko harremanak eta talde-sentipena ere indartzen ditu, ikasturte hasieran oso garrantzitsuak biak ere.

Denbora

15 minutu inguruan partida bat joka daiteke. Jokoa hainbat aldiz errepika daiteke.

Jokalari-kopurua

Gela guztiak elkarrekin parte hartuko du, 2 edo 3 ikasleko taldetan banatuta.

Materiala

Paperezko orri bat taldeko.

Joko-arauak

Talde bakoitzak 24 terminoak idatziko ditu orri batean, eta orrialdea 24 zatitan moztuko du.

Talde guztiek irakaslearen mahai gainean utzi behar dituzte 24 zatiak, buruz behera. Irakasleak nahastu egingo ditu. Ondoren, mahaira joan eta 24 zati hartuko ditu talde bakoitzak, zoriz.

10 minutuan, ikasleek beren hitzak trukatu behar dituzte ikaskideekin, gelan zehar ibilita. Helburua 12 bikote osatzea da (edo ahalik eta gehien behintzat).

Aurrena lortzen duenak, irabazi egingo du.

Natura-baliabideak...	...Lurra ekoizpen-faktorea
Langileak...	...Lana ekoizpen-faktorea
Enpresa bat sortzeko dirua...	...Kapitala ekoizpen-faktorea
Baserri bat...	...Lehen sektorea
Fabrika bat...	...Bigarren sektorea
Denda bat...	...Hirugarren sektorea
% 90 dira..	...Enpresa txikiak
Nire aukera-kostua erakusten du...	...Ekoizpen-aukeren muga
Musikarik gabe ikasten dudanean...	...Nire produktibitatea hobetzen da
Ordu gehiagoan ikasten badut...	...Baliabide gehiago eskaintzen dizkiot
Ekoitzitako guztiaren balioa neurtzen du..	...BPGd
10 perretxiko biltzen ditut 5 orduan...	...Nire produktibitatea 2 da

3 MERKATUAK ETA ENPRESA

Enpresa oinarrizko ekoizpen-unitatea da. Funtsezko erabakiak hartzen ditu, adibidez zer ekoitzi eta zer preziotan saldu. Ondasunak eta zerbitzuak eskuratzeko, hainbat modutara konbina daitezke baliabideak. Enpresek ahalik eta kostu txikienaz ahalik eta etekin handiena lortzeko aukera emango dien konbinazioa aukeratuko dute.

Erabaki horien bidez, enpresek eta familiek elkarrekintzan jarduten dute merkatuan, enpresen produktuak saldu eta erosten diren lekuan, etengabe. Eta elkarrekintza horren ondorioz, aldatu egiten dira ekoizpenari eta salmenta-prezioari buruzko erabakiak. Aldi berean, enpresek ekoizpen-baliabideen kontratazioa negoziatzen dute familiekin ekoizpen-faktoreen merkatuan. Trukean familiek jasotzen dutenari esker (soldatak, interesak eta alokairuak), enpresei beren produktuak erosiko dizkiete. Eta berriro hasiko da guztia...

ENPERADOREAREN ALTXOR BERRIA

Napoleon III.a enperadorea tronuan eserita zegoen hurrengo audientzia iritsi zenean. Gizon txiki bat zen, buruzuria, eta zerbait zekarren esku artean. Monarkarengana gerturatu eta ireki egin zuen. Subiranoaren aurrean lingote txiki, zuri eta arin bat agertu zen. Ispilu batek bezala egiten zuen diz-diz. «Jauna, aluminium da, munduan ekoizteko zailena den harribitxia», esan zion gizon txikiak. Napoleon III.ak hartu eta jaso egin zuen, harrituta: ia ez zuen pisurik. «Apartekoa da! Zenbat balio du?». «Urreak eta zilarrak baino gehiago, jauna», erantzun zuen gizonak. «Zuretzat, oparitu egiten dizut». Eta alde egin zuen.

Laster zen 1855eko Erakusketa Unibertsala, eta Napoleon III.ak beste stand bat jartzeko agindu zuen, munduari bere altxor berria erakusteko. Standean, kristalezko hainbat kupularen azpian, lingote eder hura egongo zen, munduak miresteko. Gainera, beste bi lingote eskatu zituen, ez zion axola kostuak. Edozer ordaintzeko prest zegoen. Haiekin, ontziteria egingo zuen: sardexkak eta labanak. Bere jauregira joaten ziren beste erregeerreginek eta enperadoreek soilik erabili ahal izango zituzten jatorduetan. Gainerako gonbidatuek zilarrezkoekin jan beharko zuten.

1886an, egoera guztiz aldatu zen. Laborategi batean, Paul Heroult izeneko gazte batek kable elektriko batzuk sartu zituen disoluzio mineral batean. Aluminiuma hasi zen agertzen haren begien aurrean. Hasieran, gramo batzuk; gero, kilo batzuk. Handik gutxira, dozenaka, ehunka, milioika kilo aluminio zeuden dendetan eta burdindegietan.

Egun batean, erregeren batek zilar-koloreko sardexka hartu zuen afaltzeko. «Zer zirtzilkeria da hau?», galdetu zuen. «Aluminioa», erantzun zion mirabeak. «Kendu azkar nire paretik», agindu zuen jaun boteretsuak.

Galderak

1. **Zure ustez, zergatik zen hain garestia aluminioa XIX. mende erdialdean?**
2. **Zure ustez, haren prezioa zergatik jaitsi zen hainbeste urte gutxira?**
3. **Bururatzen al zaizu gaur egun altxor bat bezain garestia eta baliotsua izan arren hemendik urte batzuetara merkea eta ugaria izango den ondasunen bat?**

Laburpena

1 Zer teknologia erabili?

Ekoizpen-prozesua **teknologiaren** bidez ekoizpen-baliabideak edo ekoizpen-faktoreak ondasun eta zerbitzu bihurtzea da.

Ekoizpen-faktoreak		Ekoizpen-prozesua		Azken produktuak
Lurra *(natura-baliabideak)* ***lana eta kapitala*** *(ekipamendua, instalazioak, dirua)*	→	***Teknologia*** *(baliabideak konbinatzeko modua)*	→	*Ondasunak* *Zerbitzuak*

3.1. irudia. Ekoizpen-prozesua eta teknologia.

Enpresek zer ondasun edo zerbitzu merkaturatu nahi duten erabaki dutenean, zenbat eta zer teknologia erabiliz ekoitzi zehaztu behar dute. Prozesu hori bi pausotan egiten da:

1. Teknologia efizienteak aukeratu.
2. Teknologia efizienteen artean merkeena aukeratu.

1.1. Teknologia efizienteak aukeratu

Ikuspegi arrazionaletik, ondasun jakin bat ekoizteko zenbait teknologia badaude, enpresek efizienteena hautatuko dute; hau da, baliabide gutxien erabiltzen dituena.

Teknologia bat **efizientea** da ekoizpen-kantitate jakin bat lortzeko ahalik eta baliabide gutxien erabiltzen baditu.

! GARRANTZITSUA

Gaur egun, **teknologia** makinekin lotu ohi da, baina makinak, azken finean, ekoizpen-aukeretako bat besterik ez dira. Makinak aukera efizienteena eta merkeena izan ohi direlako sortzen da nahaste hori. Alabaina, **langileen prestakuntza** ere teknologia da: ondo prestatutako lantalde bat produktiboagoa izaten da prestakuntzarik gabeko beste lantalde bat baino.

1. JARDUERA EBATZIA

Old Balance kirol-oinetakoak egiten dituen enpresa bat da, eta taulan ageri diren A, B eta Z teknologiak erabilita ekoitz dezake. Adierazi, ekoizpen-baliabideak kontuan hartuta, ekoizpen-aukera horietakoren bat ez-efizientea den.

Teknologia	Lana (orduak)	Kapitala (makinak)	Oinetako pareak	Erantzuna: Efizientea?
Z	8	2	1.000	🔴
A	8	1	1.000	🟢
B	3	2	1.000	🟢

Erantzuna:

Z teknologia ez da efizientea. Izan ere, 1.000 pare ekoizteko, A teknologiak adina makina erabiltzen ditu, baina A teknologiaren aldean lan-ordu gehiago behar ditu.

1.2. Ekonomia-efizientzia

Teknologia efizienteen artean ikuspegi ekonomikotik merkeena dena aukeratzen da.

Ekonomia-efizientzia efiziente diren teknologien artean, edo eskura daudenen artean, merkeena hautatzea da.

2. JARDUERA EBATZIA

Old Balancek (1. jarduera ebatziko enpresak) jakin nahi du kostu aldetik A teknologiarekin edo B teknologiarekin ekoiztea komeni zaion gehiago.

a) Kalkulatu A teknologiako lana baliabidearen produktibitatea.

b) Kalkulatu teknologia bakoitzaren guztizko kostua jakinda lan-kostua orduko 20 €-koa dela eta makinako 80 €-koa.

c) Adierazi zein den teknologiarik merkeena.

Erantzuna:

a) Ekoizpen-baliabide baten produktibitateak haren errendimendua adierazten du, lortutako ekoizpenarekiko.

$$\text{Lanaren produktibitatea } (P_L) = \frac{\text{Ekoizpena } (Q)}{\text{Lan-unitateak } (L)} = \frac{Q}{L}$$

(lan egindako orduko unitate fisikotan neurtuta)

$$P_L = \frac{1.000}{8} = 125 \text{ pare zapata, lan egindako orduko}$$

b)

Teknologia	Lana (orduak)	Kapitala (makinak)	Oinetako pareak	Lan-kostua (20 €/ordu)	Kapital-kostua (80 €/mak.)	Guztizko kostua (€)
A	8	1	1.000	160	80	240
B	3	2	1.000	60	160	220

c) Teknologia-ikuspegitik, A eta B efizienteak dira, ekoizpen-maila bera lortzen dutelako (1.000 pare oinetako). Ikuspegi ekonomikotik, ordea, B teknologia aukeratuko genuke, A teknologiaren ekoizpen-maila bera lortzen baitu, baina kostu txikiagoarekin.

3.2. irudia. Espezializatutako robotek langileak ordezkatu dituzte zeregin astun eta errepikakorrenetan, askoz efizienteagoak baitira.

JARDUERAK

1. **Ekoizteko, zergatik ez da nahikoa teknologia efizienteak aukeratzea?**

2. **Kalkulatu 2. jarduera ebatziko A teknologiako kapitala baliabidearen produktibitatea.**

2 Kostuak eta sarrerak: enpresen etekinak

3.3. irudia. Xaflazko bobina hauek kostu aldakorra dira etxetresnen ekoizpenerako; bobinak gordetzen diren biltegia, berriz, kostu finkoa da.

Enpresa-etekina izaten da enpresek gizarteak eskatutako hura ekoizteko pizgarria.

Enpresa-etekina (Ee) produktuen salmentarekin lortutako guztizko sarreren (SG) eta ekoiztu ahal izateko behar diren guztizko kostuen (KG) arteko aldea da.

$$Ee = SG - KG$$

2.1. Ekoizpen-kostuak

Ekoizteko zenbait ekoizpen-baliabide edo ekoizpen-faktore erabili behar dira. Baliabide horiek diru-balio zenbakarria dute.

Ekoizpen-kostua ondasun edo zerbitzu bat ekoizteko erabili diren baliabideen diru-balioa da.

Ekoizten den kantitatearekiko duten loturari erreparatuz, kostuak honela sailka daitezke:

- **Kostu finkoak (KF):** ekoitzitako kopuruak aldatu arren berdin jarraitzen duten kostuak dira; adibidez, lokalaren alokairua edo ekoizpen-instalazioen mantentze-gastuak.
- **Kostu aldakorrak (KA):** ekoitzitako unitateekiko proportzionalak diren kostuak dira; adibidez, lehengaiak eta energia-kontsumoa.
- **Guztizko kostuak (KG):** Kostu finkoen eta kostu aldakorren batura dira:

$$KG = KF + KA$$

2.2. Sarrerak

Ekoitzitako ondasunak eta zerbitzuak prezio baten truke saltzen dituzte enpresek, eta, hala, sarrerak eskuratzen dituzte.

Sarrerak enpresek beren ondasunen eta zerbitzuen salmentarekin lortzen duten diru-balioa dira.

Sarrerak saldutako unitate kopurua (Qs) unitate horien salmenta-prezioarekin (Ps) biderkatuta lortzen dira.

$$SG = Qv \cdot Pv$$

! GARRANTZITSUA

Enpresa batzuen helburua ez da etekinak lortzea. **Enpresa publikoek,** esate baterako, gizarte osoaren onura dute helburu, edo gizarte horretako kideena, bederen.

3. JARDUERA EBATZIA

Loregorrik lore-salmentarako postu bat du Zarauzko azokan. 400 €-ko alokairua ordaintzen du hilean postuagatik. Lore-sorta bakoitzean 8 €-ko balioa duten lehengaiak eta 10 €-ko balioa duen soldatapeko lana erabiltzen ditu.

Abuztuan, 100 sorta egin zituen Loregorrik, eta unitatea 30 €-an saldu zuen. Irailean, 80 sorta bakarrik egin zituen, eta bakoitza 25 €-an saldu. Urrian, Domu Santu egunaren ospakizunak lagunduta, Loregorrik 150 sorta egin zituen, eta bakoitza 40 €-an saldu. Jakinda Loregorrik ekoitzitako guztia saltzen duela, kalkulatu hilabete bakoitzeko:

a) Guztizko kostuak.

b) Guztizko sarrerak.

c) Enpresa-etekina.

Erantzuna

a) Kostu aldakorrak kalkulatzeko baliabide bakoitzaren aleko kostua (k/a) ekoitzitako kantitateaz (Qe) biderkatuko dugu. Ekoitzitako kantitateak (Qe) kostu finkoetan eragiten ez duenez, zuzenean batuko dugu hura.

		Abuztua			Iraila			Urria		
Kostuak		k/a	Qe	Guztira	k/a	Qe	Guztira	k/a	Qe	Gutira
Aldakorrak	Loreak	8	100	800 €	8	80	640 €	8	150	1.200 €
	Soldata	10	100	1.000 €	10	80	800 €	10	150	1.500 €
Finkoak	Alokairua			400 €			400 €			400 €
Guztizko kostuak (*GK*):				**2.200 €**			**1.840 €**			**3.100 €**

b) Sarrerak zenbatekoak diren jakiteko, salmenta-prezioa (Ps) saldutako kopuruaz (Qs) biderkatuko dugu; kasu honetan, ekoitzitako kopuru (Qe) bera da.

	Abuztua			Iraila			Urria		
Sarrerak	Ps	Qe	Guztira	Ps	Qe	Guztira	Ps	Qe	Guztira
Sortak	30	100	**3.000 €**	25	80	**2.000 €**	40	150	**6.000 €**

c) Enpresa-etekina jakiteko, guztizko sarreren (SG) eta guztizko kostuen (KG) arteko kenketa egin behar da.

	Abuztua	Iraila	Urria
Guztizko etekinak (SG-KG)	3.000 − 2.200 = 800 €	2.000 − 1.840 = 160 €	6.000 − 3.100 = 2.900 €

JARDUERAK

3. **Zer nolako lotura dago enpresen irabazien eta enpresen iraupenaren artean?**

4. **Zer kasutan izan daitezke negatiboak enpresen irabaziak?**

3 Enpresen funtzioak

Ekonomiaren ikuspegitik, ekoizpenaz arduratzea da enpresen funtzio garrantzitsuena.

Enpresa ondasunen eta zerbitzuen ekoizpena koordinatzen duen erakunde espezializatua da.

Funtzio hori eta beste batzuk ikus ditzakegu 3.1. taulan:

Enpresen funtzioak	Deskribapena	Adibidea
Ekoizpena koordinatu	Gizarteen beharrak asetzen dituzten ondasunak eta zerbitzuak ematen dituzte.	Familiek oinetakoak eskatzen badituzte, enpresek zapatak, sandaliak, botak, kirol-oinetakoak eta abar egiten dituzte.
Balioa sortu edo erantsi	Lehengaiak eraldatuta, enpresek ondasunen baliagarritasuna handitu edo sortzen dute.	Ehun, hari eta botoiak, banan-banan, ez dira alkandora bat bezain baliagarriak janzteko.
Enplegua eta aberastasuna sortu	Enplegua sortzeaz gain, domino-efektua ere eragiten dute enpresa handiek beren inguruan, beste enpresa batzuei egiten dizkieten erosketei esker.	Landabenen, Volkswagenek milaka laguni ematen die lana; eta bolanteak, tapizatuak eta eserlekuak erosten dizkie inguruko enpresei.
Gizarteen ongizatea handitu	Produktu berriak eta teknologia efizienteagoak bilatzen dituztenez, enpresek berrikuntza teknologikoak egiten dituzte; horiek dira ekonomia-aurrerapenaren motorra.	Autoa, hozkailua eta aspirina asmakizun garrantzitsuak izan ziren bere garaian; orduan luxuzko produktuak ziren arren, gaur egun denok eskuratu ditzakegu arrazoizko prezioan.

3.1. taula. Ikuspegi ekonomikotik, enpresek funtzio garrantzitsuak betetzen dituzte. Alabaina, banaka, enpresen helburua ahalik eta etekin gehien izatea da, jarduerarekin jarraitu ahal izateko.

Herrialde gehien-gehienetan, enpresek merkatuen bidez ematen dituzte ondasunak eta zerbitzuak. Enpresek merkatuetan duten zereginaz hitz egin aurretik, ordea, beharrezkoa da haien funtzionamendua ulertzea.

1. periskopioa

Zure herrian edo Euskal Autonomia Erkidegoan aberastasuna eta enplegua sortzen lagundu duten enpresak identifikatzea proposatzen dizugu.

- Bildu informazioa enpresa handien salmentei eta langile-kopuruari buruz, eta enpresa handi horien jardueratik onurak lortzen dituzten beste enpresa batzuei buruz.

Bilatu «Zure_herria», EAE, *enplegua, aberastasuna, enpresa*

JARDUERAK

5. Zer gertatuko litzateke merkatuan enpresarik ez balego? Arrazoitu.

6. Nola bihurtzen dira enpresak enplegu- eta aberastasun-sortzaile beren eragin-eremuetan?

4 Merkatuak, enpresak eta familiak

Herrialde gehien-gehienetan, familiak, enpresak eta sektore publikoa merkatuen bidez jartzen dira harremanetan, hots, trukatu beharreko ondasun edo zerbitzu bati buruz ados jartzen diren lekuetan.

Merkatua saltzaileek eta erosleek ondasun edo zerbitzu jakin baten inguruan egiten duten salerosketa-jardueren multzoa da.

Lehen, merkatua produktuak saltzeko eta erosteko leku fisikoari esaten zitzaion. Gaur egun, zenbait teknologiaren (posta, telegrafoa, telefonoa eta Internet, esaterako) garapenari esker, gure bizimodua asko erraztu da, eta, zenbaitetan, ez dugu leku fisiko jakin batera joan beharrik ere produktuak erosteko edo saltzeko.

Horren ondorioz, merkatu hitzak beste adiera batzuk bereganatu ditu; baina leku fisikoa izan edo ez, hiru elementu ditugu, gaur egun, merkatu orotan:

3.4. irudia. Merkatuetako elementuak. Saltzaile gehienak enpresak dira, eta erosle gehienak familiek osatutako kontsumitzaileak.

GARRANTZITSUA

Herrialde komunistak edo marxistak salbuespena dira: ondasunak eta zerbitzuak ez dira merkatuen bidez ematen; botere zentral batek aldebakarreko erabakiz esleitzen ditu.

3.5. irudia. Inoiz trukatu al duzu kromorik? Merkatuak gure bizitzaren parte dira, baina guztiek ez dute dirua behar funtzionatzeko.

4.1. Eskaria eta eskaintza

Merkatu bakoitzari hartan trukatzen den produktuaren izena jartzen zaio: adibidez, etxetresna elektrikoen merkatua, etxebizitzaren merkatua, musikaren merkatua, lanaren merkatua. Hala ere, trukea egoteko, bi aldeek nahi dutenari eta eskaintzen dutenari buruzko jarrerak egon behar du aldez aurretik. Adibidez, freskagarri bat nahi badugu, badakigu gutxi gorabehera zenbat ordaintzeko prest gauden; eta, tabernek eta dendek ere badakite zein prezio kobratu behar duten gu lehiakideengana joaterik nahi ez badute. Freskagarria nahi dutenak eskatzaileak dira, eta taberna edo dendak, eskaintzaileak.

Ekonomiaren ikuspegitik, eskaria dago ondasun edo zerbitzu jakin bat erosi nahi bada, eta eskaintza, berriz, saldu nahi bada. Txanpon beraren aurkia eta ifrentzua dira, merkatuaren bi aldeak. Aurrez aurreko ikuspegiak adierazten dituzte:

- **Eskariak** kontsumitzaileen ikuspegia ematen du.
- **Eskaintzak**, berriz, enpresen ikuspegia.

LEXIKOA

Eskaria. Eskatzaileak ondasun edo zerbitzu baten zer kantitate erosteko prest dauden, prezio jakin batean.

Eskaintza. Enpresak ondasun baten zer kantitate ekoizteko prest dauden, prezio jakin batean.

4.2. Eskaintzaren eta eskariaren legea

Interesatzen zaien ondasuna edo zerbitzua diruaren truke eskuratzeko asmoz jotzen dute merkatura eskatzaileek; izan ere, prezioa da trukea egiteko faktore nagusia. Saltzaileek (batik bat enpresek), berriz, prezio baten truke eskaintzen dituzte beren produktuak merkatuan. Prezioa zenbat eta handiagoa izan, orduan eta handiagoa izango da enpresen etekina, eta pizgarri gehiago izango dituzte merkatuan kantitate gehiago eskaintzeko. Beraz, hau gertatzen da:

	Prezioa	Kantitatea
Kontsumitzaileentzat	Zenbat eta handiagoa...	...eskaria txikiagoa
	Zenbat eta txikiagoa...	...eskaria handiagoa
Enpresentzat	Zenbat eta handiagoa...	...eskaintza handiagoa
	Zenbat eta txikiagoa...	...eskaintza txikiagoa

3.2. taula. Eskaintzaren eta eskariaren legea.

! GARRANTZITSUA

Beste faktore batzuk ere badauden arren, **prezioa** da, eskatutako eta eskainitako kopuruei buruzko erabakia hartu behar dutenean, kontsumitzaileek eta enpresek kontuan hartzen duten faktore nagusia.

3.7. irudia. Oro har, ondasun bat zenbat eta urriagoa izan, orduan eta balio handiagoa izaten du. Artelanen merkatua da horren adibide ona: artista bat hiltzean, haren obrak baliotsuagoak izan ohi dira, bakarrak eta errepikaezinak direlako.

Kontsumitzaileek eta enpresek kontrako helburuak dituztenez, hasiera batean, bi egoera gertatzen dira eskainitako eta eskutako kopuruari dagokionez: gehiegizko eskaria edo gehiegizko eskaintza.

a) **Gehiegizko eskaria**

Enpresek ondasunak eta zerbitzuak eskaintzen dituzte merkatuan kontsumitzaileen eskaria asetzeko.

→ Behar adinako kopururik ez bada eskaintzen, prezioak igo egiten dira.

→ Etekinak lortzeko itxaropenak bultzatuta, enpresek eskaintza handitzen dute eskaria asetzeko.

→ Une jakin batean, ordea, eskaintzak eskaria gainditzen du, eta prezioak jaisten hasten dira...

→ **...azkenean, merkatua egonkortu egiten da, eskaria eta eskaintza orekatzen dituen prezioan.**

b) **Gehiegizko eskaintza**

Enpresek ondasunak eta zerbitzuak eskaintzen dituzte merkatuan kontsumitzaileen eskaria asetzeko.

→ Kontsumitzaileek eskatu baino kopuru handiago eskaintzen bada, prezioak jaitsi egiten dira.

→ Ekoitzitakoaren zati bat ez denez saltzen, enpresek eskaintza gutxitzen dute, eta prezioak jaisten dira.

→ Baina produktuak merke daudenez, kontsumitzaileek gehiago eskatzen dute, eta prezioak igotzen hasten dira...

→ **...azkenean, merkatua egonkortu egiten da, eskaria eta eskaintza orekatzen dituen prezioan.**

3.6. irudia. Merkatuaren doikuntza-prozesua, orekara iritsi arte.

! GARRANTZITSUA

Oreka-prezioa esaten zaio merkatua egonkortzen duen prezioari; hau da, kontsumitzaileen eta enpresen planek bat egiten duten puntuari.

4. JARDUERA EBATZIA

Kontsumitzaileei eta enpresei galdetu zaie Gernikako merkatuan sagarrak erosteko eta saltzeko dituzten asmoei buruz. Erantzunekin 3.3. taula osatu da: prezioa kontuan hartuta, batzuk eta besteak zenbat eskatzeko eta eskaintzeko prest dauden dago adierazita. Adibidez, lehen lerroan, 5 €-ko prezioan, kontsumitzaileak 80 sagar erosteko bakarrik daude prest; enpresak, berriz, 200 eskaintzeko baldintzetan egongo lirateke prezio horretan.

a) Azaldu kontsumitzaileen eta enpresen portaera sagarraren prezioa igotzen edo jaisten doan heinean.

b) Zein preziotan gertatzen da gehiegizko eskaria?

c) Nolakoa da merkatuaren portaera sagarraren prezioa 4 €-koa denean? Eta 3 €-koa denean?

Sandiaren prezioa	Eguneko eskatutako sagar-kopurua	Eguneko eskainitako sagar-kopurua
5 €	80	200
4 €	100	150
3 €	130	130
2 €	180	80
1 €	250	0

3.3. taula. Sagar eskaintza eta eskaria Gernikako merkatuan.

Erantzuna:

a) Zenbat eta handiagoa izan prezioa, orduan eta sagar gutxiago eskatzen dituzte kontsumitzaileek, eta alderantziz. Enpresek, berriz, prezioa zenbat eta handiagoa izan, orduan eta sagar-eskaintza handiagoa egiten dute, eta alderantziz.

b) Gehiegizko eskaria kontsumitzaileek eskatutako kantitatea enpresek eskainitakoa baino handiagoa denean gertatzen da; beraz, sagarra euroan eta 2 euroan dagoenean gertatzen da.

c) 4 €-an gehiegizko eskaintza dago; hori dela eta, enpresek prezioa jaitsi egin beharko dute soberakinak saldu ahal izateko. 3 €-an kontsumitzaileen eta enpresen asmoak bat datoz; beraz, hura izango da truke-prezioa edo oreka-prezioa.

JARDUERAK

7. Erreparatu 4. jarduera ebatziari, eta erantzun:

a) Zein preziotan gertatzen da gehiegizko eskaintza?

b) Nolako portaera du merkatuak sagarraren prezioa 2 €-an dagoenean?

HAUSNARTU

Moda gara edo moda jarraitzen dugu?

Prezioaz gain, salgai bat edo arropa erosterakoan eragiten duen faktoreetako bat **moda** da. Jabetzen al gara askotan fabrikatzaileek sustatutako joerak jarraitzen ditugula pentsatu ere egin gabe? Edo geure irizpideei jarraitzen al diegu erabakiak hartzeko?

BA AL ZENEKIEN?

XVIII. mendean, Adam Smithek ***esku ikusezin*** moduan definitu zuen merkatuaren funtzionamendua, enpresak eta kontsumitzaileak orekara sorginkeriaz bezala iristen direlako.

Ekoizpen-baliabidea	Ordaina edo errenta
Natura-baliabideak	Alokairua
Lana	Soldata
Kapitala	Interesak

4.3. Errentaren fluxu zirkularra

Oro har, merkatuetan trukatzen dena kontuan hartuta, bi merkatu-mota handi daude:

- **Ondasunen eta zerbitzuen merkatua.** Enpresek familiek eskatutako ondasunak eta zerbitzuak ematen dituzte, prezio baten truke.
- **Ekoizpen-baliabideen merkatua.** Familiek enpresek eskatutako lana eta kapitala ematen dituzte, soldataren edo interesen truke gehienetan.

Familien eta enpresen artean sortzen den erlazioa zirkularra da: kontsumitzaileek dirua kobratzen dute enpresetan egindako lanagatik edo haiei utzitako diruagatik; diru hori enpresetara itzultzen da kontsumitzaileek behar dituzten ondasunak eta zerbitzuak erosten dituztenean. Guztiak behar bezala funtzionatzeko, sektore publikoak arauak jartzen ditu, eta arau horiek betetzen diren zaintzen du.

Errentaren fluxu zirkularra enpresen eta familien arteko ondasunen eta errenten trukearen bereizgarri den erlazio-multzoa da; trukea merkatuetan egiten da, sektore publikoak araututa.

HAUSNARTU

Noraino hartu behar du esku sektore publikoak?

Eztabaida ekonomiko zaharrenetako eta polemikoenetako bat da. Batzuen ustez, sektore publikoak ahalik eta gutxien esku hartu behar du partikularren (enpresak eta familiak) kontuetan; beste batzuentzat, berriz, Estatuak esku hartu behar du gehiegikeriak eta desberdintasunak zuzentzeko.

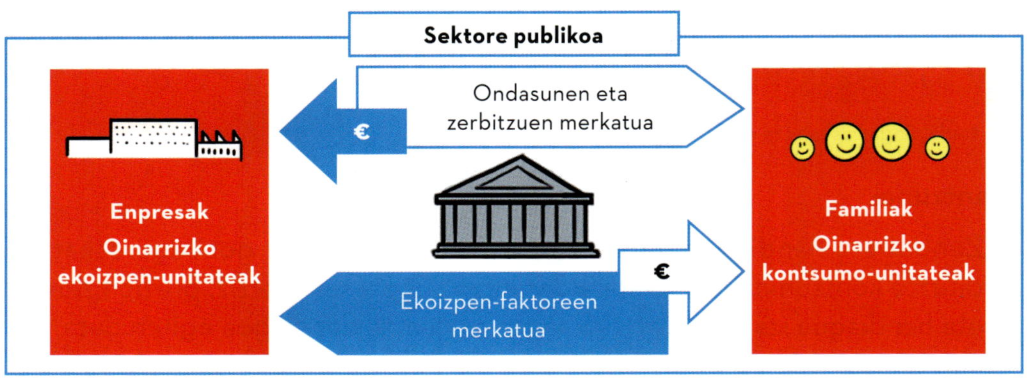

3.8. irudia. Errentaren fluxu zirkularra.

2. periskopioa

Sektore publikoaren esku-hartzea

Irakurri arretaz ekonomiako albisteen izenburu hauek:

a) «Gobernuak murriztu egin nahi du jangela sozialetako gastua».

b) «Enpresak sortzeko diru-laguntzak ugaritu egin dira».

c) «Gobernuak zerga autonomikoak murriztuko ditu».

d) «3.000 €-ko laguntzak seme-alaben jaiotzagatik».

Bilatu *Gobernu, gastu, neurri, babes, handitu, gutxitu*

- Azaldu neurri horiek handitu edo txikitu egiten duten sektore publikoaren esku-hartzea ekonomian.
- Bilatu Interneten ekonomiari buruzko hiru albiste, aurrekoen ildokoak, hau da, sektore publikoaren ekonomiako esku-hartzea handitzeari edo txikitzeari buruzkoak.

5. JARDUERA EBATZIA

Demagun Jone Alberdi eta El Corte Frances direla, hurrenez hurren, ekonomia jakin bateko kontsumitzaile bakarra eta enpresa bakarra. Jonek El Corte Francesen lan egiten du soldata baten truke, eta El Corte Francesek ematen dizkio Joneri behar dituen ondasun eta zerbitzu guztiak. Demagun, dagoen ekoizpen-faktore bakarra lana dela, eta ez dagoela sektore publikorik. Adierazi Joneren eta El Corte Francesen arteko errentaren fluxu zirkularra, eta adierazi:

a) Oinarrizko kontsumo- eta ekoizpen-unitateak.

b) Diru-fluxuak.

c) Esku hartzen duten merkatuak.

Erantzuna:

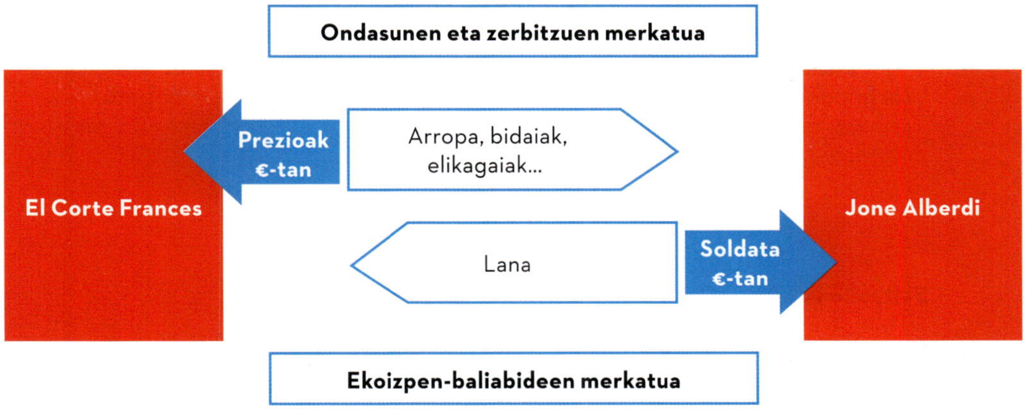

BA AL ZENEKIEN?

Sinbiosi-harremana balitz bezala, enpresak eta familiak elkarren osagarri dira ekonomia-jarduerak funtziona dezan.

JARDUERAK

8. Nola aldatu dira merkatuak Interneten garapenarekin?

9. Kontsumitzaileek interesatzen zaien produktu baten kantitate jakin bat eskatu behar badute merkatuan, zer lotura izaten dute prezioak eta kantitateak? Azaldu.

10. Nolako portaera dute prezioek gehiegizko eskaria dagoenean?

11. Zergatik esaten da zirkularra dela familien eta enpresen arteko erlazioa?

12. Zure ustez, nola eragiten du langabeziak errentaren fluxu zirkularrean? Arrazoitu erantzuna.

13. Erreparatu 5. jarduera ebatziari eta erantzun galderei:

a) Nola eragingo lioke eskemari sektore publikoa egoteak?

b) Azaldu zer arau eta funtzio esleituko zenizkiokeen sektore publikoari Joneren eta El Corte Francesen arteko erlazioa hobetzeko.

KONTZEPTU-MAPA

Ekoizpen-faktoreak
Lurra, lana eta kapitala

→ **Ekoizpen-prozesua**
Teknologia

→ **Azken produktuak**
Ondasunak eta zerbitzuak

Ekoizpen-kostuak

$Ee = SG - KG$

$EE = (Q_S \cdot P_S) - (KF + KA)$

Teknologia

Teknologia-efizientzia + **Ekonomia-efizientzia**

Kostua

Enpresen funtzioak

- Ekoizpena koordinatu
- Balioa sortu edo erantsi
- Enplegua eta aberastasuna sortu
- Gizarteen ongizatea hobetu

Merkatua

Saltzaileak — Ondasunak edo zerbitzuak — **Erosleak**

Eskaintzaren eta eskariaren legea

Enpesek ondasunak eta zerbitzuak eskaintzen dizkiote merkatuari, kontsumitzaileen nahiak asetzeko.

Eskaria asetzeko adina eskaintzen ez denean, prezioak igo egiten dira.

Etekinak lortzeko itxaropenak bultzatuta, enpresek eskaintza handitzen dute eskaria asetzeko.

Une jakin batean, ordea, eskaintzak gainditu egiten du eskaria, eta prezioak erortzen hasten dira...

Oreka-prezioa

Baina produktuak merke badaude, kontsumitzaileek eskaria handitzen dute, eta prezioak igotzen hasten dira...

Kontsumitzaileek eskatu baino gehiago eskaintzen denean, prezioak jaitsi egiten dira.

Ikusita produktuen parte bat ez dela saltzen, enpresek eskaintza murriztu eta prezioak jaisten dituzte.

Errentaren fluxu zirkularra

Enpresak
Oinarrizko ekoizpen-unitateak

€ Ondasunen eta zerbitzuen merkatua

Ekoizpen-faktoreen merkatua €

Familiak
Oinarrizko kontsumo-unitateak

Sektore publikoa

BERRIKUSKETA-TESTA

1. Zertarako balio du teknologiak?

a) Baliabideak eta produktuak konbinatzeko.

b) Ekoizpena konbinatu eta baliabideak lortzeko.

c) Ekoizpen-baliabideak konbinatu eta ekoizpena lortzeko.

d) Baliabide gehiago izateko.

2. Noiz da teknologia bat efizientea?

a) Baliabide gehiagorekin ekoizpen handiagoa lortzen duenean.

b) Baliabide berdinekin ekoizpen handiagoa lortzen duenean.

c) Baliabide gehiago lortzen baditu gutxiago ekoitzita.

d) Baliabide gehiago lortzen baditu gehiago ekoitzita.

3. Bi langilek 1.000 platano biltzen badituzte bien artean bakoitzak 10 ordu lan eginda...

a) Produktibitatea orduko 50 platanokoa da.

b) Produktibitatea orduko 1.000 platanokoa da.

c) Produktibitatea orduko 100 platanokoa da.

d) Produktibitatea orduko 500 platanokoa da.

4. Enpresa batek kostuak adinako sarrerak baditu...

a) Etekin txikiak lortzen ditu.

b) Galera txikiak izaten ditu.

c) Kostuak eta sarrerak adinako etekinak izaten ditu.

d) Ez du irabazirik lortzen.

5. Taberna batek freskagarri asko saltzen baditu...

a) Kostu finko handiagoak izaten ditu.

b) Kostu aldakor handiagoak izaten ditu.

c) Kostu finko txikiagoak izaten ditu.

d) Kostu aldakor txikiagoak izaten ditu.

6. Enpresa batek sarrera handiagoak baditu...

a) Irabazi handiagoak izango ditu.

b) Kostu handiagoak izango ditu.

c) Kostu adina irabazi izango ditu.

d) Ezin da jakin zer gertatuko den.

7. Zer egin behar du enpresa batek balioa sortzeko?

a) Gauzei baliagarritasuna erantsi behar die.

b) Prezioak oso garesti jarri behar ditu.

c) Sustapenak egin behar ditu, gehiago saltzeko.

d) Soldata txikiak ordaindu behar ditu.

8. Adierazpen hauetatik zein da egokiena merkatua definitzeko?

a) Dendak dauden toki bat da.

b) Trukerako toki bat da, fisikoa edo ez.

c) Saltzaileak dira.

d) Erosleak dira.

9. Zer gertatzen da eskaintza handitzen bada?

a) Prezioak igo egiten dira.

b) Prezioak mantendu egiten dira.

c) Prezioak jaitsi egiten dira.

d) Ezin da jakin.

10. Zer gertatzen da prezioak igotzen badira?

a) Eskatutako kantitatea igo egiten da.

b) Eskatutako kantitatea mantendu egiten da.

c) Eskatutako kantitatea jaitsi egiten da.

d) Ezin da jakin.

11. Zeren parte da lan-merkatua, langileak kontratatzen dituen hura?

a) Baliabide-merkatuaren parte.

b) Ondasun-merkatuaren parte.

c) Zerbitzu-merkatuaren parte.

d) Finantza-merkatuaren parte.

12. Zer dira familiak?

a) Sektore publikoa.

b) Oinarrizko ekoizpen-unitateak.

c) Oinarrizko kontsumo-unitateak.

d) Etxeko lanak egiteko agintzen duten oinarrizko unitateak.

AMAIERAKO JARDUERAK

Teoria

1. **Azaldu zure hitzekin, 1. eta 2. jarduera ebatziei lotuta:**

a) Zergatik dira A eta B teknologiak Z teknologia baino efizienteagoak?

b) Azkenean, zergatik aukeratu zuten B teknologia A teknologiak beste ekoizten bazuen?

2. **Esaten dute kutsadura dela Mendebaldeko gizarteen garapen ekonomiko azkarraren truke jasan behar dugun ondorioetako bat. Zure ustez, zer esan nahi da horrekin? Arrazoitu kostuen ikuspegitik.**

3. **Zer lotura egingo zenuke teknologia berrien eta produktibitatearen artean?**

4. **Egia al da zenbat eta gehiago ekoitzi orduan eta handiagoak izaten direla irabaziak? Arrazoitu erantzuna.**

5. **Zein da kostu finkoen eta aldakorren arteko aldea?**

6. **Nola sortzen dute balio erantsia enpresek? Jarri adibide bat.**

7. **Nola hobetzen dute enpresek gizarteen ongizatea?**

8. **Zer elementu behar ditu merkatu orok merkatutzat hartzeko?**

9. **Zergatik esaten da eskaintza eta eskaria txanpon beraren aurkia eta ifrentzua direla?**

10. **Enpresen ikuspegitik, interesgarria den produktu bat merkatuan eskaini behar dutenean, zer lotura dago prezioaren eta kantitatearen artean? Azaldu.**

11. **Zer portaera izaten dute kontsumitzaileek eta enpresek gehiegizko eskaintza dagoenean?**

12. **Zergatik igotzen dira prezioak gehiegizko eskaria dagoenean? Zer erreakzio izaten dute enpresek?**

13. **Eskaintzari eta eskariari dagokionez, noiz lortzen du oreka merkatuak?**

14. **Azaldu, zure hitzekin, errentaren fluxu zirkularra.**

15. **Nola eta zergatik arautzen ditu sektore publikoak familien eta enpresen arteko erlazioak eta trukeak?**

Praktika

16. **Burdingogor enpresak azkoinak egiten ditu. A, B eta C teknologiak erabilita ekoitz dezake, taula honetan ageri den moduan:**

Teknologia	Lana (ordu)	Kapitala (makina)	Azkoinak
A	8	4	64.000
B	4	6	64.000
C	8	6	64.000

a) Adierazi zein diren teknologiarik efizienteenak, eta arrazoitu erantzuna.

b) Kalkulatu teknologia bakoitzaren guztizko kostua. Kontuan hartu lan-kostua orduko 100 €-koa dela eta makinen kostua orduko 175 €-koa.

c) Adierazi aurreko teknologietatik zein den merkeena.

17. **Azaldu okindegi bateko hileko kostu hauek zer-nolakoak diren, kostu finkoak edo kostu aldakorrak:**

- **Lokalaren alokairua.**
- **Irina.**
- **Gasa.**
- **Okinaren soldata.**
- **Argindarra.**
- **Lokalaren hipotekaren ordainketa.**
- **Ura.**

18. **Aritz Pagoagak aulkiak egiten ditu bere aroztegian. 10 aulki egiteko 40 € gastatzen ditu lehengaietan, eta 20 €, soldatetan.**

Abuztuan 100 aulki egin zituen, eta bakoitza 15 €-an saldu zuen. Irailean, 90 aulki egin zituen, bakoitza 12 €-an. Urrian, Aritzek 140 aulki egin zituen, eta bakoitza 18 €-an saldu.

Kontuan hartuta Aritzek 400 €-ko alokairua ordaintzen duela hilean eta ekoitzitako guztia saltzen duela, kalkulatu:

a) Hilabete bakoitzeko guztizko kostuak.

b) Hilabete bakoitzeko guztizko sarrerak.

c) Hilabete bakoitzeko irabaziak.

19. **Kontuan hartuta 3.1. taula, azaldu enpresek zer funtzio betetzen duten kasu hauetan:**

a) IKEAk, torlojuak eta bestelako burdinderia erosten dizkienean enpresa txikiagoei.

b) IBMk, ordenagailu pertsonala asmatu zuenean 1981ean.

c) Hotelek, Euskadiko kostan kokatzen direnean eskari turistikoari erantzun ahal izateko.

d) Arotzak, egurra eraldatuta altzariak egiten dituenean.

20. **Laudioko merkatuan gazta saltzeko eta erosteko dituzten asmoei buruz galdetu zaie kontsumitzaileei eta enpresei. Erantzunekin, taula hau osatu da. Prezioaren arabera, batzuk eta besteak zenbat eskatzeko eta eskaintzeko prest dauden azaltzen du.**

Prezioa (€)	Eguneko eskaria	Eguneko eskaintza
5	150	35
10	125	70
15	100	100
20	75	130
25	50	160

Aurreko taula kontuan hartuta, egin eskatzen zaizuna:

a) Deskribatu kontsumitzaileen eta enpresen portaera zein den gaztaren prezioa igotzen edo jaisten doan heinean.

b) Zer preziotan gertatzen da gehiegizko eskaria? Eta gehiegizko eskaintza?

c) Nolako portaera du merkatuak gaztaren prezioa 20 €-koa denean? Eta 10 €-koa denan? Eta 15 €-koa?

d) Azaldu zein den merkatuaren egoera prezio bakoitzean: gehiegizko eskaria, oreka edo gehiegizko eskaintza.

21. **Adierazi neurri hauek sektore publikoak ekonomian duen esku-hartzea handitu edo txikitu egiten duten:**

a) Ogiari gehienezko prezio bat finkatzea.

b) Tabako-denda bat jartzeko bete beharreko baldintzak gutxitzea.

c) Alkoholaren gaineko zergak murriztea.

d) Herri-lanen bolumena handitzea.

e) Traktoreen erosketa bultzatzea.

f) Etxebizitza erosteko laguntzak kentzea.

22. **Ikertu Interneten:**

a) Azkenaldian zure herrian edo autonomia-erkidegoan enplegua sortu duten enpresen kasuak.

b) Zure herrian edo autonomia-erkidegoan bolondres-jarduerak edo gizarte-intereseko jarduerak egiten dituzten enpresak.

Ezinbestekoa — Beharrezkoa — Osagarria

PRENTSA-LANTEGIA

Bilatu Interneten landu beharreko kontzeptu hauetako bakoitzerako prentsa-albiste baten izenburua, osatu taula koadernoan, eta adierazi, lerro gutxi batzuetan, zer-nolako lotura duen unitatean ikasitakoarekin.

Landu beharreko kontzeptua	Izenburuak	Lotura unitatean ikasitakoarekin
Teknologia eta asmakuntzak	«Definizio ultrahandia eta kurbadun pantailak nagusi» *El País* (2016/02/19)	Teknologia berri bat garatzen den bakoitzean produktu berriak agertzen dira. Zaharkitutako tresnak bota eta berrikuntzak erostera jotzen dute kontsumitzaileek. Berrikuntza ezin bananduzko aliatua da ekonomia-hazkundearentzat. Alabaina, horrek presio handiagoa eragiten du planetaren baliabideetan, eta gero eta urriagoak dira.
Enpresa-ekoizpenaren ezkutuko kostuak	–	–
Enpresen funtzioa ekonomian (unitateko 3. atalari lotuta)	–	–
Enpresen eragina modetan	–	–
Gehiegizko eskariari edo gehiegizko eskaintzari lotutako egoera	–	–
Merkatuaren esku ikusezina	–	–
Sektore publikoaren esku-hartzea (errentaren fluxu zirkularrari lotuta)	–	–

LEXIKOA

- Efizientzia
- Ekonomia-efizientzia
- Enpresa-etekinak
- Ekoizpen-kostua
- Kostu finkoak
- Kostu aldakorrak
- Sarrerak
- Enpresa
- Merkatua
- Eskaria
- Eskaintza
- Errentaren fluxu zirkularra

EKONOMIAKO JOKOA

Enpresa txapeldunaren jokoa

Ekoizpen-faktore eta diru-kantitate jakin bat izango dituzu hasieran. Erosketen eta trukeen bidez, oreka lortzen saiatuko zara. Ahalik eta gehien ekoiztea da helburua.

Helburuak

Ekoizpenaren funtzioa zer den eta nola funtzionatzen duen ulertzea. Jokoaren gakoa hau da: egokitzen zaizun ekoizpen-funtzioa kontuan hartuta, kapitalaren eta lanaren konbinazio bat edo beste bat izatea komeni zaizu.

Denbora

Partidak 15 eta 20 minutu artean iraun dezake.

Jokalari-kopurua

Ikasgela osoa.

Materiala

Paperezko orri batzuk, goian agertzen diren irudiekin.

Jokoaren arauak

Prestaketa:

***a)* Jokalari bakoitzaren ekoizpen-faktoreak.**

Jokalariak 3 edo 4 jokalariko taldetan banatuko dira. Talde bakoitza enpresa bat izango da. Bi orri hartu eta haietako bakoitza 10 zati berdinetan moztu behar da; guztira 20 zati izango ditugu, beraz.

20 zati horietako bakoitzean goian erakusten den irudietako bat marraztu behar da (langilea, makinak eta 1.000 €-ko billeteak), edozein konbinazio eginda. Adibidez: 10 langile, 5 makina eta 1.000 euroko 5 billete.

Behin hori egindakoan, jokalariek mahai gainean utziko dituzte 20 kartak. Irakasleak haietako 6 hartuko dizkie zoriz, eta mahai gainean jarriko ditu.

***b)* Irakasleak ekoizpen-funtzioa idatziko du arbelean.**

Jokalariek gainerako 14 kartak eskuan dituztela, irakasleak paper batzuetan talde adina ekoizpen-funtzio marraztuko ditu. Ondoren, taldeei banatuko dizkie, zoriz.

Hauek dira funtzioak:

$Q = K \cdot L$ $\qquad Q = (K^2 \cdot L)/8$

$Q = (K + L) \cdot 4$ $\qquad Q = (L^2 \cdot K)/8$

Q = Ekoizpena; K = Makina-kopurua; L = Langile-kopurua.

Jokoaren hasiera:

Irakasleak hasiko du jokoa. Jokalariek elkarren artean truka ditzakete kartak, edo irakasleari erosi bat, 3.000 euroan.

Partidako denbora amaitzen denean, adibidez 15 minutu, jokalari guztiek geratu egin behar dute, eta beren ekoizpena kalkulatu. Gehien ekoitzi duenak irabaziko du.

Adibidez:

A taldeak 10 makina eta 7 langile ditu.

Ekoizpena $Q = KL$; $Q = 10 \times 7 = 70$

B taldeak 8 makina eta 8 langile ditu.

Ekoizpena $Q = (L^2 K)/8$; $Q = 64 \times 8/8 = 64$

A taldeak irabaziko luke.

4 ENPRESA ETA HAREN INGURUNEA

Unitate honetan enpresen barnealdea ikusiko dugu. Haren funtzionamendua ulertzeko lehen pausoa nola arautzen diren ikustea da, hau da, forma juridikoa.

Begirada sakonago bat botaz gero, agerian geratzen da elementu askok osatzen dutela enpresa, tartean haren inguruneak, eta ingurune horrekiko harremanetatik erantzukizunak datoz. Ekoizpen-egituran konbinatzen dira enpresaren elementu guztiak, eta haren bidez antolatzen da ondasunen eta zerbitzuen eraketa. Dena den, beharrezkoa da enpresen finantza-egituraren berri ere izatea. Enpresek beren jarduera finantzatzeko erabilitako baliabide propioen eta maileguen proportzioak adieraziko digu finantza-egitura.

SHIVA EDERRAREN MAITASUNAREN ONDORIOEI BURUZ

Kamerungo urruneko bazter batean, mendi baten magalean, dowayoak bizi ziren, gizaki primitibo eta baketsu batzuk. Bizitza zoriontsua eta lasaia zuten. Azkenaldian, ordea, gatazka txiki batek jende on haren bakea gaiztotu zuen. Bimba eta Bambu, tribuko bi gazte, Shiva ederrarekin maitemindu ziren. Herriko tradizioari jarraituz, hura konkistatzeko, ilunabarrero maitasun-kantak abestu behar zizkioten arnasa betean haren txabola atarian.

Astebete zeramalako lorik egin ezinda, edo neska oso materialista zelako, Shivak zorigaiztoko promesa bat egin zuen norgehiagoka hura amaitzeko: «Aberasteko modua aurkitzen duen harekin ezkonduko naiz».

Hala, promesa hori betetzeko irrika biziari jarraiki, bi gazteek bidaiari ekin zioten, aberats egingo zituen zerbait aurkitu nahian. Aurrena, Bimbak. Hiri txiki batera iritsi zen; arma-denda bat zegoen, eta gizon zuri batek tramankulu arraro bat saltzen zuen, metraileta izenekoa. «Honek aberats egingo nau», pentsatu zuen Bimbak, eta bere herrixkara itzuli zen. Bambu, berriz, plantazio batera iritsi zen. Jendeak pestizida izeneko zerbait erabiltzen zuen. Liluratuta hartu zuen. «Honek aberats egingo nau», pentsatu zuen Bambuk, eta bere herrixkara itzuli zen.

Herrira iritsi zenean, metraileta atera zuen Bimbak, eta zebrak bizi ziren lekura joan zen. Guztiak akabatu zituen. Haien haragia saldu, eta aberastu egin zen. Bambuk pestizida hartu eta ibaira isuri zuen. Arrain guztiek flotatu egiten zutela ikusi zuen. Bildu eta saldu egin zituen, eta aberastu egin zen. Shiva ederra biekin ezkondu zen.

Denbora batera, arrantzatu eta ehizatu ezinda, gosez hil zen herri osoa. Bimbak, Bambuk eta Shivak, aberatsak zirenez, hegazkin-txartel bana erosi zuten lehen klasean bidaiatzeko. Urrutiko herrialde batera emigratu zuten, eta hondartza batean bizi izan ziren.

Galderak:

1. **Zure ustez, Shivaren promesa egokia izan al zen?**
2. **Bimba eta Bambu aberats egin ziren, baina ez zuten gizartearekin erantzukizunez jokatu. Zure ustez, zer esan nahi du gizartearekin erantzukizunez ez jokatzeak?**
3. **Gure mundu zibilizatuan ere ba al daude Bimba eta Bambu modukoak?**

Laburpena

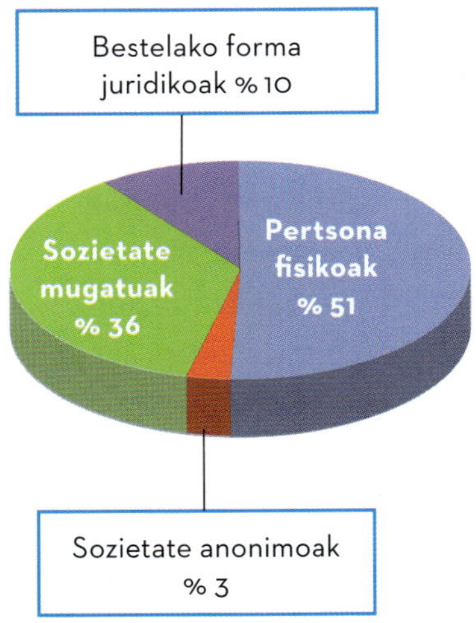

4.1. irudia. Espainian hiru milioi enpresa baino zertxobait gehiago daude. Erdiak baino gehiago banakako enpresak dira: autonomo esaten zaienak.

1 Enpresa-motak

Modu bat baino gehiago dago enpresak sailkatzeko. Adibidez:

a) **Zer jarduera egiten duten.** 2. unitatean ikusi dugun moduan, jarduera-motaren arabera, hiru sektore bereizten dira: lehen sektorea, bigarren sektorea eta hirugarren sektorea.

b) **Ekoizpen-baliabideen jabetza.** Ekoizpen-baliabideen jabetza kontuan hartuta, pribatuak edo publikoak (adibidez, Adif eta Correos) izan daitezke enpresak.

c) **Forma juridikoa.** Ondorio praktikoei begiratuta, sailkapenik garrantzitsuena da; izan ere, forma juridikoak egokia izan behar du jabeek behar duten enpresa motarentzat.

1.1. Forma juridikoa

Lehenik eta behin, beharrezkoa da forma juridikotzat zer ulertzen dugun azaltzea.

Forma edo **nortasun juridikoak** esan nahi du erakunde batek bere nortasun propioa duela, hura osatzen duten banakoen nortasuna edozein izanda ere.

Nortasun horren ondorioz, eskubide eta betebeharren titular izateko gaitasuna dute enpresek, pertsonak balira bezala. Enpresak sailkatzeko nortasun juridikoa hartzen da, batik bat, kontuan, enpresen ezaugarri eta funtzionamenduari buruzko ondorio praktikoengatik. Hala, mota hauetako enpresak bereizten dira:

- **Banakako enpresak:** ez dute forma juridikorik.
- **Sozietateak:** forma juridikoa dute.

4.1. taulan adierazita daude enpresa-mota nagusien ezaugarriak:

BA AL ZENEKIEN?

Sozietate mugatuak pertsona bakarrekoak ere izan daitezke.

Enpresa-motak forma juridikoaren arabera		Eratzeko gutxieneko kapitala	Lege-erantzukizuna	Kapitala zatitzeko aukera
Banakako enpresak	Banakako enpresaburua (autonomoa)	Ez dago	Mugagabea	Ez
	Erantzukizun mugatuko ekintzailea		Mugagabea, etxebizitza salbu	
Sozietateak	Sozietate anonimoa (SA)	60.000 €	Enpresa-ondarea bakarrik	**Akzioak** (eskualdatze librea)
	Sozietate mugatua (SM, EMS)	3.000 €		**Parte-hartzeak** (eskualdatze mugatua)
	Enpresa Berria sozietate mugatua (EBSM)	3.012 - 120.202 €		
	Kooperatibak	Estatutuetan finkatutako gutxienekoa	Egindako kapital ekarpenaren araberakoa	Boto bat kooperatibistako

4.1. taula. Forma juridiko nagusien ezaugarriak.

1.2. Forma juridikoaren aukeraketa

Beharrak kontuan hartuta aukeratzen dute jabeek edo bazkideek enpresaren forma juridikoa. Aukeraketa egiteko, hainbat faktore hartu behar dira kontuan, besteak beste, hauek:

- **Sortzeko gutxieneko kapitala.** Banakako enpresa sortzeko ez dago gutxienekorik, baina sozietatea sortzeko bai.
- **Lege-erantzukizuna.** Oro har, mugagabea da banakako enpresetan, eta mugatua sozietateetan.
- **Erabakiak.** Banakakoentzat ez dira arazo. Sozietateetan, berriz, jabetza-ehunekoa kontuan hartuta egiten dira erabakiak hartzeko bozketak. Kooperatiba da akordioak lortzeko zailtasun gehien izaten dituen egitura; izan ere, egindako kapital-ekarpena edozein izanda ere, kooperatibista bakoitzak boto bat du.
- **Jabetza-eskualdatzeak.** Sozietate anonimoetan soilik dago aukera jabetza eskualdatzeko.
- **Zerga-ordainketak.** Oro har, sozietateek % 28 ordaintzen dute; banakako enpresek, berriz, % 50 ere ordaindu dezakete. Etekinak txikiak baldin badira, komenigarriagoa da banakako enpresa izatea; eta etekinak handiak badira, sozietate izatea.

GARRANTZITSUA !

- Bai akzioak bai partaidetzak enpresa bateko jabetzaren ehunekoa adierazten duten tituluak dira. Eskualdatzeko aukerak bereizten ditu batzuk eta besteak.
- Sozietate mugatuaren aldagai bat da EBSM. Modu telematikoan eratzen da, burokrazia gutxiagorekin.
- Gainerako sozietateetan ez bezala, kooperatibetan gizarte-interesak izaten du lehentasuna, eta ez etekinak lortzeak.

1. JARDUERA EBATZIA

Erabaki forma juridikoari dagokionez zein den enpresa-motarik egokiena ezkerreko zutabean aipatzen den kasu bakoitzerako:

Enpresa-motak		Erantzuna: forma juridiko egokiena
Online salmentarako enpresa, baliabide gutxi, eta etekin txikiak hasieran; etxea negoziotik aparte uztea komeni da.	→	*Erantzukizun mugatuko ekintzailea.*
Familia-enpresa; hasieratik etekin handiak espero dira.	→	*Sozietate mugatua edo EBSM, kapitala eskualdatze mugatuko partaidetzatan zatituta.*
Makineria-enpresa, kapital premia handiarekin; ez da garrantzitsua bazkideak zein diren, hasieratik etekin handiak espero dira.	→	*Sozietate anonimoa, kapitala akziotan banatuta.*
Garrantzitsuena guztiek erabakitzeko gaitasun berbera izatea jotzen duen enpresa; etekinak lortzea ez da garrantzitsua.	→	*Kooperatiba.*

JARDUERAK

1. **Zer lortu nahi da enpresa bati forma juridikoa emanda?**
2. **Zer ezberdintasun dituzte banakako enpresaburuak eta erantzukizun mugatuko ekintzaileak?**
3. **Gauza bera al dira sozietate anonimoetako akzioak eta sozietate mugatuetako partaidetzak? Arrazoitu erantzuna.**

2 Enpresaren osagaiak

LEXIKOA

Aktiboa. Balio ekonomikoa duen ondasuna edo kobratzeko eskubidea.

Ordezko produktuak. Beste produktu batzuen antzeko ezaugarriak dituzte, eta produktu horien kontsumoa erabat edo zati batean ordezka dezakete. Adibidez, autobusean beharrean, trenean joatea.

Enpresa orok zenbait oinarrizko elementu izan behar ditu behar bezala funtzionatzeko. Elementu horiek lau multzo handitan sailkatu ditzakegu: gizataldea, kapital-ondasunak, antolaketa eta ingurunea.

A. Gizataldea

Enpresarekin lotura zuzena duten pertsona guztiak dira: jabeak, langileak, zuzendariak, administrariak, etab.

B. Kapital-ondasunak

Enpresak bere jarduera egin ahal izateko dauzkan ondasunak dira. Honela sailkatzen dira:

- **Aktibo ez-korrontea.** Ekoizpen-jardueran denbora luzez erabiltzeko moduko ondasun edo ekipamenduek osatzen dute (makinak, bulego-altzariak, etab.).
- **Aktibo korrontea.** Aldian-aldian berritzen diren ondasunek (lehengaiak, bulego-materiala) eta etengabe zirkulatzen ari direnek (esaterako, dirua) osatzen dute.

C. Enpresen antolaketa

Enpresa modernoetan, ohikoena izaten da espezializatutako arlo funtzionaletan banatzea antolaketa. Oro har, hauek izaten dira arloak (4.2. taula):

Hornikuntza	Materialak erostea eta biltegiratzea dagokio.
Ekoizpena	Enpresa-jardueraren xede den produktua ekoizten du; horretarako, lehengaiak edo beste ondasun batzuk eraldatzen ditu.
Giza baliabideak	Enpresako gizataldea antolatzen eta kudeatzen du.
Marketina	Produktuaren merkaturatzearekin eta banaketarekin zerikusia duen guztiaz arduratzen da.
Finantzaketa eta inbertsioak	Funtsak biltzen ditu, inbertsioak eta behar diren azpiegiturak eskuratu eta mantendu ahal izateko.
Zuzendaritza	Beste arlo guztiak antolatu eta koordinatzen ditu, jarritako helburuak lortzeko.

4.2. taula. Enpresetako funtzio-arlo ohikoenak.

Enpresaren egitura organigrama baten bidez adierazten da. Grafiko horrek lanpostuak (sailka multzokatuta), zuzendaritza-karguak eta hierarkia-harremanak erakusten ditu.

Organigrama enpresa baten egitura erakusten duen adierazpen grafikoa da.

Organigrama batean, aginte-harremanak eta mendekotasun-harremanak goitik behera adierazten dira; hau da, gorago daudenek aginte gehiago izaten dute eta maila berean daudenek aginte bera (4.2. irudia).

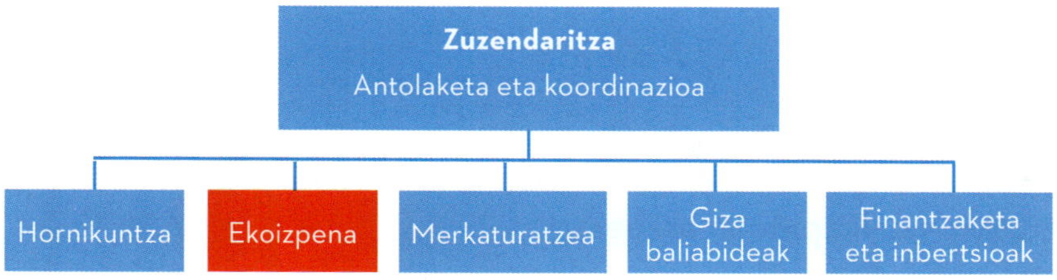

4.2. irudia. Organigrama, funtzioak arloka banatuta dituela. Funtzioen banaketa hori ohikoa da industria-enpresetan. Merkaturatze- edo zerbitzu-enpresetan, ekoizpen-arlorik ez da egoten, ez baitute produkturik eraldatzen: lehenengoek, banatu egiten dituzte; eta bigarrenek, zerbitzu bat ematen dute.

2. JARDUERA EBATZIA

Lekue familia osoak egiten du lan Lekue Frutak negozioan. Guztiek dendan lan egiten duten arren, zehaztuta dute zer funtzio betetzen duen kide bakoitzak: seme zaharrena da Jon, eta biltegiaz eta fruta ekartzeaz arduratzen da. Haizeak, arreba gazteak, erakusleihoa prestatzen du, publizitatea sartzen du inguruko auzoetako postontzietan eta irratiko iragarkiak negoziatzen ditu. Aita Joxean da, eta langileekin —bost dira— zerikusia duen guztiaz arduratzen da. Karmenek, amak, negozioa zuzentzen du, eta erabakiak hartzen.

a) Adierazi Lekue familiako kideen funtzioak familia-negozioan.

b) Adierazi, organigrama batean, enpresa horretan zer funtzio dauden eta nork betetzen dituen.

Erantzuna:

a)
- Ekoizpen-funtzioa eta finantzaketa- eta inbertsio-funtzioa ez daude adierazita.
- Hornikuntza: Jon.
- Merkaturatzea: Haizea.
- Giza baliabideak: Joxean.
- Zuzendaritza: Karmen.

b) Lekue Frutaken organigrama:

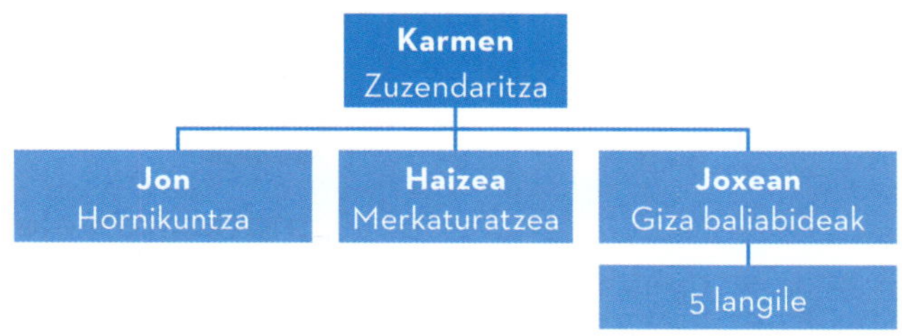

D. Ingurunea

Enpresa ez da elementu isolatua, gero eta gizarte globalizatuago batean jarduten du, nazioen arteko mugak gero eta lausoagoak baitira.

Enpresaren ingurunearen parte dira enpresaren jarduna baldintzatzeko moduko kanpo-faktore guztiak. Eragin-mailaren arabera, ingurune mota hauek bereiz ditzakegu:

- **Ingurune orokorra.** Enpresa mota guztiei berdin eragiten dieten faktoreak dira; oro har, hauek izaten dira: kultura, ekonomia, politika, legeak, teknologia, etab.

  Gobernu-aldaketak, energiaren prezioaren igoera eta greba orokorra, adibidez, ingurune orokorrari eragiten dioten faktoreak dira.

- **Ingurune espezifikoa.** Enpresa jakin baten funtzionamenduan eragiten duten faktoreak dira. Enpresa aritzen den sektoreko lehiarekin dute zerikusia faktore garrantzitsuenek: lehiakideen kopurua, bezeroak, hornitzaileak eta ordezko produktuen mehatxua.

  Adibidez, supermerkatu baten ingurune espezifikoari eragiten diote garraiolarien grebak, barazkien prezioaren igoerak edo herri bereko beste supermerkatu baten eskaintza oso lehiakorrak.

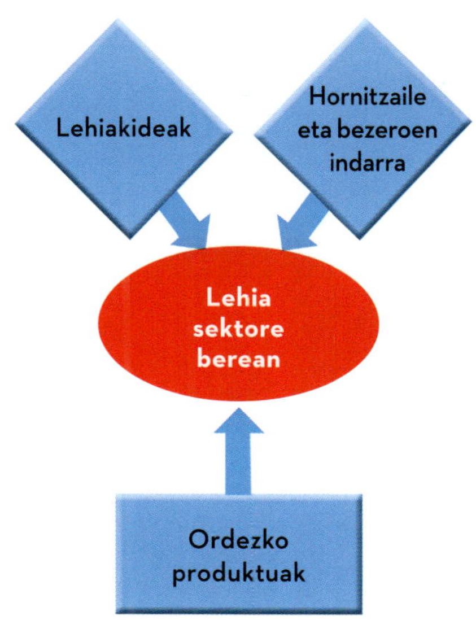

4.3. irudia. Sektore barruko lehia baldintzatzen duten hiru lehia-indarren eskema; noski, sektoreko enpresen etekinak ere baldintzatzen dituzte.

3. JARDUERA EBATZIA

Atxaga institutu pribatua zerbitzu jakin bat eskaintzen duen kooperatiba da: irakaskuntza. Identifikatu hura osatzen duten osagaiak, zehaztutako lau irizpideen arabera: gizataldea, kapital-ondasunak, antolaketa eta ingurunea.

Erantzuna:

Gizataldea	Irakasleak, administrariak, ikasleak, kafetegiko langileak.	
Kapital-ondasunak	Aktibo ez-korrontea	Eraikina, idazmahaiak, arbelak, ordenagailuak, patioa, fotokopiagailuak.
	Aktibo korrontea	Orriak, klarionak, bolalumak, grabatzeko DVDak.
Antolaketa	Zuzendaritza-taldea, irakasle-klaustroa, eskola-kontseilua, mintegiak.	
Ingurunea	Orokorra	Hezkuntza-lege berriak, greba orokorra, diru-laguntzak.
	Espezifikoa	Beste irakaskuntza-zentro batzuk, jangelako janari-zerbitzua, materiala saltzen duten papertegiak, auzoan ikasteko adinean dauden pertsonak.

1. periskopioa

Enpresaren elementuak

Aukeratu zure auzoko enpresa bat, eta zerrendatu hura osatzen duten elementuak:

- Gizataldea.
- Kapital-ondasunak.
- Antolaketa funtzioka.
- Ingurunea: orokorra eta espezifikoa.

Internetera jo dezakezu erantzuteko. Adibidez, iturgindegi bat bilatzeko honela egin dezakegu:

Bilatu «Iturgintza enpresa», ingurunea, organigrama, funtzioak

JARDUERAK

4. Zein da enpresa bat antolatzeko formarik ohikoena?
5. Zertan desberdintzen dira ingurune orokorra eta espezifikoa? Jarri adibideak bi ingurune motak argi bereizteko.
6. Aipatu ondasun edo zerbitzu hauen ordezko produktuak: gasolina, margarina, laranjak, kafea, zinemara joan.

3 Gizarte-erantzukizun korporatiboa

Gaur egun, gizartetik jasotzen dituzten eragin eta eskaerak medio, ohikoa da enpresek gizarte-erantzukizunerako estrategiak diseinatzea. Beren borondatez gizarte-erantzukizun korporatiboa onartuta, etorkizunean inbertitzen dute enpresek, eta espero izaten dute borondatez hartutako konpromiso horrek errentagarritasuna handitzen laguntzea.

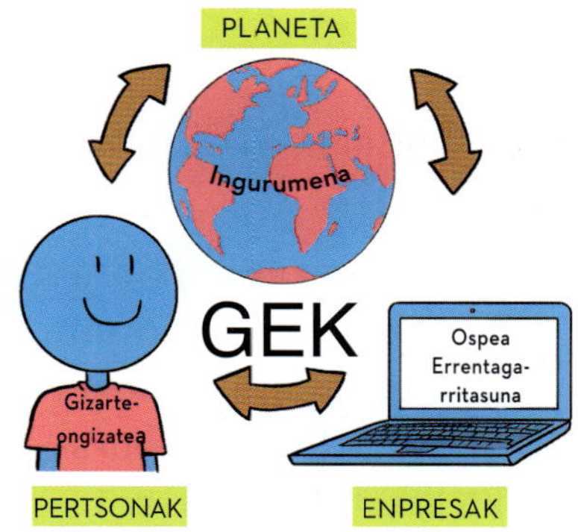

4.4. irudia. Gizarte-erantzukizun korporatiboa enpresaren eta haren gizarte-inguruaren eta ingurumenaren arteko elkarrekintzaz arduratzen da.

Gizarte-erantzukizun korporatiboa (GEK) enpresek beren inguruko gizarte- eta ingurumen-kezkak beraien kezka egitea da, borondatez.

Gizarte-erantzukizun korporatiboa etikatik eta enpresa-erantzukizunetik harago doa, barne hartzen baititu beste hauek ere:

a) Gizartearen kezkak, enpresaren beraren kezkez gain.

b) Gizarte osoa; izan ere, enpresako langileak eta jabeak ez ezik, hornitzaileak, bezeroak, komunikabideak, ingurumena eta iritzi publikoa ere inplikatzen ditu.

4.5. irudia. Gizarte-erantzukizun korporatiboaren ekintza-esparruak

4. JARDUERA EBATZIA

Sailkatu ezkerreko zutabeko neurriak gizarte-erantzukizun korporatiboaren baitako ekintza-esparru egokian:

Neurriak		**Erantzuna:** GEKen esparruak
Bezeroei arreta emateko departamentu bat sortzea.	→	*Bezeroak.*
Aldiro oharrak bidaltzea prentsara.	→	*Komunikabideak.*
Haurtzaindegiak jartzea lantokian.	→	*Langileak.*
Etiketa ekologikoaren egiaztagiria duten hornitzaileekin soilik lan egitea.	→	*Ingurumena eta hornitzaileak.*

JARDUERAK

7. Zerk bultzatzen ditu enpresak gizarte-erantzukizun korporatiboa beren borondatez ezartzera?

8. Gaur egun, zer motatako kezkak biltzen ditu enpresen gizarte-erantzukizun korporatiboak?

4 Enpresen finantzaketa

> **GARRANTZITSUA**
>
> **Autofinantzaketak** erabilera-kosturik ez duen arren, baliabide horiekin enpresatik kanpo eskuratuko litzatekeen errentagarritasuna lortu beharko luke, gutxienez.

Enpresa orok behar izaten ditu baliabideak bere jarduera gauzatzeko egin beharreko inbertsioak finantzatzeko. Jatorria kontuan hartuta, enpresak erabiltzen dituen baliabideak barnekoak edo kanpokoak izan daitezke. Eta honela ere sailka ditzakegu barneko eta kanpoko baliabideak:

- **Baliabideak itzultzeko epea.** Urte horretan bertan izan daiteke (epe laburrekoak) edo aurrerago (epe luzerakoak).
- **Baliabideen erabilera-kostua.** Kosturik badute, kanpoko baliabideak alokatzeagatik ordaindu beharreko interesetan neurtzen dira.

4.1. Barne-baliabideak

Barne-baliabideak (**autofinantzaketa** ere deitu izan zaio) enpresaren baliabide egonkorrenak dira; izan ere, ez dira itzuli behar, eta ez dute erabilera-kosturik. Batik bat erreserbek eta banatu gabeko irabaziek osatzen dituzte barne-baliabideak, hau da, enpresaren aurrezkiek.

Baliabidea	Azalpena	Itzultze-epea
Erreserbak	Erreserbak enpresaren aurrezkiak dira, banatu gabeko irabaziak. Enpresan geratzen dira inbertsio berriak finantzatzeko, eta, beraz, enpresaren hazkundeari laguntzeko.	Epe luzera (>12 hilabete)

4.2. Kosturik gabeko kanpo-baliabideak

Bolsa de Bilbao

4.6. irudia. Bilboko Burtsa. Enpresa handiek soilik eskura dezakete finantzaketa halako merkatuetan. Akzio-erosleak enpresa horretako bazkide edo akzionista bihurtzen dira.

Gehienetan, enpresek, finantzaketa propioaz gain, beste baliabide batzuk ere behar izaten dituzte. Lehenik eta behin, erabilera-kosturik ez duten baliabideak erabiltzen saiatzen dira. Hauek dira (4.3. taula):

4.3. taula. Kosturik gabeko kanpo-baliabideak.

Baliabidea	Azalpena	Itzultze-epea
Merkataritza-kreditua	Normalean kreditua esaten zaio; finantzaketa automatikoa da, eta enpresak hornitzaileei egindako erosketak ordaindu gabe uztean lortzen du: fakturak ordaindu arte, erositako materialak edo hornigaiak balia ditzake enpresak, baita haiek balio duten dirua ere.	Epe laburrean (≤12 hilabete)
Funts espontaneoak	Enpresak, oraindik aurreikusitako helbururako erabili ez dituelako, eskuragarri dituen baliabideak dira; adibidez, enpresak Ogasunari edo Gizarte Segurantzari dagokionean ordaindu beharreko dirua, edota langileei oraindik ordaindu gabeko soldatak.	
Kapital-zabalkuntza	Jabeek jabe edo bazkide gehiago onar ditzakete. Kide berri horiek baliabideak jarriko dituzte, eskubide batzuen truke: adibidez, enpresa kudeatzeko edo dibidenduen banaketan (irabaziak) parte hartzeko aukera. Enpresa handiek **burtsara** jotzen dute beharrezko baliabideak lortzeko.	Itzultzeko eperik gabe

4.3. Kostua duten kanpo-baliabideak

Kosturik gabeko baliabideak lortu ezin badira, banku-sistemara jotzen dute enpresek dirua uzteko eskatzera, pertsona partikularrek bezalaxe. Mailegatutako diru hori mailegua izan daiteke, zentzu hertsian, edo kreditu-poliza.

	Mailegua	Kreditu-kontua
Definizioa	Enpresen jarduera finantzatzeko dirua dira. Interesak, epeak eta hitzartutako baldintzak kontuan hartuta egin behar dira itzulketak.	
Helburua	Epe luzerako inbertsio-proiektuak	Epe laburreko jarduerak
Itzultze-epea	> 12 hilabete	≤ 12 hilabete
Dirua ateratzea?	Aldi bakar batean	Modu mailakatuan
Interesen ordainketa	Maileguaren bizitzan zehar, ordaintzeko geratzen denaren arabera.	Hitzartutako epearen bukaeran, erabilitakoaren nahiz erabili gabekoaren gainean.
Dirua ateratzea?	Ez	Bai

4.4. taula. Maileguen eta kreditu-kontuen definizioa eta ezaugarriak.

GARRANTZITSUA

Maileguen ezaugarriei buruz berriro hitz egingo dugu 6. unitatean.

LEXIKOA

Burtsa. Baloreen salerosketan espezializatutako merkatua.

5. JARDUERA EBATZIA

Eros Merkek ezaugarri hauen arabera kudeatutako saltoki batzuk ditu EAEn:

- Dirutan kobratzen die bezeroei, eta 90 eguneko epean ordaintzen die hornitzaileei.
- 40 egunekoa da salgaien batez besteko salmenta-epea.
- Salgaien kostua baino lau aldiz garestiagoa da publikoarentzako salmenta-prezioa.

Erantzun:

a) Datu horien arabera, behar al du Eros Merkek kanpo-finantzaketarik enpresarako? Zergatik?

b) Jarduera azaldutakoa enpresa guztietan aplikatu al daiteke? Arrazoitu erantzuna.

Erantzuna

a) Ez. Eros Merkek 40 eguneko batez besteko epean saltzen dizkie salgaiak bezeroei; hala, 90 eguneko epera iristeko falta diren egunetan gainerako gastuak ordaintzen ditu (soldatak, argindarra, ura, etab.) berea ez den diruarekin. Diru hori bankuan ere sar dezake, interesak sortzeko. 90 egunak igarotakoan, geroratuta duen kopurua ordaintzen du. Ez du dirurik galdu beste gastu batzuetarako, eta etekinak lortu ditu, euro bakar bat ere jarri gabe.

b) Ez, ezin da. Hornitzaile guztiek ez dute ematen kreditua, eta ematen dutenek enpresa handiei bakarrik ematen diete.

JARDUERAK

9. **Zure ustez, egokia izan arren, zergatik enpresa askok ez dute erabiltzen merkataritza-kreditua finantzaketa-iturri moduan?**

10. **Zure ustez, zer eragozpen ditu enpresan bazkide edo jabe berriak sartzeak?**

5 Enpresen obligazioak

Bi motatako obligazioak betez sostengatzen dute enpresek sektore publikoa: alde batetik, obligazio zuzenak dituzte; eta, bestetik, beste batzuen obligazioetan bitartekaritza-lana egiten dute. 4.7. irudiak biltzen ditu enpresen obligazio nagusiak:

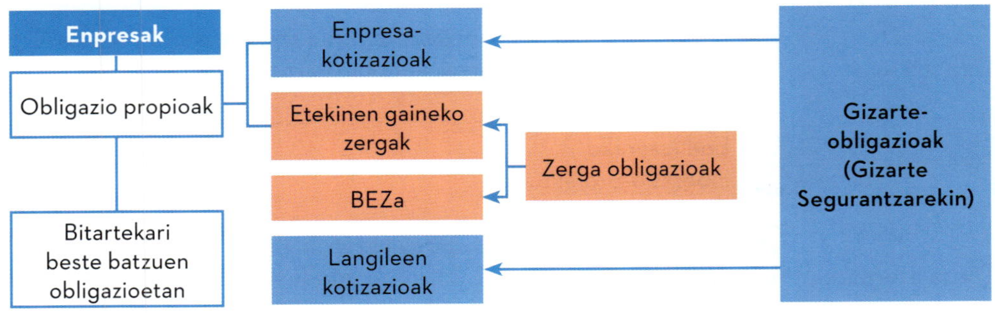

Figura 4.7. Enpresen obligazioak.

LEXIKOA

Gizarte Segurantza. Babes-ekintza publikoa, behar-egoeran dauden herritar guztiei laguntza eta prestazioak bermatzea helburu duena. Langileek eta autonomoek aldian-aldian egin beharreko ekarpenek (kotizazioak) finantzatzen dute Gizarte Segurantzaren gastua.

5.1. Gizarte-obligazioak

Sektore publikoaren prestazio gehienetarako eskubidea izateko (osasungintza, botikak, langabezia, ezintasuna, etab.), enpresek eta langileek banatu egiten dituzte aldian-aldian egin beharreko ekarpenak. Gizarte-kotizazio deitzen zaie ekarpen horiei.

Gizarte-kotizazioak enpresek eta langileek Gizarte Segurantzari aldian-aldian egiten dizkioten ekarpenak dira, trukean, sektore publikotik zenbait prestazio jasotzeko eskubidea izan dezan langileak.

GARRANTZITSUA

Diru-sarrera publikoei eta tributuei buruz 10. unitatean hitz egingo dugu berriro.

5.2. Obligazio fiskalak

Zergak ordaintzea ez da obligaziotzat hartu behar, bidezko gauzatzat baizik. Zergekin ospitaleak eraikitzen dira, errepideak egiten dira eta hezkuntza publikoa hobetzen da, esate baterako. Pertsonak bezalaxe, enpresak ere gizartean bizi dira, eta, beraz, Estatuak ematen dituen ondasunak kontsumitzen eta erabiltzen dituzte, hala nola, errepideak, justizia eta diru-laguntzak. Hori dela eta, ongizate orokorrean lagundu behar dute, zergak ordainduz.

Obligazio fiskalei buruz pentsatzen dugunean, zergak etortzen zaizkigu burura. Normala da, izan ere, zergak dira bilketarako bitarteko nagusiak. Alabaina, zergak tributu mota bat dira, tasak bezalaxe:

- **Zergak** sektore publikoak exijitutako ordainketak dira; ez dago kontraprestazio zuzenik haiek ordaintzen dituenarentzat.
- **Tasak**, berriz, zerbitzu publiko baten truke ordaintzen dira; esate baterako, museo bateko sarreragatik, titulu baten bidalketagatik edo hiri barruko autobusa erabiltzeagatik.

LEXIKOA

Fiskala. Arlo publikoaren gastuak ordaintzeko baliabideak lortzearekin zerikusia duen oro.

Tributua. Diru-sarrera publikoa, herritarrek nahitaez ordaindu beharrekoa.

Honela sailkatu ohi dira zergak (4.5. taula):

Zerga-motak		
Zergapetzen dutenaren arabera	Zuzenak	Pertsonak eta enpresak
	Zeharkakoak	Ekintza jakin batzuk
Aplikatutako ehunekoaren arabera	Gehikorrak	Ehuneko aldakorra
	Proportzionalak	Ehuneko finkoa

4.5. taula. Zerga-motak.

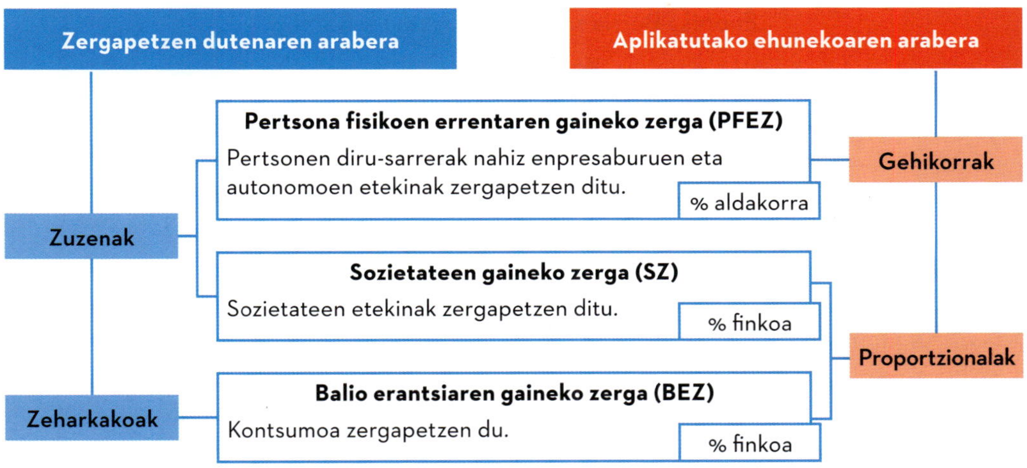

4.8. irudia. Espainiako zerga garrantzitsuenak.

GARRANTZITSUA !

Sozietate zergaren tasa % 28koa da; pertsona fisikoen errentaren gaineko zerga, berriz, % 19,5 eta % 46 artekoa. Hori dela eta, etekin asko dituztenean, enpresaburuek eta autonomoek sozietateak eratzen dituzte.

6. JARDUERA EBATZIA

Sailkatu ezkerreko zutabean ageri diren enpresa-obligazioak taulan ageri diren gainerako irizpideak kontuan hartuta.

	Erantzuna: obligazioak		**Erantzuna:** zerga-mota			
	Norberarena	Besterena	Zuzena	Zeharkakoa	Gehikorra	Proportzioan
Sozietate-zerga	🟢	🔴	🟢	🔴	🔴	🟢
BEZa	🔴	🟢	🔴	🟢	🔴	🟢
PFEZ	🟢	🔴	🟢	🔴	🟢	🔴
Langileen kotizazioak	🔴	🟢				
Enpresarioen kotizazioak	🟢	🔴				

JARDUERAK

11. Zer obligazio dituzte enpresek beste batzuen bitartekari moduan?

12. Zertan dira desberdinak zuzeneko zergak eta zeharkako zergak?

13. Zure ustez, gizarte demokratikoetan zergatik da gorakorra pertsona fisikoen errentaren gaineko zergaren (PFEZ) ehunekoa?

KONTZEPTU-MAPA

Enpresa-motak forma juridikoaren arabera	
Banakako enpresak	Enpresaburu indibiduala (autonomoa)
	Erantzukizun mugatuko ekintzailea
Sozietateak	Sozietate anonimoa (SA)
	Sozietate mugatua (SM edo EMS)
	Enpresa Berria sozietate mugatua (EBSM)
	Kooperatibak

Enpresa-antolaketa

Zuzendaritza
Antolaketa eta koordinazioa

- Hornikuntza
- Ekoizpena
- Merkaturatzea
- Giza baliabideak
- Finantzaketa eta inbertsioak

Gizarte-erantzukizun korporatiboa

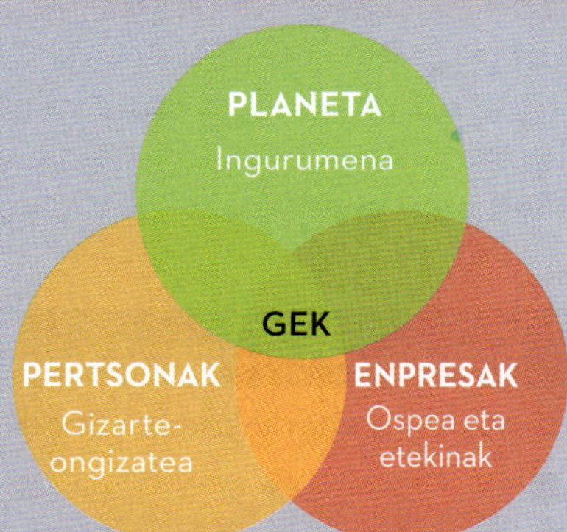

Enpresen finantzaketa		
Barne-baliabideak	Kosturik gabe	Erreserbak
Kanpo-baliabideak	Kosturik gabe	Kapital-zabalkuntza
		Merkataritza-kreditua
		Funts espontaneoak
	Kostua	Mailegua
		Kreditu-kontua

Zergapetzen dutenaren arabera	Zerga	Aplikatutako ehunekoaren arabera
Zuzenak	**Pertsona fisikoen errentaren gaineko zerga (PFEZ)** Pertsonen diru-sarrerak zergapetzen ditu, baita enpresaburu eta autonomoen etekinak ere. % aldakorra	Gehikorra
Zuzenak	**Sozietateen gaineko zerga (SZ)** Sozietateen etekinak zergapetzen ditu. % finkoa	Proportzionala
Zeharkakoak	**Balio erantsiaren gaineko zerga (BEZ)** Kontsumoa zergapetzen du. % finkoa	Proportzionala

BERRIKUSKETA-TESTA

1. Banakako enpresa batek...

a) Nortasun juridikoa du.

b) Ez du nortasun juridikorik.

c) Erantzukizuna du.

d) Ez du erantzukizunik.

2. Zeinetan eskualda daiteke jabetza?

a) Sozietate mugatuan.

b) Kooperatiban.

c) Sozietate anonimoan.

d) Aurreko guztietan.

3. Aktibo korrontea:

a) Merkea da.

b) Garestia eta aukerakoa da.

c) Aldian-aldian berritzen da.

d) Noizean behin berritzen da.

4. Zein da enpresak behar dituen funtsak eskuratzeaz eta administratzeaz arduratzen den departamentua?

a) Ekoizpena.

b) Giza baliabideak.

c) Zuzendaritza.

d) Finantzak.

5. Zer adierazten dira organigrama batean?

a) Gorputzeko atalak.

b) Aginte-harremanak.

c) Produktuak.

d) Lehiakideak.

6. Hauetako bat zure institutuko ingurune orokorreko elementu bat da. Zein da?

a) Venus eta Merkurio direnen arteko gerra.

b) Zergen igoera orokorra.

c) Liburuak garestitzea.

d) Zure ikaskideak kopiatzea azterketa batean.

7. Hauetako zein dazure institutuko elementu espezifiko bat?

a) Venus eta Merkurio direnen arteko gerra.

b) Zergen igoera orokorra.

c) Liburuak garestitzea.

d) Zure ikaskideak kopiatzea azterketa batean.

8. Gizarte-erantzukizuneko enpresa bat arduratu egiten da bere jarduerak duen eraginaz:

a) Bere langileen artean.

b) Bere bezeroen artean.

c) Bere ingurunean.

d) Aurreko guztiak zuzenak dira.

9. Zerk baldintzatzen du enpresen autofinantzaketa?

a) Etekinek.

b) Maileguek.

c) Dohaintzek.

d) BEZak.

10. Zein da kanpoko finantzaketa modu bat, dirua modu mailakatuan erabiltzen uzten duena?

a) Mailegua.

b) Kreditu-poliza.

c) Zerga.

d) Merkataritza-kreditua.

11. Zer da Udalak zaborra biltzeko ordaintzen dugun dirua?

a) Zerga bat.

b) Etekina.

c) BEZa.

d) Tasa bat.

12. Zein da zeharkako zerga bat?

a) BEZa.

b) Sozietateen gaineko zerga.

c) Tasa.

d) PFEZ.

AMAIERAKO JARDUERAK

Teoria

1. **Zergatik da forma juridikoa enpresak sailkatzeko modurik garrantzitsuena?**

2. **Erantzukizunaren ikuspegitik, zer abantaila dute sozietateek banakako enpresen aldean?**

3. **Zergatik izan daiteke zaila akordioak lortzea kooperatibetan?**

4. **Antolaketako zein arlo ez dira merkataritza-enpresetan agertu ohi?**

5. **Zer adierazten du organigrama batek? Nola eratzen da?**

6. **Zer dira enpresa baten erreserbak? Zergatik erabiltzen dituzte lehenik eta behin erreserbak enpresek finantzaketa behar dutenean?**

7. **Enpresa batek uste du 20.000 € inguru beharko dituela neguko sasoirako. Diru hori modu mailakatuan eskuratuko du, hainbat astetan zehar, salmentak nola doazen ikusita. Zein banku-finantzaketa gomendatuko zenioke? Zergatik?**

8. **Nola egiten diote ekarpena enpresek nazio-aberastasunari?**

9. **Zergatik da iruzurra iturgin edo elektrikari bati fakturarik ez egiteko eskatzea diru pixka bat aurrezte aldera?**

10. **Zerga bereziak daude tabakoaren eta alkoholdun edarien gainean. Zerga zuzenak edo zeharkakoak dira? Zergatik?**

11. **Zer motatako tributua ordainduko dugu DBHko gure tituluaren bidalketaren truke?**

12. **Zer enpresak ordaintzen dituzte beren zergak sozietateen gaineko zergaren bidez? Eta pertsona fisikoen errentaren gaineko zergaren bidez?**

Praktika

13. **Sailkatu zure herriko 5 enpresa irizpide hauek kontuan hartuta: jarduera-mota, ekoizpen-baliabideen jabetza eta forma juridikoa.**

14. **Erabaki, forma juridikoaren ikuspegitik, zer motatako enpresa den egokiena kasu hauetako bakoitzerako:**

a) Lagunen arteko enpresa bat; denbora gutxian etekin handiak lortuko dituztela uste dute.

b) Pertsona bakarreko enpresa; hasieran etekin gutxi izango ditu, eta jabeak etxe bat du bere izenean.

c) Kideek merke erosi ahal izateko antolatutako enpresa bat.

d) Errepide bidezko garraiorako enpresa; diru-ekarpena da elementurik garrantzitsuena, ez nork egiten duen diru-ekarpen hori.

15. **Identifikatu gutxienez aktibo korronteko eta aktibo ez-korronteko hiruna elementu enpresa hauetan: kioskoa, supermerkatua, baserria eta aroztegia.**

16. **Egin enpresa hauen organigrama. Zuzendaritza zentrala eta zenbait antolaketa-departamentu dituzte:**

a) Kepa Tailerra, SM. Mekanika eta autoaren mantentze-lanak egiten ditu, eta funtzio hauen arabera antolatzen da: txapa, pintura, elektrizitatea eta ordezko piezak.

b) Eumasa, SA. Turismo operadorea, autonomia-erkidego hauetan duen presentziaren arabera antolatzen da: Katalunian, Madrilen, Murtzian, Andaluzian eta Valentziako erkidegoan ditu ordezkaritzak.

c) Galapagar, SM. Banaketa-saltokia, saila antolatzen da: bazarra, elikadura eta edariak.

d) Izagirre. Handizkako banaketan aritzen da, produktuka antolatuta: urdaiazpikoa, marmelada, gazta eta itsaskiak.

e) La Mariscada. Handizkako banaketan aritzen da, eta Izagirre enpresaren produktu-zorro berdina izateaz gain, autonomia-erkidego hauetan duen presentziaren arabera antolatzen da: Extremadura, Gaztela eta Leon, Galizia eta Asturiasko Printzerria.

17. Sailkatu neurri hauek gizarte-erantzukizun korporatiboaren ekintza-esparru egokian:

a) Sektoreko lan-hitzarmenean ezarri baino amatasun-baja luzeagoa langileentzat.

b) Tokian tokiko hornitzaileekin bakarrik lan egin.

c) Etekinen zati bat bezeroek aukeratzen duten gobernuz kanpoko erakunde bati eman.

d) Eguzki-paneletan inbertitu energia elektrikoa sortzeko.

e) Gizarte-erantzukizun korporatiboari buruzko ohar informatiboak igorri prentsari eta pertsona partikularrei.

f) Iturri kontrolatuetatik datorrela ziurtatzen duen egurrarekin bakarrik lan egin.

g) Etekinen zati bat langileen artean banatu.

18. Komentatu prentsa-titular hauek gizarte-ekintza korporatiboaren ikuspegitik:

a) «Googlek birziklapenaren eta energia-aurrezpenaren alde egindako ahaleginari esker, % 50 murriztu da energia-gastua haren datu-zentroetan»

b) «Xeroxek milioi bat euro baino gehiago gastatu du lanaldiaren zati bat bolondreslanetarako erabili dezaten langileek»

c) «As Pontes de García Rodríguezeko zentral termikoak Espainiako kutsatzaileena izaten jarraitzen du»

d) «Bankuek zoru-klausulei eusten diete, beren bezeroak aurka dauden arren»

19. Lotu esaldi hauetako bakoitza enpresa-finantzaketarako moduren batekin:

a) Hornitzaileekin negoziatzeko gaitasun handia duten enpresentzat finantzaketa modu aproposa da.

b) Litekeena da enpresaren kudeaketa partekatu behar izatea.

c) Erabili gabeko kopuruaren gaineko interesak ere ordaindu behar dira.

d) Enpresaren aurrezkiak dira.

e) Diru guztia batera jasotzen da.

20. Sailkatu zerga hauek zuzenak edo zeharkakoak diren eta gehikorrak edo proportzionalak diren kontuan hartuta:

a) Pertsona fisikoen errentaren gaineko zerga.

b) Sozietateen gaineko zerga.

c) Balio erantsiaren gaineko zerga.

21. Ikertu Interneten:

a) Egin zure herriko enpresa baten organigrama. Erakutsi arbelean eta azaldu ikaskideei enpresaren egitura.

b) Bilatu zeuk aukeratutako bi enpresa handiren gizarte-erantzukizun korporatiboko neurri garrantzitsuenak.

c) Aurkitu finantzaketa lortzeko berriki burtsara atera diren enpresa handien izenak.

Ezinbestekoa Beharrezkoa Osagarria

PRENTSA-LANTEGIA

Bilatu Interneten landu beharreko kontzeptu hauetako bakoitzerako prentsa-albiste baten izenburua, osatu taula koadernoan, eta adierazi, lerro gutxi batzuetan, zer-nolako lotura duen unitatean ikasitakoarekin.

Landu beharreko kontzeptua	Izenburuak	Lotura unitatean ikasitakoarekin
Gizarte-erantzukizun korporatiboaren garrantzia	«Polizia izatea eta familia-bizitzaren kontziliazioa, ezinezko misioa». *El Boletín* (16/02/2016)	Enpresek egindakoen ondorioak haien emaitza-kontutik harago doaz: parte diren gizarteari eragiten diote, familiei eta ingurumenari. Horregatik, sozialki arduratsuak izateko eskatu behar diegu, mundu hobe bat behar dugulako.
Zerga-ihesa	...	...
Gizarte Segurantza	...	...
Zergek gizartean duten garrantzia	...	...
Burtsa eta enpresa handien finantzaketa	...	...

LEXIKOA

Forma edo nortasun juridikoa
Banakako enpresa
Sozietate anonimoa
Sozietate mugatua
Enpresa Berria sozietate mugatua
Kooperatiba
Aktiboa
Aktibo ez-korrontea
Aktibo korrontea

Organigrama
Ingurune orokorra
Ingurune espezifikoa
Ordezko produktuak
Gizarte-erantzukizun korporatiboa (GEK)
Erreserbak
Merkataritza-kreditua

Funts espontaneoak
Kapital-ekarpen berriak
Burtsa
Mailegua
Gizarte-kotizazioak
Gizarte Segurantza
Fiskala
Tributua
Zerga
Tasa

EKONOMIAKO JOKOA

Enpresa-floten bataila

Joko honetan, *ontzien* gudu berezi bat jokatuko dugu: ontziak enpresen forma juridikoak izango dira. Tiroak (txandak) enpresa horien lege-ezaugarriak aipatuz egingo dira, eta aurkariaren ontzi guztiak hondoratzea izango da helburua.

Helburua

Enpresa-moten lege-ezaugarriak memorizatzea modu dibertigarri batean.

Denbora

Partida bakoitzak 10 eta 15 minutu artean iraun dezake.

Jokalari-kopurua

Bi.

Materiala

Jokalari bakoitzak bere taula marraztu behar du, 5x5ekoa, enpresa-ontziak kokatzeko; sozietate anonimoa (SAE), sozietate mugatua (SM) eta autonomo edo banakako enpresa (B). Beste taula berdin bat ere egin daiteke ikaskidearen ontzietan egindako talkak apuntatzeko.

	A	B	C	D	E
1	S	A	E		
2				S	M
3			S		
4	B		M		B
5		B			

4.9. irudia. Adibide bat, ontzi-enpresak joko-arauek esaten duten bezala jarrita.

Jokoaren arauak

Prestaketa:

Jokalari bakoitzak bere taulan kokatu behar ditu: sozietate anonimo (SAE) bat, bi sozietate mugatu (SM) eta hiru banakako enpresa (B). Horretarako, arau hauek hartu behar dira kontuan:

1. Siglak horizontalean edo bertikalean idatz daitezke.
2. Ezin dira bi enpresa-ontzi horizontalean edo bertikalean itsatsita kokatu, baina bai zeiharka. (ikusi 4.9. irudia).

Partida:

Zotz egin nor hasi erabakitzeko, eta txandaka jokatu. Jokalariak koordenatu batzuk aipatu behar ditu, eta, atzetik, 4.6. taulan ageri den tiro-oihu bat egin. Adibidez, «A-1, erantzukizun mugatua!».

Lauki horretan ezaugarri horiek dituen enpresa bat ageri bada (hau da, SM bat edo SAE bat), aurkariak «inpaktua» esango du eta marratu egingo du dagokion laukia. Bestela, beste enpresa bat bada, edo ezer ez badago, «ura» esango du.

Aurkariaren ontzi-enpresa guztiak hondoratzen dituen lehen jokalariak irabaziko du partida.

Tiro-oihua	SAE	SM	B
Mugatua! Erantzukizun mugatua	Inpaktua	Inpaktua	Ura
Libre! Jabetzaren eskualdatze librea	Inpaktua	Ura	Inpaktua
Merkea! Kapital gutxi behar da	Ura	Inpaktua	Inpaktua

4.6. taula. Tiro-oihuak

Film-proposamena

The man in the white suit

Zuzendaria: Alexander MacKendrick

Urtea: 1951

Herrialdea: Erresuma Batua

Sinopsia:

Sydney Stratton ikertzaile gazteak ehun iraultzaile bat asmatu du: betiko irauten du, eta ezin da apurtu ez eta zikindu ere. Gauza ederra dirudi, baina enpresaburuek segituan arriskuan ikusten dituzte beren negozioak, eta langileek beren enpleguak, eta zaildu egingo dira gauzak gaztearentzat.

Gogoetarako gakoak:

The man in the white suit filmak aparteko asmakuntza bat egin duen gizon baten istorioa kontatzen du, eta ingurune hori balioaren eta etekinaren ezaugarriak erakusteko erabiltzen du. Enpresaren mundu konplexua erakusten du. Gizarte-eragile askok parte hartzen dute; eta eragile horiek, askotan, kontrako interesak dituzte. Beraz, ez dute beti asmatzen beren oraingo helburuak eta guztien etorkizuneko iraunkortasuna bateratzen. Lana, teknika, zientzia eta baikortasuna nabarmentzen ditu.

Irakasgaiko edukiak:

- Teknologiak ekonomia-hazkundean duen eginkizuna ulertzea.
- Teknologia-aldaketari lotutako aukera-kostuak zein diren jakitea.
- Ekonomia-arazo bera ekonomia normatiboaren eta positiboaren ikuspegitik bideratzea.

Galderak:

a) Sydney Strattonen asmakuntzak onerako aldatuko zuen mundua. Orduan, zergatik egin zuen porrot?

b) Sydney Strattonen lagun mina bazina, zer aholkatuko zeniokeen arrakasta izateko?

Albistea

Multinazional baten porrota iragarri zuen 17 urteko mutikoa

HÉCTOR MARÍN. (*El Mundo* egunkaritik egokitua, 2015/12/13)

Eskolako lanean, 17 urteko mutil batek antzeman egin zuen Deloitte auditoreak urtez urte, dozenaka profesional eta baliabide izan arren, Abengoari buruzko txostenetan ohartarazi ez zuena: Abengoa buztinezko hankako multinazional bat zela, ordainketak eteteko bidean. Artean, adin nagusikoa ere ez zen Pepe. Eskolako jarduera bat besterik ez zen, inork ez zion ezer ordaindu, irakaslearen 10a salbu (Deloittek 20 milioi euroko sarrerak izan zituen 3 urtean Abengoaren kontuak ikuskatzeagatik). Gaur egun, 18 urte ditu Pepek, eta Medikuntza ikasten ari da.

Galderak:

a) **Enpresa batek porrot egiten duenean, jende askori eragiten dizkio kalteak: langileei, inbertsiogileei, bezeroei eta enpresen ingurune guztiguztiari. Esango al zenuke zer kalte eragiten dizkion haietako bakoitzari?**

b) **Zure ustez, nolatan da posible mutil batek eskolako lanean igartzea aditu pila dituen enpresa batek ikusi ezin izan zuena?**

c) **Zure ustez, ekonomialari ona dela erakutsi arren, zergatik erabaki du Medikuntza ikastea Pepek? Zuk ere gauza bera egingo al zenuke?**

Galdetegia

1. Zein izan daiteke errepide asko edukitzearen aukera-kostua?

a) Azkarrago gidatzea.

b) Auto-ilara gutxiago izatea.

c) Ospitale gutxiago egitea.

d) Dirua gastatzea.

2. Zein da ekonomia-ereduaren adibide bat?

a) Ekoizpen-aukeren muga.

b) Espainiako BPGd-a.

c) Enpresaburu eredugarri bat.

d) Diru gutxiko mutil eder bat.

3. Hauetako zein izan daiteke ekonomia positiboko adierazpen bat?

a) Etxebizitza-eskubidea bermatu behar da.

b) Mundu guztiak jaso behar du gutxieneko errenta unibertsala.

c) Prezioak % 10 igo dira.

d) Hobe da PFEZ igotzea BEZa igotzea baino.

4. Zein ez da ekoizpen-faktore bat?

a) Arantxa, arotza.

b) Bankuan dudan dirua.

c) Nire enpresaren bulegoak.

d) Tabernan erositako oilasko erreak.

5. Nola deritzo herrialde batean ekoizten denari?

a) Inflazioa.

b) BPGd-a.

c) KPIa.

d) BBVA Liga.

6. Euli bat bonba atomiko batez hiltzea zer da?

a) Ez-efizientea.

b) Ez-efikaza.

c) Amaitu gabea.

d) Ideia ona.

7. Zeren berdina da enpresa baten etekina?

a) Saltzen duenarena.

b) Sarrerena.

c) Sarrera ken kontuena.

d) Kostuena, sarrerak kenduta.

8. Eskaintza handitzen bada:

a) Prezioak jaitsi egiten dira.

b) Irabaziak handitu egiten dira.

c) Kalitatea murriztu egiten da.

d) Langabezia handitu egiten da.

9. Nolakoak izaten dira enpresa handienak?

a) Sozietate mugatuak.

b) Kooperatibak.

c) Enpresaburu autonomoak.

d) Sozietate anonimoak.

10. Enpresaren barne-baliabidea dira hauek:

a) Erreserbak.

b) Merkataritza-kredituak.

c) Maileguak.

d) Funts espontaneoak.

5 FINANTZEN PLANGINTZA

Bizitzan, diru asko erabiltzearekin lotutako erabaki batzuk hartu beharko ditugu; esaterako, master bat ikasteko erabakia edo auto bat erostekoa. Horietarako, aurreztu egin beharko dugu, eta hori lortzeko, badago oso tresna erabilgarri bat: aurrekontua. Aurrekontuaren bidez, diru-sarreren eta gastuen plangintza egin daiteke, eta aurrezteko dugun ahalmena kontrolatzen lagunduko digu.

Gure sarrerak eta gastuak kalkulatzen eta kontrolatzen jakitea oso erabilgarria da gure erabaki ekonomiko garrantzitsuenak hartzerakoan, baina baita gure eguneroko bizitzan ere, jakiteko ea gure soldatarekin hilaren amaiera arte iritsiko garen, edo pentsio-plan pribatu bat beharko dugun, erretiratu ostean orain arteko gure bizi-mailari eutsi ahal izateko.

GOZOKIAREN TESTA

Gelan sartu ondoren, Paul eta Walsh doktorea aurrez aurre eseri ziren. «Gozoki hau nahi al duzu, Paul?». Paulek 5 urte besterik ez zituen, eta Walsh doktoreak, ia 50. Elkarri begiratu zioten, eta, orduan, hauxe esan zuen doktoreak: «Gozoki bat daukat, Paul. Hemen utziko dut, mahai gainean. 15 minuturako irten behar dut, baina gozokia jaten ez baduzu, hori eta beste bat emango dizkizut itzultzen naizenean».

Paul bakarrik geratu zen, gozokia aurrean zuela. Jan egin nahi zuen, baina are gehiago nahi zuen bi gozoki eduki. Imajinatu zuen gozokia ez zela benetakoa, magia-jokoetan erabiltzen diren gozoki horietako bat zela eta zapore txarra izango zuela; gozokitik aldendu zen; beste gauza batzuetan pentsatzen saiatu zen; eutsi egin nahi zion gozokia jateko gogoari. Denbora igarotzen zihoan, baina minutuek gero eta luzeagoak zirudíten. Paulek itxaron egin zuen. Eutsi egin zion. Azkenik, Walsh doktorea gelan sartu zen berriro eta ikusi zuen gozokiak mahaiaren gainean jarraitzen zuela. «Tentaldiari eutsi al diozu? Ondo, orain bi gozoki izango dituzu. Egun ona izan, Paul».

25 urte geroago, Paul bizimodu zoriontsuko gizona zen: lanbide on bat zuen, bai eta zaindutako gorpuzkera ere. Bere hobbiez gozatu eta osasuna zaintzen zuen. Paulen lagun Henrieta, ordea, ez zegoen gustura bere bizitzarekin: ez zitzaion bere lana gustatzen eta ez zen zoriontsua.

25 urte lehenago, Henrietak ezin izan zion 15 minutuz eutsi Walsh doktoreak eskainitako gozokia jateko gogoari.

Ordurako, David Walsh psikologo ospetsua zen, eta *Gozokiaren testa* liburua idatzia zuen. Eta zenbaiten ustez, pertsona batzuek txiki-txikitatik zer patu izango zuten jakiteko gai zen, gozoki bati esker.

Galderak:

1. **Zure ustez, zergatik izan ziren heldutakoan zoriontsuagoak gozokia jateko gogoari eutsi zioten haurrak?**
2. **Aurrezteko gai izatea lagungarria izan al daiteke bizitza hobea izateko?**
3. **Ikasgelan, Googlen bilaketa eginda, ikusi gozokiaren testa («*marshmallowaren proba*» esaten diote). Borondatea eta planifikatzeko gaitasuna landu al daitezke heziketa bidez? Genetika-kontua al dira?**

Laburpena

1 Aurrezkia

2 Nola egiten dira aurrekontuak?

3 Pentsio-plan pribatuak.

1 Aurrezkia

Diruaz kezkatu gabe bizitzea da pertsona ororen amets handienetako bat. Hala ere, dirua ez da mugagabea. Asko kostatzen zaigu dirua irabaztea, eta, horrez gain, beti daukagu nahi baino gutxiago.

Diruarekin lotutako kezkarik ez izateko, pertsonok ahalik gastu gutxien eta ahalik diru-sarrera gehien izaten saiatzen gara. Baina azken hori ez da hain erraza, diru-sarrerak ez baitira norberaren borondatearen araberakoak. Gure mende dago, ordea, etorkizunean dirua izateko plangintzak egitea eta dirua aurreztea.

! GARRANTZITSUA

Aurreztea norberari ordaintzea bezala da.

Aurrezkia gure diru-sarreretatik kontsumitzen ez dugun zatia da. Gaur egungo diru-sarreren kontura etorkizunean egin dezakegun kontsumoa da.

Aurrezkiaren kontrakoa zorra da. **Zorra** etorkizuneko diru-sarreren kontura gaur egun egiten den kontsumoa da. (5.1. irudia).

5.1. irudia. Aurrezkiaren eta zorraren arteko alderantzizko erlazioa.

1.1. Aurrezteko arrazoiak

Dirua aurreztuta izateak lasaitasuna dakar, honako hauetarako dirua izan dezakegu eta:

- **Larrialdiei edo ustekabekoei aurre egiteko.** Esaterako, gaixotasunak, istripuak, matxurak eta etxeko konponketak.
- **Etorkizunerako planak egiteko.** Helburu jakin batzuk dira; adibidez, auto bat erostea, bidaiatzea eta seme-alaben ikasketak ordaintzea.
- **Zorrik ez izateko.** Aurrezkirik ez badago, gerta liteke dirua maileguan eskatu behar izatea, ustekabeko egoeraren bati aurre egiteko.
- **Inbertsioak hala moduz saldu behar ez izateko.** Batzuetan, gerta liteke jabetzak edo beste ondasun batzuk nahi baino merkeago saldu behar izatea.
- **Gogokoak ez diren lan-egoerei aurre egiteko.** Lanik gabe geratzea ustekabekoen kategorian sar genezake, baina egoera horrek bereizita aztertzea merezi du, sarritan lana baita pertsonen diru-sarreren iturri nagusia edo bakarra. Horrez gain, lan-testuingurua ere hartu behar da kontuan: krisialdietan batez ere, langile orok aurreikusita izan beharko luke lanpostua galtzeko arriskuari aurre egiteko modua.

1.2. Zenbat aurreztu behar da?

Denok aurreztu dezakegu, baina denok ez dugu diru-kopuru bera aurrezteko beharra. Aurreztu beharreko zenbatekoa egoera pertsonalen eta ekonomikoen araberakoa da, eta hauek dira kontuan hartu ohi diren faktore garrantzitsuenak:

- **Diru-sarreren egonkortasuna.** Lan-egonkortasuna oso faktore garrantzitsua da, eta, alde horretatik, funtzionario izatea da onena, baina funtzio publikoan lan egitea ez dago denon esku, eta, gainera, ez da ongien ordaindutako lanbidea.
- **Ondare-aberastasuna.** Oro har, jabetza gehien dituztenek kezka gutxiago izaten dituzte, baina ondasun asko izateak ez du esan nahi bizimodua ziurtatuta izango denik. Ondasunek ez badituzte jabearentzako behar adina errenta sortzen (alokairuko errentak, dibidenduak...), gerta liteke zenbait egoeraren ondorioz ondasuna saldu behar izatea, merkatu-prezioan baino merkeago, edo, nolanahi ere, nahi baino merkeago.
- **Osasuna.** Osasun ona ez duenak diru gehiago beharko du, agian, osasun-sistema publikotik kanpo geratzen diren osasun-arreta eta farmazia-gastuak ordaintzeko.

Dena dela, oro har, zentzuzkotzat jotzen da hilean diru-sarreren %10 aurreztea, baina edozerk balio du: 10 € hilean 120 € euro dira urtean (360 € hiru urtean), etab.

LEXIKOA

Ondarea. Pertsona baten ondasunen, eskubideen eta betebeharren multzoa.

BA AL ZENEKIEN?

Lotura zuzena dago herrialde baten aberastasunaren eta aurrezteko ahalmenaren artean.

Herrialde aberatsetan, jendeak gehiago eta denbora luzeagoz aurrezten du herrialde pobreetan baino, eta horri esker, gero eta aberatsagoak izateko aukera dute pertsonek. Herrialde pobreetan, berriz, jendeak irabazten duen ia guztia kontsumitzen du, aurre egin beharreko premia gehiegi daudelako.

1. JARDUERA EBATZIA

Ezkerrezko zutabean adierazitako helburuak kontuan hartuta, kalkulatu zenbat aurreztu behar den hilean, eta zenbat denboraz aurreztu behar den zenbateko hori.

Erantzuna:

Helburua (€)		Epea (hilabetetan)	Aurreztu beharrekoa (hilean)
Auto baterako sarrera	2.400 €	12	*200 €*
Etxebizitza baterako sarrera	12.000 €	30	*400 €*
Larrialdiak	2.700 €	18	*150 €*

JARDUERAK

1. Zure irizpideen arabera, sailkatu 1.1 ataleko aurrezteko arrazoiak, garrantzi handieneko arrazoitik garrantzi txikienekora. Arrazoitu erantzuna.

2. Zure lan-espektatibak, egoera pertsonala eta osasuna kontuan hartuta, zenbat aurreztu beharko duzu, zure ustez?

2 Nola egiten dira aurrekontuak?

Segur aski, noizbait zerbait aurreztuko zenuen, helburu jakinen baterako. Baina zaila da, denbora joan denbora etorri, etengabe aurreztea. Eta batzuetan aurreztuta ere, gerta liteke beste batzuetan aurrezteaz ahaztea, edo ustekabeko gastuak sortzea, eta, horren ondorioz, hilabetearen amaiera arte heltzeko arazoak izatea, pagaren kontura aurrerakinak eskatu behar izatea, etab. Agian, hobeto antolatu ahal izango ginatekeen, aurrekontu bat egin izan bagenu; hau da, gastuen eta diru-sarreren plangintza. Horixe egiten dute enpresek, gobernuek eta bere burua hobeto kudeatzeko interesa duen edonork.

Aurrekontua finantza-plan pertsonalizatu bat da, gastuak kontrolatzen eta diru-sarrerei ahalik probetxu handiena ateratzen laguntzeko.

Hauek dira aurrekontuak egiteko urratsak (5.2. irudia):

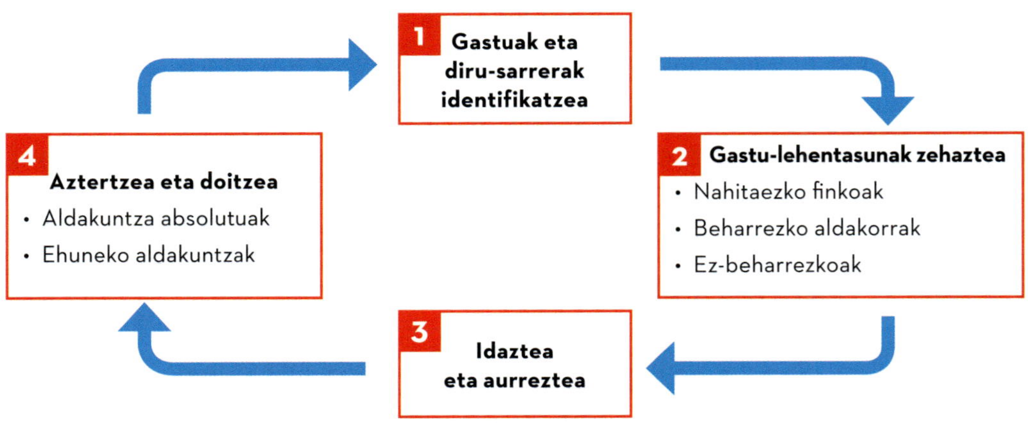

5.2. irudia. Aurrekontuak egiteko urratsak.

2.1. Gastuak eta diru-sarrerak identifikatzea

5.1. taulakoak dira ohikoenak.

Diru-sarrerak	Gastuak
Diru-sarrerak	Diru-irteerak
Nomina	Etxebizitza
Gizarte Segurantzako pentsioa (erretiratuak)	Erosketak
Mantenu-pentsioak	Luxuzko objektuak
Bankuetako kontuen interesak	Oporrak
Diru-laguntzak	Epekako ordainketak
Aparteko lanak	Opariak
Beste edozein, txiki-txikia izanda ere	

5.1. taula. Aurrekontu pertsonal bateko diru-sarreren eta gastuen egitura.

BA AL ZENEKIEN?

Pertsonek eta enpresek bezala, udalek, autonomia-erkidegoek eta estatuek (ordezkatzen dituzten herritarren izenean) lehentasunak ezarri behar dituzte, beren aurrekontua zertan erabili duten erabakitzeko.

10. unitatean, Estatuaren Aurrekontu Orokorrak aztertuko ditugu.

2.2. Gastu-lehentasunak ezartzea

Nahiz eta gure diru-sarrerak ahalik handienak izatea nahiko genukeen, hori ez dago gure esku. Baina, gastuak murrizteko aukera badugu, izan. Gastu batzuk finkoak dira; beste batzuk, aldakorrak; eta beste batzuk, berriz, ez dira beharrezkoak. Lehentasunak ezartzerakoan, garrantzitsua da aztertzea gure gastuetatik zein diren baztertzeko modukoak. Gastuen ezaugarrien arabera, nahitaezko gastu finkoak, beharrezko gastu aldakorrak eta beharrezkoak ez diren gastuak bereizten dira.

Lehenik eta behin, gastua zer motatakoa den jakin behar da (5.2. taula):

Gastu-mota	Azalpena	Adibideak	Baztertzeko modukoak?
Nahitaezko gastu finkoak	Ezin dira ordaindu gabe utzi eta haien zenbatekoa ez da aldatzen.	Hipoteka, etxebizitzaren alokairua, bankuen maileguak.	🔴
Beharrezko gastu aldakorrak	Murriztu daitezke, baina ezin dira guztiz kendu.	Janaria, fakturak, arropa.	🟡
Beharrezkoak ez direnak	Egin gabe utz daitezkeenak.	Opariak, zinema, etxetik kanpo jatea, bidaiak.	🟢

5.2. taula. Gastu-motak, zenbateraino diren egin gabe uzteko modukoak kontuan hartuta.

Aurreztu behar denean, beharrezkoak ez diren gastuak kentzea da normalena, egin gabe utz daitezke-eta. Beharrezkoak ez diren gastuak kenduta, diru gehiago izango dugu ezinbestean ordaindu beharreko gastuetarako: nahitaezko gastu finkoetarako. Gastu horiek dira lehentasun handienekoak, haiek ordaindu gabe uzteak eragiten ditu-eta ondorio kaltegarrienak. Hona hemen ondorio horietatik nabarmenenak:

- **Zorra handitzea.** Gastu horiek ez ordaintzeak gastu gehigarri batzuk sortzen ditu (**berandutza-interesak**), eta zorra handitu egiten da.
- **Epaiketei edo auziei aurre egin behar izatea,** zor duguna erreklamatzen digutelako.
- **Enbargoak edo jabetzak galtzea,** ordaindu gabeko zorrei aurre egiteko.
- **Kreditu-historia okertzea** eta, batzuetan, **berankorren** zerrendetan sartzea. Hori kaltegarria da etorkizunean beste mailegu batzuk lortzeko aukera izateko.

Nahitaezko gastu finkoei eman behar zaie lehentasuna, baina dena delakoagatik gastu horiek ordaintzeko arazorik bagenu, **hartzekodunekin** negoziatu eta akordioren bat lortzea da aukerarik onena. Praktikan, hartzekodunentzat, azken-azken aukera da dirua utzi dietenei auzia sartzea edo enbargatzea, bi arrazoi hauengatik:

- Irudi txarra ematen dielako.
- Gastuak sortzen dizkielako, eta denbora asko igaroko delako haiek berreskuratu arte.

Horrenbestez, hartzekodunek nahiago izaten dute zenbait ordainketa zordunaren egoera ekonomikoa hobetzen den arte atzeratzea.

LEXIKOA

Berandutza-interesak. Ordainketa edo betebehar batean atzeratzeagatik aplikatzen diren interesak dira.

Kreditu-historia. Pertsona baten zorren ordainketei buruzko informazio garrantzitsua.

Berankorra. Zor baten ordainketan atzeratzen ari den pertsona.

Hartzekoduna. Zor bat kobratzeko eskubidea duen pertsona.

BA AL ZENEKIEN?

Charles Dickens idazleak esaldi ospetsu hau esan zuen aurrekontua betetzearen eta ez betetzearen arteko muga lausoari buruz:

«Urteko diru-sarrerak 20, urteko gastuak 19,6 = = zoriona.

Urteko diru-sarrerak 20, urteko gastuak 20,6 = = miseria».

2.3. Idaztea eta aurreztea

Diru-sarreren eta gastuen zerrenda eginda, eta gastuak zenbateraino diren baztertzeko modukoak kontuan hartuta sailkatuta, aurrekontua idazteari ekin diezaiokegu. Hau da aurrekontu ororen helburua: diru-sarrerekin gastu guztiak ordaintzea. Baina hori ez da nahikoa aurrekontua ona izateko.

Aurrekontu on orotan, **aurrezkiak** funtsezko elementua izan behar du, aukera emango baitigu ustekabekoei aurre egiteko edo etorkizuneko planak egiteko funtsak izateko.

Ahalegin eta irmotasun apur batekin, gure aurrezkiak handitu egiten direla ikusiko dugu, eta gero eta hobeto aurrezteko gai izango gara.

2.4. Ebaluatzea eta doitzea

Aurrekontu bat eraginkorra izateko, ez da nahikoa aldizka-aldizka hura idatziz jartzea. Horrez gain, berrikusi egin behar da, ahalik eta errealistena izan dadin. Gure hurrengo aurrekontua hobea izan dadin, tresna matematiko hauek erabil ditzakegu:

- **Aldakuntza absolutuak.** Zenbat aurreztu dugun edo gehiegi zenbat gastatu dugun adierazten dute, dirutan.
- **Ehuneko aldakuntzak.** Aurrekontuan jasotako zenbatekoen eta benetako zenbatekoen arteko aldaketak adierazten dituzte, ehunekotan, alderatu ahal izateko.

Izena	Deskribapena	Formula
Aldakuntza absolutuak	Segida bateko balioen arteko aldeak dira.	$\text{Ald. abs.}_{01-02} = X_{02} - X_{01}$
Ehuneko aldakuntzak	Adierazle batek aurreko aldi bateko balioarekin alderatuta izan duen aldaketa adierazten du, ehunekotan.	$\text{Ehun. ald.}_{01-02} = \dfrac{X_{02} - X_{01}}{X_{01}} \cdot 100$

5.3. taula. Aldakuntza absolutuak eta ehuneko aldakuntzak.

JARDUERAK

3. **Zure ustez, aurrekontua egiteko lau urratsetatik zein da garrantzitsuena? Arrazoitu erantzuna.**
4. **Bizitzako zenbait egoeratarako, dirua behar da; beraz, aurrekontu baten bidez planifikatu behar dira egoera horiek, aurreztu ahal izateko. Aipatu horrelako bost egoera.**

2. JARDUERA EBATZIA

Paula administraria da, eta 980 €-ko soldata jasotzen du hilean. Otsailerako, aurrekontuko gastu hauek ditu: etxebizitzaren alokairua (440), argindarra (43), betaurrekoak (60), zinema (14), erosketak (200), baztertzeko moduko beste gastu batzuk (20), mailegua (120) eta mugikorraren kontsumoa (20). Paulak 20 € aurrezten ditu hilean, eta hilero 10 €-ko errenta ematen dion kontu batean sartzen ditu. Otsaila igaro ondoren, Paulak aurrekontua doitu egin behar izan zuen, erosketak eta mugikorraren faktura, hurrenez hurren, 220 eta 40 €-koak izan zirela ikusita, nahiz eta baztertzeko moduko gastuak 12 €-ra arte murriztu ahal izan zituen (20 € kalkulatu zituen aurrekontuan).

a) Identifikatu diru-sarrerak eta gastuak. Ezarri gastuen lehentasuna, zenbateraino diren baztertzeko modukoak kontuan hartuta.

b) Idatzi Paularen otsailerako aurrekontua, 20 €-ko aurrezkia kontuan hartuta.

c) Kalkulatu aurrekontuan adierazitakotik aldaketak izan dituzten gastuen aldakuntza absolutuak eta ehuneko aldakuntzak.

d) Adierazi aurrekontuko gastuak eta gastu errealak sektore-diagrama batean.

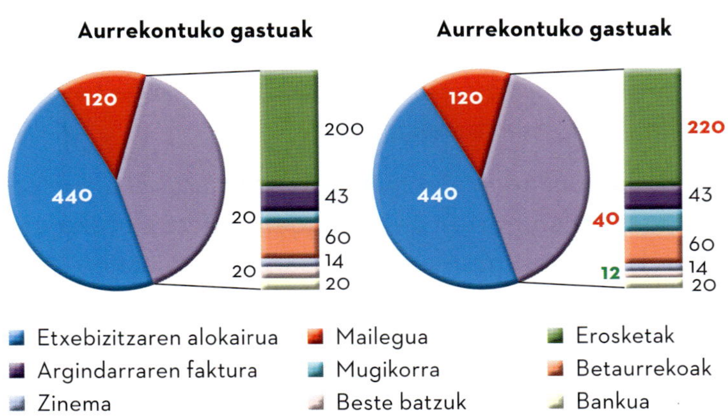

5.3. irudia. Aurrekontuko gastuen eta gastu errealen arteko aldea.

Erantzuna:

a) eta *b).*

Eman dizkiguten datuekin, aurrekontu hau egin beharko dugu:

Paularen aurrekontua otsailerako			
Diru-sarrerak		**Gastuak**	
Soldata	980 €	**Nahitaezko gastu finkoak**	**560 €**
Kontu korronteko interesak	10 €	• Etxebizitzaren alokairua	440 €
		• Mailegua	120 €
		Beharrezko gastu aldakorrak	**323 €**
		• Erosketa	200 €
		• Argindarraren faktura	43 €
		• Mugikorra	20 €
		• Betaurrekoak	60 €
		Baztertzeko modukoak	**34 €**
		• Zinema	14 €
		• Beste batzuk	20 €
		Aurrezkia	**20 €**
		• Banku-kontua	20 €
Sarrerak, guztira	**990 €**	**Gastuak, guztira**	**937 €**

c) Erosketa-saskiaren ald. abs. = 220 − 200 = 20 €

Mugikorraren kontsumoaren ald. abs. = 40 − 20 = 20 €

Bi gastuak 20 € handitu dira aurrekontuarekiko, baina badago aldea. Mugikorraren kontsumoaren gastua (40 €) aurrekontuan jasotakoa halako bi da, eta erosketa-saskiaren aurrekontuko eta benetako gastuaren arteko aldea, berriz, ez da hainbestekoa. Aldakuntzak erlatiboak ez izateko, ehuneko aldakuntzak erabiltzen dira.

Ehuneko aldakuntzak:

- Erosketa-saskiaren ehuneko aldakuntza $_{01-02}$ =

$$= \frac{220 - 200}{200} \cdot 100 = \%\ 10$$

- Mugikorraren kontsumoaren ehun. ald. $_{01-02}$ =

$$= \frac{40 - 20}{20} \cdot 100 = \%\ 100$$

d) Aurrekontuko eta benetako gastuen arteko aldea 5.3. irudian irudikatu da.

3 Pentsio-plan pribatuak

Pentsio-planak dira aurrezki-plan nagusiak, eta, jende askok bestela pentsatzen badu ere, ez dira erretirorako soilik eratzen.

LEXIKOA

Menpekotasuna. Autonomia fisiko edo mentala galdu izanaren ondorioz, eguneroko bizitzako jarduerak egiteko beste pertsona baten laguntza etengabe behar denean sortzen den egoera.

Pentsio-planak ekarpen malguen bidez eratzen diren aurrezki-planak dira, egoera hauek eragindako ondorioei aurre egiteko: erretiroa, lanerako ezintasuna, menpekotasuna edo heriotza.

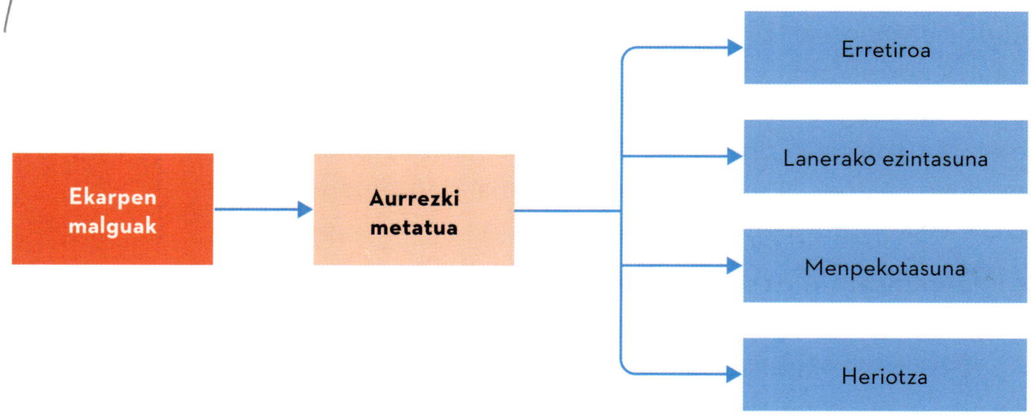

5.4. irudia. Pentsio-planak kudeatzen dituzten enpresek jasotako dirua inbertitu egiten dute, oso arrisku-maila txikia hartuta, planak kontratatzen dituztenei nolabaiteko errentagarritasuna emateko.

Arrazoi asko daude pentsio-plan bat lehenbailehen kontratatzeko:

- **Malgutasuna.** Ekonomia-mota eta egoera pertsonal orotara egokitu ahal izateko, pentsio-planetan ekarpenak egiteko baldintzak malguak izaten dira, bai zenbatekoaren aldetik, bai epearen aldetik. Ekarpenak noiznahi egin daitezke: hilean behin, hiru hilean behin, urtean behin, noizean behin..., interesdunari ondo datorkionean.
- **Fiskalitatea.** Egiten diren ekarpenek aukera ematen dute pertsona fisikoen errentaren gaineko zergan (PFEZ) aurrezteko.
- **Balioaniztasuna.** Pentsio-plan bat kontratatzean, erretiro-garairako aurreztea izaten da helburua, baina plan horiek beste egoera batzuetarako ere balio dute; adibidez, lanerako ezintasuna, menpekotasun-egoera eta heriotza gertatzen denerako.

Honako hauek dira pentsio-plan batean parte hartzen duten elementuak (5.4. taula):

Sustatzailea	Partaidea	Onuraduna
Plana eratzen du.	Plana eratzeko interesa du eta ekarpenak egiten ditu.	Prestazioak jasotzeko eskubidea du, partaide izan edo ez.

5.4. taula. Pentsio-plan batean parte hartzen duten pertsonak.

3.1. Zenbateko pentsioa beharko dut?

Pentsio-plan pribatuak moldakorrak izan arren, erretiroa izaten da helburu nagusia. Alde horretatik, pentsio-plan pribatuetarako ekarpenak erretiroa hartu aurreko garaian izandako bizi-mailari eusteko egin ohi dira, bereziki. Izan ere, pentsio publikoak erretiroaren oinarrizko elementua izan arren, lan-egoera aktiboan jasotzen diren diru-sarrerak baino txikiagoak izaten dira.

Erretiro-adinera heltzean, gastuak diru-sarreren mailan gutxituko balira, ez litzateke pentsio-plan pribaturik kontratatu beharko, baina oro har, ez da horrela gertatzen. Egia da normalean etxebizitza ordainduta izaten dela eta ez dela seme-alabak zaintzeko ardurarik, baina egia da, halaber, lan-betebeharrik ez eta denbora libre asko izanik, bizitzako aldi horretarako premia ekonomikoak zein izango diren zehaztu behar dela. Kontuan hartu ohi diren faktoreak bizilekua, osasuna eta denbora librea izaten dira.

- **Bizilekua.** Jada lan-betebeharrik gabe, egoitzaz aldatzeko aukera handiagoa dago, dela opor-leku batera, dela jaioterrira, dela seme-alaben ingurura.
- **Osasuna.** Gerta liteke norbait kontratatu behar izatea gu zaintzeko, edota osasun- eta farmazia-gastuetarako aseguru pribatu bat kontratatu behar izatea, osasun-sistema publikoak bere gain hartzen ez dituen osasun-arazoei aurre egiteko.
- **Aisialdia.** Bidaiatzeak, zaletasunak lantzeak edo familiarekin egoteak aurrekontuaren zati handi bat hartu ohi dute.

Elementu horiek kontuan hartu ondoren, erretiro-adinera heltzean zenbateko diru-sarrerak beharko diren kalkulatu daiteke. Baina, lehenago, pentsio publikoa zenbatekoa izango den jakin behar da.

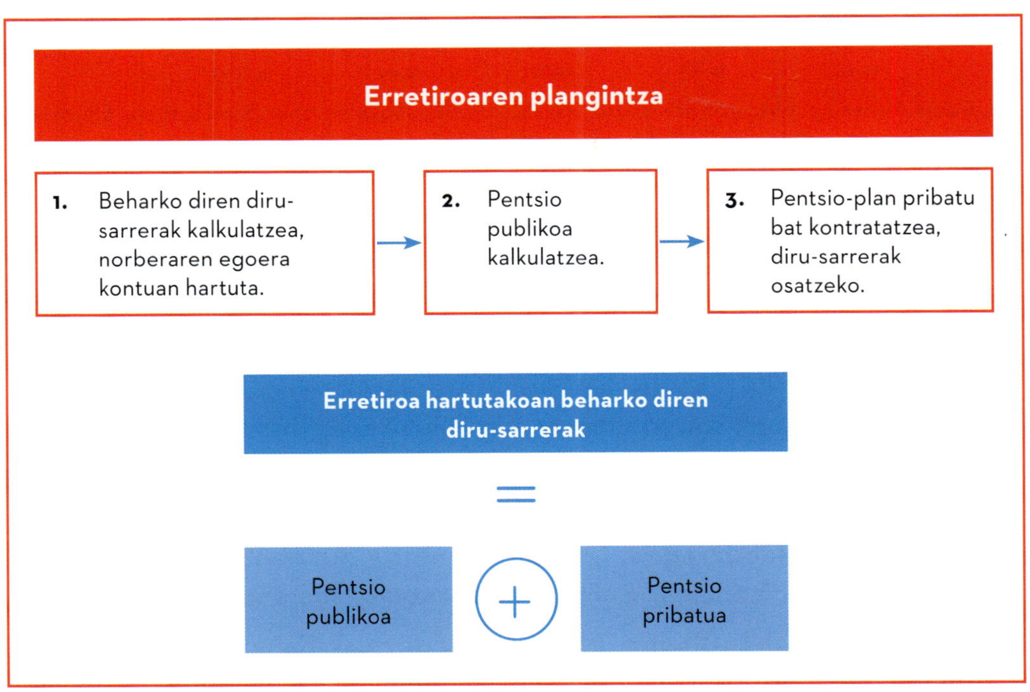

5.5. irudia. Erretiroaren plangintza egiteko urratsak.

GARRANTZITSUA

Oro har, kalkulatu behar da erretiroa hartu aurreko garaian izaten diren diru-sarreren % 70-% 90 behar izaten direla aurreko bizi-mailari eusteko.

HAUSNARTU

Erosi ala alokatu?

Espainian, etxebizitza erosteko ohitura dago, eta horretan gastatzen dugu gure diru-sarreren zati handi bat.

Europako beste herrialde batzuetan, ordea, nahiago izaten dute etxebizitza alokatu: batetik, ez dute hipoteka-mailegu bat itzultzeko betebeharra hartzen, eta, bestetik, malgutasun handiagoa dute bizilekuz edo lanbidez aldatzeko erabakiak hartzeko.

3.2. Guztizko pentsioa kalkulatzea

LEXIKOA

Kotizazio-oinarriak. Legeak Gizarte Segurantzari egin beharreko ekarpenak kalkulatzeko zehaztutako zenbatekoak. Oro har, hileko soldata baino zertxobait handiagoak izaten dira.

2027tik aurrera, erretiro-adina 67 urtekoa izango da, baina 65 urterekin hartu ahal izango da erretiroa, Gizarte Segurantzan 38 urte eta 6 hilabete edo hortik gora kotizatu bada. Gure pentsioaren guztizkoa kalkulatzeko, honako hauek hartu behar dira kontuan:

- **Kotizazio-urteak.** Langileak besteren edo norberaren konturako langile moduan sistema publikoan ekarpenak egin dituen urte-kopurua da.
- **Gutxieneko kotizazio-aldia.** Pentsio publiko bat jasotzeko eskubidea izateko, 15 urte kotizatu behar dira gutxienez, baina urte-kopuru horretatik, gutxienez 2 erretiro-dataren aurreko 15 urteko aldian kotizatu behar dira.
- **Oinarri arautzaileak**. Erretiroa hartu aurreko 15 urteetako **kotizazio-oinarrien** batez bestekoa da.

Erretiroagatiko pentsio publikoa kotizatutako urteen araberakoa da; esaterako, oinarri arautzailearen % 50 izango da, 15 urte kotizatu badira, eta % 100, berriz, 35 urte edo gehiago kotizatu badira (5.6. irudia).

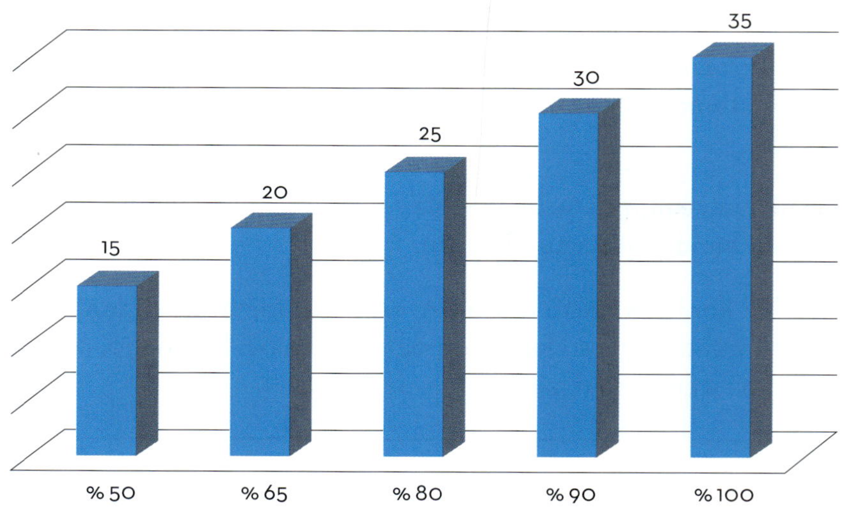

5.6. irudia. Pentsio publikoaren ehunekoen eskala, kotizatutako urte-kopuruaren arabera. Ehuneko horiek aplikatzen zaizkie oinarri arautzaileei, pentsio publikoaren zenbatekoa kalkulatzeko.

Grafikoari erreparatuz gero, erraza da ondorioztatzea garrantzitsua dela lehenbailehen kotizatzen hastea: zenbat eta geroago hasi kotizatzen, orduan eta gehiago aurreztu beharko da pentsio publikoa osatzeko. Aipatu beharreko kasu berezi bat emakumeak dira, erretiroa hobeto planifikatu behar baitute, faktore hauen ondorioz:

- **Soldata txikiagoak izaten dituzte.** Urtetik urtera gizonekiko aldea murrizten ari bada ere, emakume langileek genero-arrazoiengatiko soldata-diskriminazioa pairatzen dute oraindik ere.
- **Kotizazio-aldi laburragoa.** Oro har, denbora gutxiago kotizatzen dute, seme-alabak edo senideak zaintzen denbora gehiago ematen dutelako.
- **Bizi-itxaropen handiagoa.** Emakumeak gizonak baino 5-7 urte gehiago bizitzen dira, batez beste; beraz, emakumeen aurrezkiek denbora gehiago iraun behar dute.

WEBGUNEA

Pentsioei buruzko informazio gehiago nahi izanez gero, sartu Gizarte Segurantzaren webgunean: **www.seg-social.es**

3. JARDUERA EBATZIA

Erreparatu taulari:

Langilea	Oinarri arautzailea	Aurreko soldata	Kotizatutako urteak
Eli	1.400 €	1.200 €	15
Jon	1.600 €	1.400 €	20
Ainhoa	1.800 €	1.600 €	25

a) Kalkulatu zer pentsio publiko dagokion langile horietako bakoitzari.

b) Kalkulatu langile horiek beharko luketen pentsio pribatua, kontuan hartuta Elik lanean zegoenean jasotzen zituen diru sarreren % 90 beharko duela; Jonek, % 80; eta Ainhoak, % 100.

Erantzuna:

a) Pentsio publikoa 5.6. irudian adierazitakoaren arabera kalkulatuko dugu.

Langilea	Kotizatutako urteak	Oinarri arautzailea	Ehunekoa	Pentsio publikoa
Eli	15	1.400 €	% 50	**700 €**
Jon	20	1.600 €	% 65	**1.040 €**
Ainhoa	25	1.800 €	% 80	**1.440 €**

b) Langile horiek nork bere egoera pertsonalaren arabera beharko duten pentsio pribatuaren kalkulua:

Langilea	Aurreko soldata	Beharrak		Pentsio publikoa	Pentsio pribatua
Eli	1.200	% 90	1.080	700	**+ 380**
Jon	1.400	% 80	1.120	1.040	**+ 80**
Ainhoa	1.600	% 100	1.600	1.440	**+ 160**

JARDUERAK

5. Zergatik dira pentsio-planak aurrezki-plan nagusiak?

6. Erretiroa hartzerakoan, zein dira kontuan hartzen diren faktore ohikoenak?

7. Lan-bizitza amaitzean pentsio publiko bat jasotzeko, zergatik da garrantzitsua lehenbailehen kotizatzen hastea?

8. Bizitzaren azkeneko aldian, zer-nolako lotura dauka bizi-itxaropenak aurreztuta dugun diruarekin?

9. Kotizatutako denbora dena delakoa izanda ere, zergatik da garrantzitsua erretiroa hartu aurreko hamabost urteetan lan egitea?

10. Julenek 20 urte kotizatu ditu Gizarte Segurantzan, eta pentsiorako oinarri arautzailea 1.500 €-koa da. Zenbateko pentsio publikoa kobratuko du? Zenbat kobratuko luke, kotizatutako denbora 30 urtekoa izan balitz?

11. Demagun Julenek erretiroa hartutakoan hilean 1.600 € beharko dituela aurreikusten duela. Kalkulatu zenbat diru beharko duen pentsio pribatuen bidez, diru-sarrera horiek bermatzeko, bai Gizarte Segurantzari 20 urte kotizatuta, bai 30 urte kotizatuta.

12. Azken urteetan aurrerapenak izan badira ere, soldatetan aldeak daude oraindik gizonen eta emakumeen artean. Ikertu Interneten zenbaterainokoa izan daitekeen alde hori gaur egun.

KONTZEPTU-MAPA

Aurrezkia

Aurrezteko arrazoiak

- Larrialdiei edo ustekabekoei aurre egitea.
- Etorkizuneko planak egitea.
- Zorrik ez izatea.
- Inbertsioak gaizki saldu behar ez izatea.
- Gogokoak ez diren lan-egoerei aurre egitea.

Zenbatekoa (faktoreak):

- Diru-sarreren egonkortasuna.
- Ondare-aberastasuna.
- Osasuna.

Aurrekontuak egiteko urratsak

1 Gastuak eta diru-sarrerak identifikatzea

2 Gastu-lehentasunak

- Nahitaezko finkoak.
- Beharrezko aldakorrak.
- Baztertzeko modukoak.

3 Idaztea eta aurreztea

4 Ebaluatzea eta doitzea

- Aldakuntza absolutuak.
- Ehuneko aldakuntzak.

Pentsio-planak

Ekarpen malguak → **Aurrezki metatua** → Erretiroa / Lanerako ezintasuna / Menpekotasuna / Heriotza

Abantailak: Malgutasuna / Fiskalitatea / Balioaniztasuna

Erretiroaren plangintza

1. Beharko diren diru-sarrerak zehaztea, egoera pertsonala kontuan hartuta.
2. Pentsio publikoa kalkulatzea.
3. Pentsio-plan pribatu bat kontratatzea, diru-sarrerak osatzeko.

Erretiratutakoan beharko diren diru-sarreren zenbatekoa = **Pentsio publikoa** + **Pentsio pribatua**

BERRIKUSKETA-TESTA

1. Arrazoi hauetatik zeinek bultzatzen du jendea gehiago aurreztera?

a) Etorkizunean zer gertatuko den ez jakiteak.

b) Lehen baino diru gutxiago irabazteak.

c) Zer gertatuko den ziur jakiteak.

d) Errentaren gaineko zergen igoerek.

2. Elementu hauetatik, zein da diru-sarrera familia batentzat?

a) Faktura bat.

b) Nomina bat.

c) Ordainagiri bat.

d) Erosketa-tiket bat.

3. Norbaitek zorrak ordaintzen ez dituenean, zer du nahiago hartzekodunak?

a) Kobratzaile bat bidaltzea.

b) Poliziari salatzea.

c) Negoziatzea.

d) Zordunari erregutzea.

4. Jonen diru-sarrerak handitu egin dira aurten, 25.000 €-tik 30.000 €-ra. Zenbat da hori?

a) % 5eko igoera.

b) % 5.000ko igoera.

c) % 20ko igoera.

d) % 16,6ko igoera.

5. Zertarako balio dute pentsio-planek?

a) Orain diru gehiago gastatzeko.

b) Zerga gehiago ordaintzeko.

c) Zahar-adinera heltzeko.

d) Aurrezteko eta etekinak lortzeko.

6. Zenbat urte kotizatu behar dira, gutxienez, pentsio kontributibo bat jasotzeko?

a) 15.

b) 10.

c) 35.

d) 38.

7. Urtebete kotizatuta izango dugu...

a) Urtebete lan egiten badugu eta horretarako aurrezten badugu.

b) Urtebete lan egiten badugu, legedia betez eta Gizarte Segurantzari dagozkion kuotak ordainduta.

c) Gizarte Segurantza ohartu gabe urtebetez lana egiten badugu legez kanpo.

d) PFEZa ordaintzen badugu.

8. Pentsio-plan pribatuei dagokienez...

a) Erretiratzean izango dugun diru-sarrera bakarra izango dira.

b) Gure seme-alaben gastuak ordaindu ahal izateko balio dute.

c) Jasotzen dugun mailegu bat dira.

d) Gizarte Segurantzaren pentsio publikoaren osagarriak dira.

9. Zer esan nahi du pertsona bati autoa enbargatu diotela?

a) Autoa kendu egin diotela, ordaindu gabe utzi duen zor bati aurre egiteko.

b) Autoa tuneatu egin diotela, konturatu gabe.

c) Autoa norbaiti oparitu behar diola.

d) Autoa ordaintzen amaitu duela.

10. Zer dira hartzekodunak?

a) Hartzekodun batek dirua zor dion pertsona.

b) Beti zerbait hartzeko gogoa duen pertsona.

c) Zordun batek dirua zor dion pertsona.

d) Pertsona oso aberatsa.

11. Aurrekontuetan...

a) Gastuak eta diru-sarrerak sartu behar dira.

b) Pertsona baten ondasun guztiak sartu behar dira.

c) Ondasun guztiak sartu behar dira; zorrak ere bai.

d) Saldo positiboa lortu behar da beti.

12. Zer da ondare-aberastasuna?

a) Irabazten dugun dirua da.

b) Zor dugun dirua da.

c) Gure ondasunen balioa da.

d) Ordaintzen ditugun zergen balioa da.

Teoria

1. Erantzun aurrezkiari buruzko galdera hauei:

a) Zer-nolako lotura dago aurrezkiaren, zorraren eta kontsumoaren artean?

b) Zertan da lagungarria aurrezkia etorkizuneko planetarako?

c) Zertan da lagungarria aurrezkia, zorrak ez izateko?

d) Zertan izan daiteke lagungarria aurrezkia, jabetzak edo ondasunak guk nahi gabe saldu behar ez izateko?

e) Nahi gabe lanik gabe geratzeko arriskua da kontuan hartu beharreko ustekabeko garrantzitsuenetako bat. Zergatik?

f) Zer-nolako eragina dute norberaren egoera ekonomikoak eta pertsonalak aurrezteko premian?

g) Zer lotura du lan-egonkortasunak aurrezteko beharrarekin?

h) Ondasun asko izateak ez du bermatzen aurrezteko beharrik izango ez dugunik. Zergatik?

2. Erantzun aurrekontuari eta haren elementuei buruzko galdera hauei:

a) Zertan dira desberdinak nahitaezko gastu finkoak eta beharrezko gastu aldakorrak?

b) Zergatik eman behar zaie lehentasuna nahitaezko gastu finkoei?

c) Aurrekontuan, zergatik aztertu behar dira zorrotzago gastuak diru-sarrerak baino?

d) Aurrekontuetan, gastuen lehentasuna ezartzeko, zergatik hartzen da kontuan zenbateraino diren baztertzeko modukoak?

e) Zer dela-eta izaten dira zor batzuk gero eta handiagoak, ordaintzen ez baditugu?

f) Zein da erosi dugun ondasun batekin lotutako zorra ez ordaintzearen ondorio txarrena?

g) Zertan dira antzekoak kreditu-historia eta ikasketa-espedientea?

h) Zein da lehenbiziko aukera, nahitaezko gastu finkoak ordaintzeko arazoak daudenean?

i) Hurrengo aurrekonturako doikuntzak egiteko, zer matematika-tresna da baliagarriena? Zergatik?

3. Erantzun pentsio-plan pribatuekin lotutako galdera hauei:

a) Zertarako kontratatzen dira pentsio-plan pribatuak?

b) Gerta al liteke 15 urtetik gora kotizatu duen pertsona batek erretiro-pentsioa jasotzeko eskubiderik ez izatea? Arrazoitu erantzuna.

c) Zer eragin dute gutxieneko kotizazio-aldiek eta oinarri arautzaileek erretiroagatiko pentsio publikoaren zenbatekoan?

4. Erantzun galdera hauei:

a) Ahal bezain laster etxebizitza erosteko asmoa al duzu? Alokatzea hobe dela uste al duzu?

b) Etorkizunean seme-alabarik izateko asmorik ba al duzu?

c) Zer asmo duzu, zure hirian bizitza osoan bizitzea ala bizilekuz aldatzea, aukerarik izanez gero?

d) Dirurik behar al da denbora libreko zure zaletasunetarako? Zure ustez, zaletasun edo premia berak izango al dituzu urte batzuk barru?

e) Ba al dago zure familian gaixotasun hereditariorik? Gaixotasun hori dela eta, gerta al liteke zahartzaroan zaintza pertsonala edo aseguru pribatu bat behar izatea?

f) Erretiroari dagokionez, zergatik da aukera onena 35 urte edo gehiago kotizatzea?

g) Zer bi kolektibok izan beharko lukete aurrezteko kezka handiena, pentsio publikoa osatzeko?

Praktika

5. **Kasuan kasu, kalkulatu zenbat hilabete beharko diren helburua lortzeko, edo hilean zenbat aurreztu beharko den, epea kontuan hartuta.**

Helburua		Epea (hilak)	Aurreztu beharrekoa
Motorra	1.200 €	48	–
Bideokontsola	400 €	20	–
iPhonea	600 €	12	–
Udarako	200 €	–	40 €
Aurrezkia	360 €	–	30 €

6. **Sailkatu gastu hauek, kontuan hartuta zenbateraino diren baztertzeko modukoak:**

a) Mugikorraren kontsumoa.

b) Komunitateko gastuak.

c) Ekonomiako apunteen fotokopiak.

d) Motorrerako gasolina.

e) Motorraren zirkulazio-zerga.

7. **Hona hemen Martak urtarrilean hilabete horretarako aurrekontuan egindako kalkuluak eta benetan gastatutako zenbatekoak:**

	Aurrekontua	Benetakoa
Mugikorra	30 €	40 €
Irteera lagunekin	50 €	30 €

Datu horiek kontuan hartuta:

a) Kalkulatu aldakuntza absolutuak.

b) Kalkulatu ehuneko aldakuntzak.

c) Komentatu emaitzak.

8. **Alex informatikaria da eta 1.200 €-ko soldata jasotzen du hilean. Otsailerako, gastu hauek ditu aurrekontuan: etxebizitzaren alokairua (518), ura (32), kable bidezko telebista (15), erosketak (230), beharrezkoak ez diren beste gastu batzuk (25), mailegua (230), mugikorraren kontsumoa (30). Alexek gastatzen ez duen guztia aurrezten du, hilean 8 €-ko interesa ematen dion kontu batean. Urtarrila igaro ondoren, erosketen eta mugikorraren kontsumoaren gastuak, hurrenez hurren, 220 eta 40 € izan zirela ikusita, Alexek doitu egin zuen otsailerako aurrekontua. Horrez gain, mega-kopurua handitzeko eskatu behar izan zion Interneteko operadoreari, eta gastua 21 €-koa izan zen (15 € zituen aurrekontuan). Informazio hori kontuan hartuta:**

a) Identifikatu diru-sarrerak eta gastuak. Ezarri gastu-lehentasunak, gastuak zenbateraino diren baztertzeko modukoak kontuan hartuta.

b) Idatzi Alexen otsailerako aurrekontua, aurrezkia kontuan hartuta.

c) Kalkulatu aurrekontuekiko aldaketa izan duten gastuen aldakuntza absolutuak eta ehuneko aldakuntzak.

d) Erabili kalkulu-orri bat, aurrekontuko eta benetako gastuak sektore-diagrama batean adierazteko.

9. **Demagun Andonik pentsio-plan pribatu bat kontratatu duela Kutxabanken, eta bere emazte Jaionek baliatu ahal izango duela, Andoni hilez gero. Nor dira sustatzailea, partaidea eta onuraduna?**

10. **Taula honetako datuak kontuan hartuta:**

Langilea	Oinarri arautzailea	Aurreko soldata	Kotizazio-urteak
Lore	1.300 €	1.250 €	20
Endika	1.500 €	1.400 €	25
Adrian	1.700 €	1.500 €	30

a) Kalkulatu langile horien pentsio publikoa.

b) Kalkulatu langile horiek beharko luketen pentsio pribatua, kontuan hartuta Lorek lanean zegoenean jasotzen zituen diru-sarreren % 80 beharko dituela; Endikak, % 100; eta Adrianek, % 95.

Ezinbestekoa   Beharrezkoa   Osagarria

PRENTSA-LANTEGIA

Interneten, bilatu landu beharreko kontzeptu hauetako bakoitzerako prentsako albiste baten izenburu bat, osatu taula koadernoan, eta adierazi, lerro gutxi batzuetan, zer-nolako lotura duen unitatean ikasitakoarekin.

Landu beharreko kontzeptua	Izenburuak	Unitatean ikasitakoarekin duen lotura
Aurrezkiaren bertuteak	«Jesús Cortés: "Nire aurrezkiak nire diskoa grabatzeko erabili ditut"» *Diario de Almería* (2016/03/02)	Aurrezteak kostua du. Orain gutxiago kontsumituko dugu, etorkizunean beste zerbait kontsumitu ahal izateko. Baina, zergatik ez amestu zerbait garrantzitsua egitearekin?
Aurreztea, ez zorpetzeko	–	–
Guztiok egin behar ditugu aurrekontuak	–	–
Etxebizitzen enbargoak	–	–
Erretiroak dakarren bizimodu-aldaketa	–	–
Pentsio-planen kontratazio-bolumena gero eta handiagoa izatea	–	–

LEXIKOA

Aurrezkia
Zorra
Ondarea
Aurrekontua
Berandutza-interesak
Enbargoa
Kreditu-historia
Berankorra
Hartzekoduna
Pentsio-plana
Menpekotasuna
Sustatzailea (pentsioak)
Partaidea (pentsioak)
Onuraduna (pentsioak)
Kotizazio-oinarriak
Oinarri arautzaileak

EKONOMIAKO JOKOA

Bankari mesfidatia

Mendebalde urrunean bizi zara eta lanpostu bat lortu duzu banku batean. Nahiago zenukeen joko-aretoan lan egin, baina lehenbiziko tiroketaren ondoren, eta zure lankideari aulki bat bizkarrean puskatu ziotela ikusita, lanpostu arriskutsuegia zela erabaki zenuen. Bankuan, lehenbiziko lanegunean, hiru bezero hurbildu zaizkizu leihatilara. Zer egingo duzu haiekin?

Helburuak

Honako hau da jokoaren helburua: banku-kredituen merkatuan ziurgabetasunak jokatzen duen rola ulertzea, jolastuz. Interes-tasa zehazki lantzen ez bada ere, kreditua eman ala ez lantzen da, bezeroak sortzen digun ziurgabetasunaren edo segurtasunik ezaren arabera.

Denbora

Jarduera egiteko, 10 minutu inguru beharko dira. Baina luzatu egin daiteke, erantzunak ozen irakurri eta irakaslearekin komentatzen badira.

Jokalari-kopurua

Ikasgelako guztiek hartuko dute parte. Binaka egin daiteke, dibertigarriagoa izan dadin.

Materiala

Ez da material berezirik behar.

Jokoaren deskribapena

Ikasle bakoitzak idatzi egin beharko du koadernoan bankuaren bezero bakoitzari zer erantzun dion eta zergatik. Gero, erantzuna irakurri beharko dute, eta, azkenik, irakasleak pertsonaia hori benetan zein zen esango du.

1. bezeroa

«Kaixo! Billy naiz eta diru apur bat dut aurreztuta. Gordeko al didazu?»

a) Bai, noski. Arazorik gabe.

b) Bai, itxaron une bat (eta, korrika, atzeko gelan ezkutatzen zara).

c) Ez, ezta pentsatu ere! Eskale bat zara eta!

2. bezeroa

«Kaixo, Henry naiz, bizkarreko min handia dut, eta horregatik nabil okertuta, baina diru pixka bat biltzea lortu dut. Ba al dut zure bankuan gordetzerik?»

a) Noski, jauna. Altxa eta eman zure dirua: nik gordeko dizut.

b) Borra atera, eta buruan jotzen diozu. Gero, *sheriffarengana* joaten zara.

c) Alde hemendik! Ez dugu arloteekin lanik egiten!

3. bezeroa

«Zer moduz? Kitty naiz eta diru apur bat behar dut gastu batzuetarako. Maileguan utziko al didazu, mesedez?»

a) Noski, andrea. Gogo onez lagunduko dizut.

b) Bai, bai, baina kontua da dirua amaitu zaigula. Ba al duzu datorren urtean etortzerik?

c) Inola ere ez, andrea! Eta orain, alde hemendik!

6 FINANTZEN OSASUNA

Finantza-merkatuek aukera asko eskaintzen dizkigute aurreztutako dirua inbertitzeko, diru hori behar ez dugun bitartean. Inbertsioa ondo aukeratzeko, gure buruari galdetu behar diogu ea arriskuren bat har dezakegun edo noiz beharko dugun diru hori. Baina aurreztu beharrean, zorpetu egin gaitezke. Horretarako ere, aukera asko eskaintzen dizkigute finantza-merkatuek, baina kontuz ibili behar dugu, hartzen ditugun zorrei erantzun ahal izateko.

Aseguru-kontratuak ere ikasiko ditugu. Bizitzan ditugun arrisku garrantzitsuetatik babestu gaitzakete. Gure finantzen arriskuak, ordea, geuk bakarrik har ditzakegu geure gain. Azken finean, gure inbertsioen arriskua eta gure zorren karga ondo kudeatuz soilik lortuko dugu gure finantzak osasun onean izatea.

EHUN EUROKO BILLETEA

Orain urte batzuk, 2012ko udan, Argentinako *La Nación* egunkariak elkarrizketa egin zion Mario Bunge filosofoari, gaur egungo ekonomiaren egoerari buruz. Ipuin honekin erantzun zuen Bungek:

«Bat-batean, Europako herri turistiko batera iritsi zen aleman oso aberats bat. Leku hartako hotel bakarreko mostradorean 100 euroko billetea utzi zuen, eta nagusiari esan zion: "Asko gustatzen zait tokia; ikusi nahi dut zer aukera dauden astebete hemen pasatzeko. Utziko zenidake logelak ikusten?". "Bai, igo, logela guztiak irekita daude", erantzun zion hoteleko nagusiak. Korrika atera zen, eta harakinari eman zion 100 euroko billetea, zor bat ordaintzeko. Harakina korrika atera zen billetearekin, zerrientzako janaren hornitzaileari ordaintzera. Zerri-janaren hornitzailea ere korrika atera zen billetearekin, eta garbitzaileari ordaindu zion hark egindako lanagatik zor ziona. Garbitzaileak 100 euroko billete huraxe hartu zuen, eta hoteleko mostradorean utzi zuen, logela batzuk alokatzeagatik zor zuena ordaintzeko. Handik pixka batera, turista alemana jaitsi zen, eta hoteleko nagusiari esan zion ez zitzaizkiola gustatu logelak. Billetea hartu eta alde egin zuen... Jada inork ez du zorrik, eta mundu guztia zoriontsu eta lasai bizi daiteke».

Galderak:

1. **Zure ustez, zer azaldu nahi du Mario Bungek?**
2. **Mundu errealean, litekeena da turista alemanik ez agertzea. Nork konpentsatuko lituzke orduan batzuen eta besteen zorrak?**
3. **Zure ustez, zorpetzea arazo bihur al daiteke familientzat? Eta aukera bat? Zergatik?**

1 Inbertsioak

Aurrezkiari esker, dirua izaten dugu helbururen bateko edo larrialdi-funts baterako. Erabiltzen ez dugun bitartean, aurrezki horri errentagarritasuna ateratzen saia gaitezke, inbertsio bat egiten, alegia. Inbertsioa terminoa agertzen da horrelakoetan.

Inbertsioa etorkizunean diru gehiago lortzeko asmoz diruari ematen zaion erabilera da.

	Aurrezkia	Inbertsioa
Helburua	Larrialdiak, ezustekoak eta helburu zehatzak	Aurrezkia eta errentagarritasuna uztartzea
Abantaila nagusia	Diru segurua eta erabilgarria	Aukera asko, inbertitzailearen profila kontuan hartuta
Eragozpena	Errentagarritasun txikiagoa	Arriskuak ditu

6.1. taula. Aurrezkiaren eta inbertsioaren ezaugarriak.

GARRANTZITSUA

Azken finean, **pentsio-planak** aurrezteko modu bat dira. Inbertsio-plan zehatz batekin dute lotura.

Plan horiek kudeatzen dituzten konpainiek dirua inbertitzen dute, arrisku oso txikiak hartuta, eta kontratatzaileei errentagarritasuna eskaintzen diete.

1.1. Inbertsioen sailkapena

Irizpide hauen arabera sailkatu daitezke inbertsio guztiak:

- **Likidezia.** Inbertsio batek diru bihurtzeko duen gaitasuna da. Likidezia askoko inbertsioak interesgarriak dira inbertsiogileak dirua eskura erraz izan nahi baldin badu.
- **Segurtasuna.** Inbertsio orok du espero baino diru gutxiago eskuratzeko arriskua; eta gerta daiteke dirua galtzea ere. **Arriskua** zenbat eta txikiagoa izan, orduan eta seguruagoa da produktua, eta alderantziz.
- **Errentagarritasuna.** Hasierako inbertsioaren gainean etekin gehigarriak lortzeko gaitasuna da.

BA AL ZENEKIEN?

Inbertsioen helburua aurrezkia eta errentagarritasuna konbinatzea da.

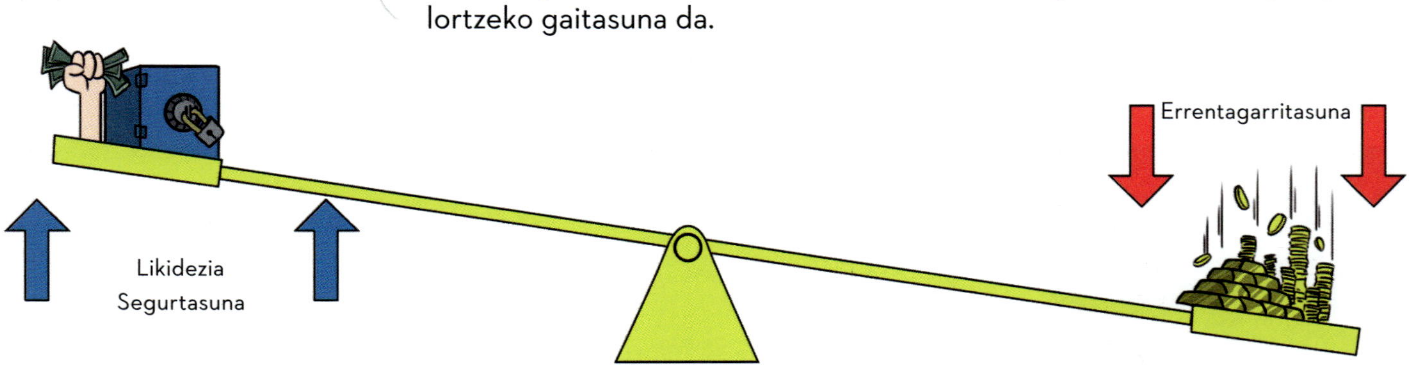

6.1. irudia. Errentagarritasunak eta segurtasunak alderantzizko erlazioa dute segurtasunarekin: zenbat eta likidezia edo segurtasun handiagoa, orduan eta errentagarritasun txikiagoa, eta alderantziz.

Inbertsiogile batek larrialdietarako diru-poltsa bat izan nahi badu, errentagarritasuna baino komenigarriagoak dira likidezia eta segurtasuna. Baina inbertsioaren errentagarritasunak ere ezin du txikiegia izan, bestela ez baitu merezi inbertitzea. Inbertsiogile bakoitzaren profilaren mende egongo da hiru irizpideen arteko oreka.

1.2. Errenta finkoko baloreak

Errenta finkoko produktuek aurrez ezarritako errentagarritasuna ematen dute, eta inbertitutako dirua epe jakin baten itzultzen dute. **Zor publikoa** deritze, horrelako jaulkipen gehienak erakunde publikoek egiten dituztelako, estatuko administrazio zentralak, zehazki. Autonomia-erkidegoek ere jaulki ditzakete halako baloreak; baina, jaulkipenak ez dira hain ohikoak, eta inbertsio arriskutsuagoak izaten dira. Izan ere, autonomia-erkidegoek ordaintzeko berme gutxiago eman ditzakete estatuak baino.

Izena	Epea
Altxorraren Letrak	3, 6, 12 eta 18 hilabete
Bonuak	3 eta 5 urte
Obligazioak	10, 15 eta 30 urte

6.2. taula. Espainiaren errenta finkoko baloreen jaulkipenaren epeak.

BA AL ZENEKIEN?

Enpresa pribatuek ere jaulkitzen dituzte errenta finkoko baloreak. Errentagarritasun handiagoa ematen dute, baina arrisku handiagoa dute, enpresek ezin baitute administrazio publikoak adinako bermerik eman.

1.3. Errenta aldakorreko baloreak

Errenta finkoak ez bezala, errenta aldakorrak ez du aurrez finkatutako errentagarritasunik ematen, eta inbertsioaren epea ere zehaztu gabe egoten da. Akzioak erosten dituena enpresa edo negozio horretako bazkide-jabe bihurtzen da, eta, horrenbestez, ez dago inbertitutako dirua itzultzeko eperik. Diru-ekarpenaren truke, inbertsiogileak enpresa kudeatzeko eskubidea lortzen du; baita dibidenduen banaketan (etekinak) parte hartzekoa ere, dibidenduak egonez gero, noski.

Akzioak enpresa baten jabetza-ehunekoa adierazten duten tituluak dira, eta jabeei eskubide ekonomikoak eta kudeaketarako eskubideak ematen dizkiete.

Akziodun batek bi modu ditu bere inbertsioari errentagarritasuna ateratzeko: alde batetik, dibidenduen (etekinak) banaketatik; eta bestetik, akzioak erosi baino garestiago salduta. Alabaina, ezin da jakin zenbateko errentagarritasuna lortu dezakeen, bi arrazoirengatik:

- Enpresaren egoeraren mende dago dibidenduen banaketa.
- Akzioen merkatu-prezioa aldatu egiten da **burtsan.**

Aurrez ezin denez jakin enpresaren egoera zein izango den eta burtsak zer aldaketa izango dituen, errenta aldakorrak arriskuak dituela dela esaten da.

GARRANTZITSUA

Errenta finkoan inbertitzen denean, aurrezki hori inbertituta eduki nahi duen epearekin bat datorren produktua aukeratzen du inbertsiogileak, oro har.

Inbertitu nahi den dirua behar-beharrezkoa ez bada soilik gomendatzen da **errenta aldakorrean** inbertitzea, diru horren beharra merkatuaren momentu txar batean izanez gero, inbertsioaren parte bat galtzeko arriskua dago-eta.

JARDUERAK

1. Zer-nolako lotura dago aurrezkiaren eta inbertsioaren artean?
2. Azaldu likideziaren, segurtasunaren eta errentagarritasunaren arteko lotura.

1.4. Inbertsio-funtsak

Inbertsio guztiek dute arriskua, baita estatuek bermatutakoek ere. Hori dela eta, hirugarren produktu bat ere badago: **inbertsio-funtsak.** Arriskua txikiagotzen saiatzen dira, dirua errenta finkoko eta aldakorreko inbertsioetan konbinatuz. Hala, errenta finkoko adibide bat izan daiteke Espainiako, Frantziako eta Alemaniako errenta finkoak konbinatzen dituen inbertsio-funts bat. Errenta aldakorreko adibide bat izan daiteke, berriz, La Caixa, Repsol eta Movistarren akzioak konbinatzen dituen inbertsio-funts bat.

Inbertitzaileak hartu nahi dituen arriskuen mende daude aukerak (6.3. taula):

	Finkoa €	Aldakorra €	Arriskua (1etik 4ra)
Errenta finkoa	% 100	–	1
Misto finkoa	Gehienez % 70	Gehienez % 30	2
Misto aldakorra	Gehienez % 30	Gehienez % 70	3
Errenta aldakorra	–	% 100	4

6.3. taula. Inbertsio-funts motak. Dena den, arriskua are gehiago txikitzeko, funts horietako batzuek inbertsioak osorik edo zati batean bermatzen dituzte adostutako epe batera arte.

GARRANTZITSUA

Inbertsioen kalifikazioa edo **ratinga** mailakatuta dago: AAA maila da onena, eta D maila, berriz, txarrena.

1.5. Inbertsioen arriskua

Inbertsioen arriskua murrizteko bi irizpide erabiltzen dira: dibertsifikazioa eta ratinga.

A. Dibertsifikazioa

Arriskuak gutxitzeko, inbertsioak dibertsifikatzeko premia zegoen, eta horretarako sortu ziren inbertsio-funtsak. Inbertsio-funtsek modu itxian eskaintzen dutena (inbertsoreak aukeratutako funtsak aurretik zehaztutako ezaugarriak ditu) bere irizpideen arabera aplika dezake edozein inbertsiogilek. Adibidez, pertsona batzuek nahiago izango dute errenta finkoa errenta aldakorra baino handiagoa duten konbinazioak, edo besteren bat.

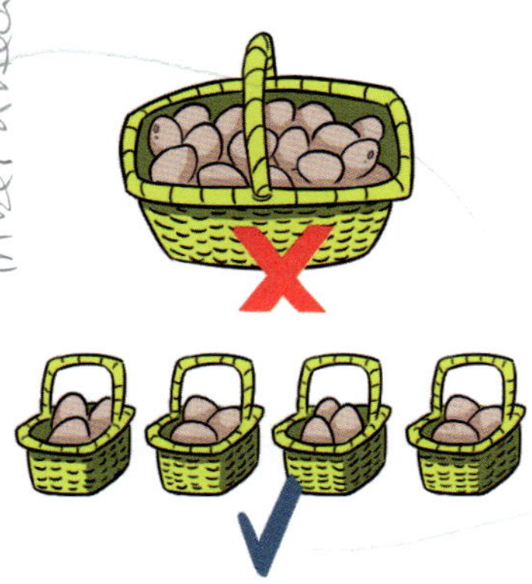

6.2. irudia. Bada inbertsio funtsei egoki-egoki datorkien esaera zahar bat: «Inoiz ez jarri arrautza guztiak saski berean».

Dibertsifikazioa gure inbertsioen arriskua gutxitzeko modurik eraginkorrena da. Dirua arrisku-maila ezberdineko hainbat inbertsio-planetan banatzea esan nahi du.

B. Ratinga

Arriskua murrizten saiatzeko beste irizpide bat ratingez fidatzea da. Adierazle horrek inbertsioaren segurtasuna neurtzen du, eta, horrenbestez, haren fidagarritasunaren orientagarri da. Arriskua kalifikatzeko agentziek ematen dute ratinga.

Arriskua kalifikatzeko agentziak enpresek eta herrialdeek jaulkitako finantza-produktuak kalifikatzen dituzten enpresak dira. Errentagarritasuna eta, batez ere, kaudimena hartzen dituzte kontuan.

Ratingari kasu egitea ez da dibertsifikatzea bezain irizpide egokia, agentziek behin baino gehiagotan egin baitute huts.

LEXIKOA

Kaudimena. Zorrei aurre egiteko gaitasuna.

1. JARDUERA EBATZIA

Orain bi hilabete Amaiak inbertsio-zorro bat eratu zuen. Errenta finkoa, errenta aldakorra eta inbertsio-funtsak konbinatu zituen, beheko taulan ageri den moduan.

Orain, Amaiak hau jakin nahi du:

a) Inbertsio bakoitzak eman dion errentagarritasuna.

b) Inbertsio-zorroaren errentagarritasun osoa aurtengo urtean zehar.

	Inbertsioa	Interesak	Dibidendua	Saldu	Lortu	Errentagarritasuna
Errenta finkoa	1.000 €	70 €	–	–	70	% 7
A akzioak	2.000 €	–	100 €	–	100	% 5
B akzioak	2.300 €	–	–	2.116 €	–184	–% 8
C akzioak	3.000 €	–	–	3.180 €	180	% 6
Errenta finkoko funtsa	1.000 €	90 €	–	–	90	% 9
Errent. ald. funtsa	2.000 €	–	–	1.920 €	–80	–% 4

Erantzuna:

a) Errentagarritasuna (taulako azken zutabean adierazita dago) lortutakoaren eta inbertitutakoaren arteko erlazioa da. Taulako lehen inbertsioarentzat honela kalkulatuko genuke:

$$\text{Errenta finkoaren errentag.} = \frac{70}{1.000} = 0{,}07 \cdot 100 = \%\ 7$$

b) Errentagarritasun osoari dagokionez, batez bestekoa aterako dugu:

$$\text{Inbertsioen errentag. osoa} = \frac{7+5-8+6+9-4}{6} = \%\ 2{,}5$$

HAUSNARTU

Bat izatea hobe, biren esperantza baino?

Inbertsiogilearen profilaren mende dago errenta finkoa edo aldakorra aukeratzea. Arrisku handiagoa hartu nahi dutenek, eta hala egokitzen bada etekin handiagoak ere bai, akzioen alde egingo dute. Aldiz, gutxieneko etekin bat bermatu nahi dutenek (eta gauean lo lasai egin) nahiago izango dute errenta finkoak eskaintzen duen segurtasuna.

JARDUERAK

3. **Zure ustez, inbertsio-funtsei zergatik esaten zaie balore-saskia?**

4. **Zergatik da garrantzitsua pertsona bakoitzaren profila inbertitzerakoan?**

5. **Zer abantaila eta desabantaila dituzte errenta finkoak eta errenta aldakorrak?**

6. **Inbertsioei buruz ari garela, zer esan nahi du pertsona batek «arrautza guztiak saski berean ez jarri» esaten badu?**

7. **Inbertsioak dibertsifikatzea zergatik da gomendagarriagoa ratingez fidatzea baino?**

2 Zorrak

Gure sarrerak edo aberastasuna edozein izanda ere, ia ezinezkoa da bizitza osoan dirurik ez eskatzea maileguan, etxea edo autoa erosteko, bidaiatzeko edo etxean obrak egiteko, adibidez. Praktikan, zorra aurrezkiaren aurkakoa da. Aurreztea, gaur egungo sarreren kontura, etorkizunean gehiago kontsumitzea da, eta zorpetzea, berriz, aurkakoa.

Zorra oraingo kontsumoari etorkizuneko sarrerei esker aurre egiteko asmoz hartzen den ordainketa-obligazioa da.

Zorpetuz, dirua berehala izaten dugu eskuragarri, eta, beraz, handitu egin dezakegu gure erosteko ahalmena, estualdiei aurre egin edo bizi-maila hobetu. Aurrezkiak ere hori guztia egiteko aukera ematen du, baliabide propioekin. Alabaina, aurrezkia ez bezala, zorra besteren dirua da, eta itzuli egin behar da. Besteren dirua erabiltzeak ondorio hauek ditu:

- Familiaren aurrekontua gehiegi kargatzen du haren lehentasunezko kategorian: derrigorrezko gastu finkoetan.
- Kostuak ditu (interes, komisio eta beste gastu batzuk).

2.1. Zorraren kudeaketa

Zorra kudeatu behar denean, helburu nagusia izaten da zorraren kostua arrazoizkoa izatea pertsona bakoitzaren aurrekontuarekiko. Kostu nagusia interesa izaten da. Ehunekotan neurtzen da, eta besteren dirua edukitzeak zer kostu duen erakusten du. Adibidez, 100 € mailegatzen badira % 5eko interesean, mailegu-hartzaileak 100 € jasoko ditu, baina 105 € itzuli beharko dizkio mailegu-emaileari.

Interesa besteren dirua alokatzearen kostua da.

Finkoa edo aldakorra izan daiteke interes-tasa:

- Interes **finkoa** ez da aldatzen maileguaren iraupen osoan.
- Interes **aldakorra** igo edo jaitsi egiten da maileguaren indarraldi osoan; izan ere, erreferentzia-tasa bati lotuta baitago. Euriborra izaten da ohikoena hipoteka-maileguetan.

Mailegu baten interes-tasari **interes nominal** esaten zaio, finkoa zein aldakorra izan. Ehuneko horrek dirua alokatzearen kostua soilik neurtzen du, ez du kontuan hartzen finantza-erakundeek komisioak eta gastuak ere kobratzen dituztela.

Maileguaren kostu osoa neurtzeko, **urteko tasa baliokidea (UTB)** erabiltzen da.

UTBa mailegu baten kostu osoa neurtzen duen adierazlea da, adierazle bakar batean biltzen baititu eragiketaren kostu guztiak.

GARRANTZITSUA

Interesari edo dirua alokatzearen kostuari jendeak **diruaren prezioa** ere esaten dio, dirua maileguan eskatzea kostatzen dena baita. Pertsona bakoitzak prezio jakin bat ordaindu behar du diruagatik, maileguen ezaugarriak aldatu egiten direlako mailegu-hartzaile batetik bestera.

LEXIKOA

Euriborra. Europako banku garrantzitsuenek elkarri mailegatzen dieten diruaren interes-tasa. Batez bestekoa ateratzen zaio, eta erreferentzia-indize moduan erabiltzen du banku-sistema osoak.

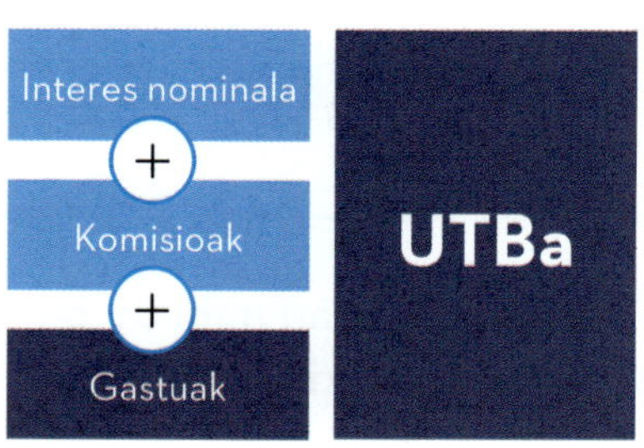

6.3. irudia. UTBa kalkulatzea konplexua izaten da, adierazle bakar batean biltzen baititu interesak, komisioak eta gastuak; gainera, maileguaren itzultze-epeak ere kontuan hartzen ditu.

2.2. Mailegua

Zor ororen atzean mailegu-kontratu bat egoten da, eta maileguko baldintzak kontuan hartuta, izen bat edo beste bat hartzen du.

Mailegu-kontratuaren bidez, mailegu-emaileak (normalean, finantza-erakunde bat) diru-kantitate bat jartzen du mailegu-hartzaile baten esku, eta hitzartutako baldintza batzuk jarraituz itzuliko du hark dirua.

Oro har, utzitako dirua hileko kuoten bidez itzultzen da. Kuoten barruan sartzen dira komisioei, interesei eta bestelako gastuei buruz hitzartutakoak.

Mailegu-kontratu batean agertzen diren terminoak	
Printzipala	Mailegatu den diru-kantitatea. Haren gainean kalkulatzen dira maileguaren interesak.
Maileguaren interes nominala	Dirua alokatzearen kostua erakusten duen ehunekoa.
Epea	Mailegua ordaintzeko hitzartutako epea.
Mailegu-emailea	Dirua uzten duen pertsona edo finantza-erakundea.
Mailegu-hartzailea	Maileguko dirua jasotzen duen pertsona.
UTBa	Maileguaren interesa, komisioak eta gastuak adierazle bakar batean biltzen dituen tasa.
Komisioak	Aparteko gastuak: azterketa, irekitzea eta ezeztatzea, adibidez.
Beste gastu batzuk	Besteak beste, notario-gastuak edo ordainketak ziurtatzeko aseguruak izan daitezke.

6.4. irudia. Mailegu-kontratu bati lotutako terminoak.

GARRANTZITSUA

UTBa egokia da maileguak konparatzeko, baldin eta mailegu horiek antzeko epeak eta interes-tasak badituzte. Ez da hain baliagarria epe ezberdineko maileguak konparatzeko edo epe finkoko maileguak epe aldakorrekoekin konparatzeko.

LEXIKOA

Banku-komisioak. Zerbitzuak ematearen, kontuak administratzearen eta mantentzearen truke bankuek kobratzen duten kopurua.

JARDUERAK

8. **Bai aurrezkiak bai zorrak gura bizi-kalitatea hobetzeko aukera ematen digute. Zertan dira desberdinak?**
9. **Nola eragiten du zor baten kostuak pertsona baten aurrekontuan?**
10. **Zer-nolako arriskuak sorraraz ditzake gehiegi zorpetzeak familia baten aurrekontuan?**
11. **Mailegu bat interes aldakorrekoa dela esaten denean, zer adierazi nahi da?**
12. **Mailegu baten UTBa zergatik da beti interes nominala baino handiagoa?**
13. **Mailegu-kontratu batean, zein izaten dira mailegu-emailearen eta mailegu-hartzailearen betebehar nagusiak?**

LEXIKOA

Diferentziala. Erreferentzia-indizeari batzen zaion zati finkoa.

Puntua. Finantza-hizkeran, puntu bat esaten zaio interesaren ehuneko batari.

WEBGUNEA

Euskal Autonomia Erkidegoko zenbait kreditu-erakundek dituzte maileguen simulazioak egiteko tresnak. Hona hemen horietako bat: **www.laboralkutxa.com/eu/finantzaketa/hipotekak**.

2.3. Zorrik ohikoenak

Dirua maileguan eskuratzeko aukera nagusiak biltzen ditu 6.5. taulak:

Zorra	Deskribapena	Erabilera-kostua
Hipoteka-maileguak	Etxearen erosketari lotutako maileguak; etxeak berak babesten du haren ordainketa.	Txikia
Mailegu pertsonalak eta kontsumorakoak	Hipotekarekin batera mailegu-kontratu ohikoenak dira. Gastu jakin baterako erabiltzen dira: automobila, bidaia bat, ikasketak, etab.	Ertaina
Kreditu-txartelak	Hurrengo unitatean ikusiko dugun moduan, kreditu-txartelen aukeretako bat bankuei egin beharreko ordainketak atzeratzea da, hileroko kuota finkoen bidez, mailegu bat balitz bezala.	Handia
Beste saltoki batzuen txartelak	Kreditu-txartelen antzeko funtzionamendua dute, baina dagokion saltokian soilik funtzionatzen dute.	Ikusi egin behar
Banku-kontuko zorpekoak	*Zenbaki gorriak* ere esaten zaie, eta bankuko kontuan dagoena baino gehiago gastatzen denean sortzen dira.	Oso altua
Kreditu azkarrak	Kopuru txikiko kredituak ematen dira, eta bost urtean baino gutxiagoan itzuli ohi dira. Gestio eta komisio gutxi izan ohi dituzte, baina, ordainetan, UTB oso handia.	Izugarri handia

6.5. taula. Zor-mota ohikoenak.

2.4. Zorraren kalitatea eta maila

Gure gain hartzeko gaitasuna kontuan hartuta sailkatu daitezke zorrak (6.6 taula).

Zor-mota	Aholkua
UTB oso handia.	Ez egin
Kontsumo-maileguak beharrezko ez diren ondasunentzat.	Ez-gomendagarriak
Etorkizunean balioa handitzeko potentziala duten inbertsioak (adibidez etxebizitza) edo sarrerak sortzeko (negozio bat) helburua dutenak.	Arrazoizkoak
Ondasunak edo beste inbertsio batzuk merkeegi saldu beharrik ez izateko zorrak.	

6.6. taula. Zorraren kalitatea.

6.4. irudia. Zorpetze-maila gomendagarria. Pilatutako zorren hileroko ordainketek hileko sarreren % 15 edo % 20 baino txikiagoak izan behar lukete.

2. JARDUERA EBATZIA

Martxoan, A bankua prest dago Julen Fernandezi 40.000 €-ko mailegua emateko, baldintza hauetan: epea, 5 urte; interes-tasa nominala, Euriborra gehi bi puntu; urtero berrikustekoa. Hala, mailegua % 5ean geratzen zaio.

a) Interes-tasa nominala % 5ekoa da. Zer esan nahi du horrek?

b) Bankuko zuzendariak Juleni esan dio erreferentzia-indizea Euriborra (% 3an dago) izango dela. Zeri buruz ari da?

c) Gainera, maileguak irekitze-komisioa du, % 0,3koa. Hala, beraz, eragiketaren UTBa % 5,24koa da. Zenbatekoa da komisioa? Zer neurtzen du % 5,24ko UTBak?

d) B bankuak mailegu berdina eskaini dio Juleni, baina urteko interes nominala, urtero berrrikustekoa, % 4,75ekoa da. eta irekitze-komisioa, % 0,5ekoa. Nola jakin dezake Julenek zein mailegu komeni zaion gehiago?

Erantzuna:

a) % 5eko interes nominalak esan nahi du maileguan jasotako 100 euroko 105 itzuliko direla; hau da, 100 printzipalaren itzultzeari dagozkionak, eta 5, interesei dagozkionak.

b) Interes aldakorreko mailegua da, eta haren indizea edo erreferentzia-balioa, Euriborra. Urteroko berrikusketak finkatzen ditu hurrengo 12 hiletan ordaindu beharreko interesak. Juleni mailegua berrikustea tokatzen zaionean, datorren martxoan, Euriborra % 4koa balitz, urteko interes nominala % 6koa izango litzateke. Eta horrela urtez urte.

c) Hileroko kuotek kostu bat dute interesen aldetik, baina horiez gain, banku-erakundeek komisioak ere aplikatzen dituzte, eta garestitu egiten dira maileguak. Julenen kasuan, hauek:

Irekitze-komisioa: 40.000 · 0,003 = 120 €. Gastu hori kontuan hartuta, maileguaren kostua handitu egiten da. UTBak maileguaren operazioaren kostu osoa neurtzen du. Kasu honetan, % 5,24 da (Julenek 5,24 euro ordainduko ditu urtean maileguan jasotako 100 euroko).

d) Mailegurik interesgarriena zein den jakiteko, haien UTBak konparatu behar dira. Horretarako, *Portal del Cliente Bancario* sareko simulatzailea erabiliko dugu. Espainiako Bankuaren webgunean dago **(www.bde.es):**

- UTB A bankua = % 5,24
- UTB B bankua = % 5,07

A bankua

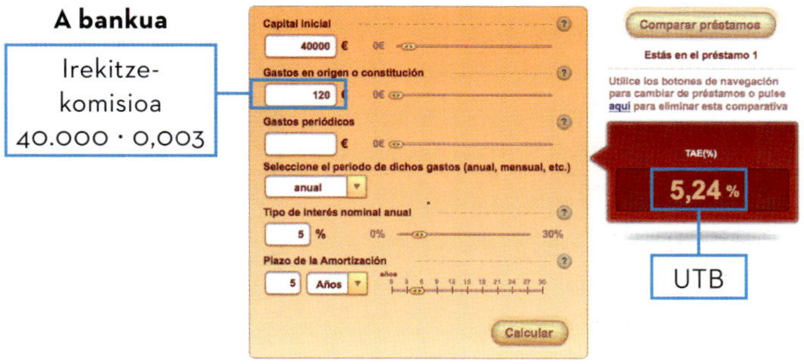

B bankua

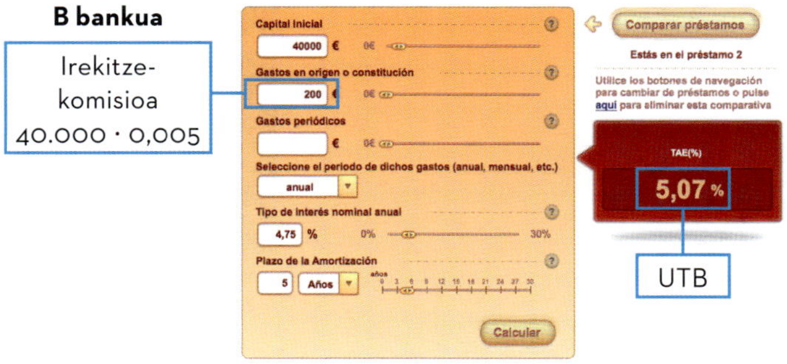

Ikuspegi ekonomikotik, Juleni B bankuaren proposamena onartzea komeni zaio; izan ere, UTBa, operazioaren guztizko kostua neurtzen duena, txikiagoa da.

JARDUERAK

14. Zertan dira desberdinak kreditu azkarrak eta mailegu pertsonalak?

3 Aseguru-kontratua

Pertsonen bizitzan beti dago arriskuren bat, arlo profesionalean nahiz pertsonalean. Arrisku horietatik babesteko, aseguruak kontratatzen ditugu. Asegurua kontratatuta, arrisku horiek hirugarren bati transferitzen dizkiogu: **aseguru-etxeari**. Hala, aseguru-kontratuan ageri den gertaeraren bat izaten denean, hark ordainduko ditu sor daitezkeen kalteak, osorik edo haien zati bat.

Asegurua kontratu bat da, eta haren bidez, aseguru-etxeak hirugarren bati kalte-ordainak emateko konpromisoa hartzen du kontingentzia edo ezbeharren bat gertatzen bada; eta, trukean, prima bat jasotzen du.

Bi multzo handitan sailkatzen dira aseguruak: pertsona-aseguruak eta kalteen aurkako aseguruak. Aseguruetan, zenbait termino berezi erabiltzen dira, eta haien esanahia zein den jakitea komeni zaigu. 6.7. taulak biltzen ditu.

Prima	Aseguruaren prezioa da.
Poliza	Kontratuaren baldintzak jasotzen dituen dokumentua da.
Aseguratzailea	Aseguru-etxea da.
Aseguratua	Aseguruan aurreikusitako arriskuan dagoen pertsona da. Arriskuak pertsonari berari edo haren ondasun eta ondareari eragin diezaioke.
Hartzailea	Asegurua kontratatzen eta prima ordaintzen duen pertsona da.
Onuraduna	Kontratuan hitzartutako kontraprestazioa jasotzen duen pertsona da.
Aseguratutako kopurua	Kontingentzia edo ezbeharra gertatuz gero ordainduko den gehienezko kalte-ordaina.
Kontingentzia edo ezbeharra	Polizan aurreikusitako gertaera, aseguratzaileak bere betebeharrak betetzea dakarrena.
Estaldura	Estalitako arriskua.

6.7. taula. Aseguruetan erabiltzen den terminologia.

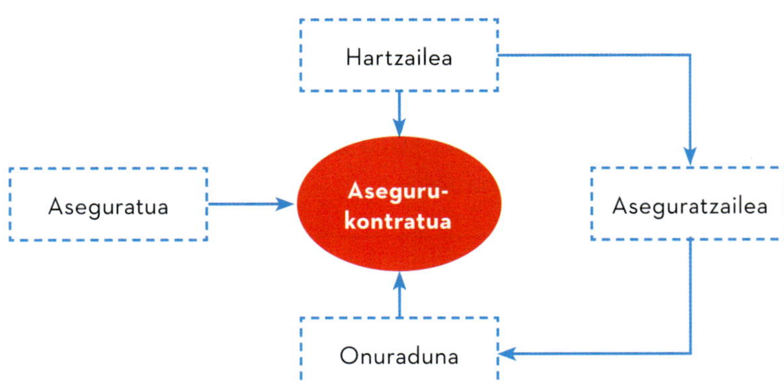

6.5. irudia. Aseguruaren kontratuan lau figurak hartzen dute parte, baina posible da hartzailea, aseguratua eta onuraduna pertsona bera izatea.

! GARRANTZITSUA

Arriskua gauzatzen denean sortzen da **kontingentzia**, eta hitzartutako kalte-ordainari bide ematen dio.

BA AL ZENEKIEN?

Mailegu-kontratuetan ohikoak izaten dira **bizitza-aseguruak**. Haietan, bankua izaten da onuraduna, eta helburua da erakundeak mailegatutako dirua berreskuratzeko aukera izatea, baldin eta maileguaren hartzailea hiltzen bada.

3.1. Pertsona-aseguruak

Bizitza-aseguruak dira garrantzitsuenak, baina badaude gehiago ere, eta komeni da zein diren jakitea:

- **Bizitza-aseguruak.** Pertsonen bizitzetan izaten diren zenbait gertaeraren ondorio ekonomikoak leuntzeko kontratatzen dira. Halako aseguruen kontraturik ohikoenetan, aseguratzaileak hitzartutako diru-kopurua ordaindu behar izaten dio onuradunari, aseguratua hiltzen bada.
- **Beste pertsona-aseguru batzuk.** Gorputz- eta osasun-egoerari eragiten dioten zenbait egoerari lotutako gastuak estaltzen dituzte.

Istripuak	Gaixotasunak	Osasun-arreta	Ehorzketa-gastuak
Heriotza edo ezintasuna eragiten duten istripuen kalte-ordainak	Mediku-arreta eta farmazia-gastuak gaixotasunak irauten duen bitartean	Osasun-arreta eta farmazia-gastuak	Hileta-zerbitzuen gastuak

6.8. taula. Beste pertsona-aseguru batzuk.

GARRANTZITSUA

Etxe bat **hipoteka-maileguarekin** erosten denean, bankuek kalteen aurkako aseguru bat kontratatzeko eskatu ohi dute. Aseguratutako kopurua higiezinaren tasazio-balioa adinakoa izaten da.

3.2. Kalteen aurkako aseguruak

Pertsonen ondasunen eta ondarearen gainekoak dira.

- **Etxebizitza-asegurua.** Etxeko kalte materialak estaltzen ditu, hala nola urak eragindako kalteak, kristalak apurtzea eta suak eragindakoak. Aseguratuaren etxetik beste pertsona batzuei edo haien ondasunei kalteak edo lesioak eraginez gero, haien gaineko **erantzukizun zibila** ere estaltzen dute; esaterako, leihoetatik edo balkoitik objektuak erortzeak eragindakoak eta txorrota irekita utzi eta beheko solairua urak hartzeak eragindakoak.
- **Motordun ibilgailuen nahitaezko asegurua.** Gidariak –ibilgailuaren jabeak edo beste batek– hirugarrenei (hau da, beste pertsona batzuei) eragindako kalteak estaltzen ditu.
- **Erantzukizun zibileko asegurua.** Aseguru horren helburua pertsonen ondarea babestea da, hirugarrenei sor dakizkiokeen **kalte-galeren** erantzukizunagatik.

LEXIKOA

Kalte-galera. Ondareak balioa galtzea pertsona baten ekintzagatik. Pertsona horrek berak konpondu beharko du kaltea.

Erantzukizun zibila. Pertsona batek beste bati eragin dizkion kalteak konpontzeko duen obligazioa. Normalean, kaltetutako pertsonari diru bat ordaindu behar izaten dio.

JARDUERAK

15. **Simulazio bat proposatzen dizuegu aseguruei buruz ikasi duzuena praktikan ipintzeko. Jarri bikoteka:**
    - Biotako bat balizko aseguru-bezeroa izango da. Erabaki behar du zer adin duen, seme-alabarik duen eta autorik duen.
    - Bestea aseguru-saltzailea izango da, eta hiru aseguru saltzen saiatuko da: bizitza-asegurua, ehorzketa-asegurua eta autoaren nahitaezkoa.

    Hasi negoziatzen aseguruz aseguru. Idatzi aseguruak kontratatzearen aldeko eta aurkako argudioak, bezeroarenak nahiz saltzailearenak.

KONTZEPTU-MAPA

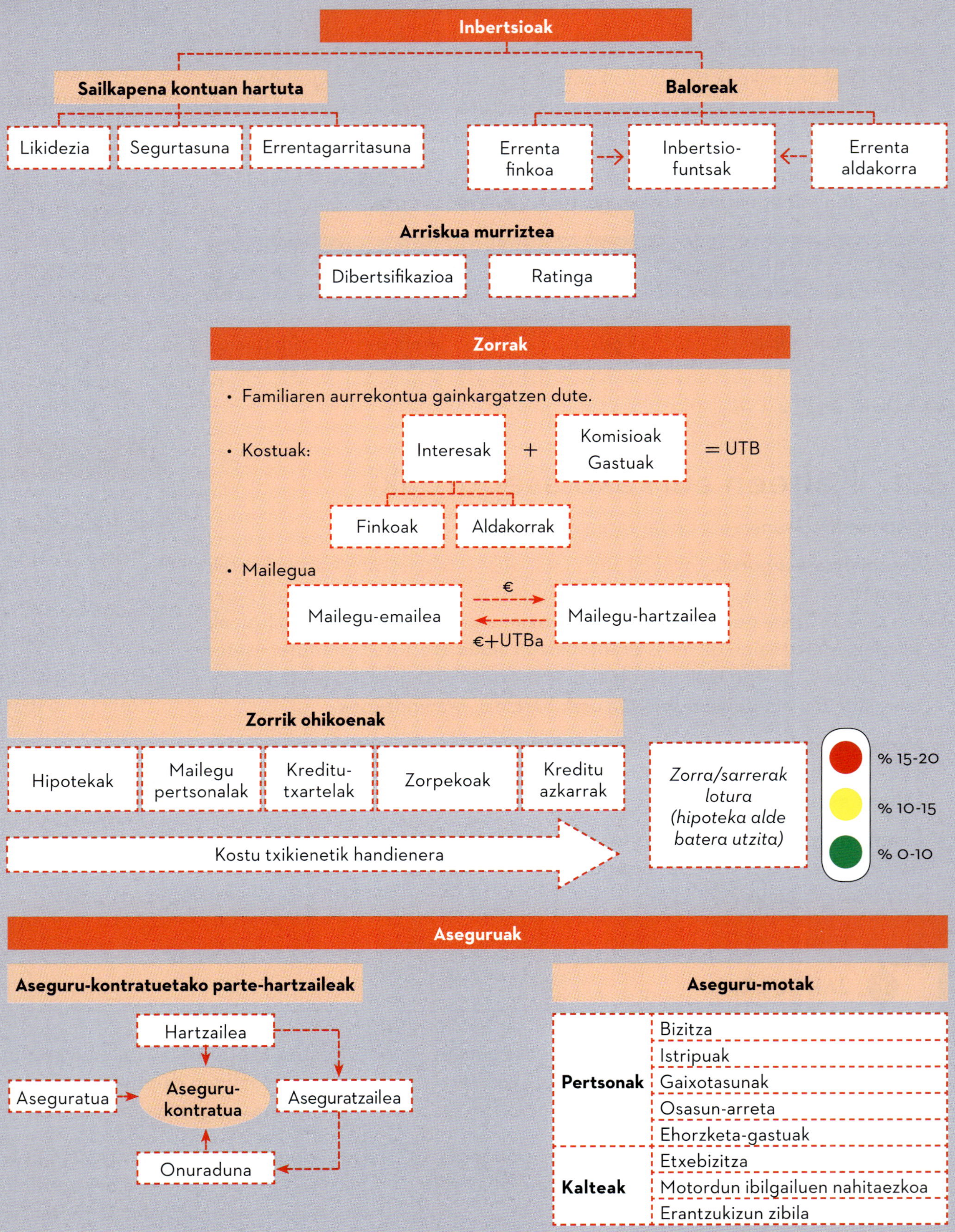

BERRIKUSKETA-TESTA

1. Likidezia handiko inbertsio bat:

a) Oso erraz bihurtu daiteke gas.

b) Oso erraz bihurtu daiteke diru.

c) Epe-muga azkarrekoa izaten da.

d) Errentagarritasun handikoa izaten da.

2. Epe luzeko inbertsioak:

a) Errentagarritasun handiagoa du.

b) Errentagarritasun txikiagoa du.

c) Seguruagoa da.

d) Likidoagoa da.

3. Zenbat eta seguruagoa inbertsioa, orduan eta...

a) errentagarritasun handiagoa.

b) zerga gehiago desgrabatuko ditu.

c) errentagarritasun txikiagoa.

d) epe-muga luzeagoa izango du.

4. Zer du akzio batek?

a) Errentagarritasun handia.

b) Errentagarritasun txikia.

c) Errentagarritasun finkoa.

d) Errentagarritasun aldakorra.

5. Enpresa batek etekinak handitzea espero badu:

a) Haren akzioen balioa igo egiten da.

b) Haren akzioen balioa jaitsi egiten da.

c) Zerga gutxiago ordaintzen ditu.

d) Ospetsuago egiten da.

6. Zertarako dibertsifikatzen ditugu inbertsioak?

a) Errentagarritasuna handitzeko.

b) Epe-mugak luzatzeko.

c) Arriskuak handitzeko.

d) Arriskuak gutxitzeko.

7. Zer du inbertsio-funts batek?

a) Inbertsio-zorro bat.

b) Errentagarritasun finkoa.

c) Erabateko likidezia.

d) Ez du ezertarako balio.

8. Zer gertatzen da zorpetzen garenean?

a) Etorkizuneko gure kontsumoa handitzen dugu.

b) Interesak kobra ditzakegu.

c) Oraingo gure kontsumoa murrizten dugu.

d) Etorkizuneko gure kontsumoa murrizten dugu.

9. Zer da % 5eko interes-tasa?

a) Interes-tasa altua da.

b) Interes-tasa txikia da.

c) Interes-tasa finkoa da.

d) Interes-tasa aldakorra da.

10. Zer da mailegu-hartzailea?

a) Utzitako diru-kantitatea da.

b) Dirua uzten duena da.

c) Mailegua hartzen duena da.

d) Mailegua bermatzen duena da.

11. UTB oso altuko mailegu bat:

a) Oso gomendagarria da.

b) Ez da batere gomendagarria.

c) Onartu egiten du Munduko Bankuak.

d) Debekatu egiten du Munduko Bankuak.

12. Aseguru batek:

a) Arriskuak banatzeko aukera ematen du.

b) Guk arriskurik ez izatea eragiten du.

c) Inbertitzeko aukera ematen du.

d) Oso errentagarritasun handia du.

AMAIERAKO JARDUERAK

Teoria

1. Aipatu errenta finkoaren eta aldakorraren arteko aldeak errentagarritasunari dagokionez.
2. Konparatu errenta finkoa eta aldakorra likideziaren, segurtasunaren eta errentagarritasunaren aldetik.
3. Ekonomialari ezagun batek esan zuen: «errentagarritasuna arriskuaren neurria da». Zergatik?
4. Zein da inbertsio-funtsen abantaila nagusia?
5. Nola eskuratu dezake pertsona batek dirua maileguan bere kreditu-txartelaren bidez?
6. Zer dira *zenbaki gorri* esaten zaienak?
7. Zorraren kalitateari dagokionez, zure ustez, zer motatako zorrari esaten zaio zor ona? Eta zor txarra? Arrazoitu erantzunak.
8. Zure ustez, zergatik ez da kontuan hartzen hipoteka pertsona baten zorpetze-maila neurtzerakoan?
9. Zure ustez, zer abantaila eta desabantaila ditu zorpetzeak?
10. Zer alde dago estalduraren eta kontingentziaren artean?
11. Zergatik izan ohi dira finantza-erakundeak beraiek ematen dituzten maileguetako bizitza-aseguruen onuradunak?
12. Aseguruek nola murrizten dituzte pertsona baten arriskuak?
13. Zer ezberdintasun dago erantzukizun zibileko aseguruaren eta etxebizitza-aseguruaren artean?
14. Zer motatako asegurua kontratatuko zenuke gastu hauek zure ondareari eragiterik nahiko ez bazenu?
    a) Pneumoniak eragindako mediku-gastuak.
    b) Auto-istripu batek eragindako gutxitasuna edo elbarritasuna.
    c) Gure etxetik kalera eroritako loreontzi batek eragindako erantzukizuna.
    d) Kalea leku ez egoki batetik gurutzatzeagatik istripu bat eragin izanaren erantzukizuna.

Praktika

15. Duela hamabi hilabete Xabierrek inbertsio-zorro bat eratu zuen, errenta finkoa, errenta aldakorra eta inbertsioak konbinatuta. 6.9. taulan ikusten da nola.
    Orain, Xabierrek hau jakin nahi du:
    a) Inbertsio bakoitzaren errentagarritasuna.
    b) Inbertsio-zorroaren errentagarritasun osoa aurtengo urtean zehar.
16. Zer inbertsio-produktu gomendatuko zenuke kasu hauetako bakoitzean? Arrazoitu erantzuna:
    a) 25 urteko mutil bat, 3.000 €-ko herentzia jaso du, eta ez du argi zertan erabili.

Inbertsio-zorroa	Inbertitutakoa	Lortutakoa		
		Interesak	Dibidenduak	Salmenta
Errenta finkoa	2.000 €	200 €	–	–
A akzioak	3.000 €	–	–	3.090 €
B akzioak	1.000 €	–	40 €	–
C akzioak	1.000 €	–	–	950 €
Errenta finkoko funtsa	2.000 €	300 €	–	–
Err. ald. funtsa	2.000 €	–	–	1.940 €

6.9. taula. Xabierren inbertsio-zorroa.

b) 55 urteko emakume bat, hemendik bi urtera autoa aldatzeko asmoa du; 12.000 € behar ditu eta 11.000 € ditu.

17. Aneri 15.000 €-ko mailegua eman dio Banco Mediterraneok auto bat erosteko, 5 urtean itzultzeko. % 8ko interesa hitzartu dute, baina kostu osoa % 9,5ekoa da, komisioen eta gastuen eraginez.

a) Zer motatako mailegua kontratatu du Anek?

b) Adierazi mailegu-eragiketari lotutako termino hauek: interes nominala, mailegu-emailea, mailegu-hartzailea, itzultze-epea eta UTBa.

18. Naiararen, Eiderren eta Ikerren hileko sarrerak eta gastuak biltzen ditu beheko taulak. Hirurak ari dira autoa erosteko mailegu bat eskatzeko aukera aztertzen, nahiz eta beste mailegu batzuk ere badituzten kontratatuta.

Sarreren eta zorren arteko erlazioa			
	Naiara	Eider	Iker
Sarrerak	1.100 €	1.300 €	1.500 €
Hipoteka	400 €	500 €	600 €
Maileguak	200 €	100 €	300 €

Aurreko taulako datuak kontuan hartuta, adierazi:

a) Zein izango litzateke hilean ordaindu ahal izango luketen muga zorpetze-maila familiaren aurrekonturako karga bihurtzerik ez badute nahi?

b) Azaldu zer kopuru ordaindu ahal izango luketen hilean ordaindu behar dituzten beste maileguak ere kontuan hartuta.

19. Endikak tasa aldakorreko hipoteka bat eskatu nahi du, erreferentziatzat Euriborra hartuta eta 25 urtean ordaintzeko. Etxea 112.500 €-an dago tasatuta. Kontuan hartuta bankuek gehienez ere tasazio-balioaren % 80 ematen dutela eta Euriborra % 2,5ean dagoela, kalkulatu taulako mailegu bakoitzeko:

	Bankua		
	A	B	C
Erreferentzia-indizea eta puntuak	Euriborra + 1 puntu	Euriborra + 2 puntu	Euriborra + 1,5 puntu
Irekitze-komisioa	% 2	% 0,3	% 0,4

a) Irekitze-komisioaren zenbatekoa.

b) Interes nominala.

c) UTBa, eta, horrenbestez, mailegurik interesgarriena.

UTBa kalkulatzeko, eta, beraz, mailegurik interesgarriena zein den ikusteko, erabili Interneteko simulagailu bat lagungarri moduan, esate baterako, Espainiako Bankuarena (www.bde.es).

20. Juliak aseguru bat kontratatu du Mutua Segura aseguru-etxearekin bere senar Jaimerentzat, hura hiltzen bada, Jon eta Alazne seme-alabek bakoitzak 30.000 € kobratu ditzan.

Esan zein diren aseguru-kontratu horretako aseguratua, aseguratzailea, hartzailea eta onuraduna.

21. Trafiko-istripu batean zenbait pertsona zauritu ziren. Alde batetik, istripuaren eragilea. Haren automobila erabat hondatutzat jo zuten. Gainera, beste bi automobilek kalte handiak izan zituzten, eta haietako bateko gidaria bi hilabetez egon zen ospitalean. Nori ordainduko dizkio kalte-ordainak motordun ibilgailuen nahitaezko aseguruak?

22. Ikertu Interneten enpresek nola lortzen duten finantzaketa balore-burtsaren bidez, eta partikularrak nola bihurtzen diren enpresen akzionista edo jabe.

Ezinbestekoa · Beharrezkoa · Osagarria

PRENTSA-LANTEGIA

Bilatu Interneten landu beharreko kontzeptu hauetako bakoitzerako prentsa-albiste baten izenburua, osatu taula koadernoan, eta adierazi, lerro gutxi batzuetan, zer-nolako lotura duen unitatean ikasitakoarekin.

Landu beharreko kontzeptua	Titularrak	Lotura unitatean ikasitakoarekin
Balore-burtsaren gorabeherak	«Urte hasiera beltza Espainiako burtsarentzat: otsailera arte % 22 galdu du» *Voz Populi* (2016/02/29)	Burtsan inbertitzea arriskutsua da, aldakorra baita. Hau da, balio asko galdu edo irabazi daiteke denbora gutxian. Gainera, inbertsiogile batzuek enpresei buruzko informazio gehiago dute beste batzuek baino. Asmatu azkenean haietako zein izango den galtzailea!
Rating agentzien arriskuak	–	–
Inbertsioak dibertsifikatzearen garrantzia	–	–
Kreditu azkarraren arriskuak	–	–
Hipoteka-mailegua	–	–

LEXIKOA

Inbertsioa
Likidezia
Segurtasuna
Errentagarritasuna
Errenta finkoa
Errenta aldakorra
Errenta mistoa
Akzioak
Inbertsio-funtsa
Dibertsifikazioa

Kaudimena
Kalifikazio-agentziak edo rating-agentziak
Zorra
Printzipala (kapitala)
Interesa
Banku-komisioak
Mailegua
Mailegu-emailea
Mailegu-hartzailea
Urteko tasa baliokidea (UTB)
Zenbaki gorriak

Euriborra
Diferentziala
Puntua (finantza-terminoa)
Asegurua (kontratua)
Prima (aseguruak)
Poliza
Hartzailea
Aseguratua
Aseguratzailea
Onuraduna
Kalte-galera
Erantzukizun zibila

Espekulatzaile suizidak

1929koa urriaren 24a zen. Interes-tasak oso baxu zeuden, eta espekulatzaile askok zor handiak egin zituzten Wall Streeteko akzioak erosteko. Akzioek gora egiten zuten etengabe, eta gero eta jende gehiago hasi zen akzioak erosten. Jokaera horren ondorioz, ekonomian *burbuila* esaten zaiona sortu zen. Burbuila lehertu zenean, akzioen prezioa jaitsi egin zen. Espekulatzaileek porrot egin zuten, eta ezin izan zituzten bankuekin zituzten zorrak itzuli. Hori dela eta, han gertuko etxe orratz batera joan ziren diruzalekeriaren eta arduragabekeriaren eraginez dirurik gabe geratuko inbertitzaile batzuk, leihotik salto egitera.

Helburuak

Joko honen bidez, interes-tasa baxuegiak burbuilen eraketarekin eta eztandarekin lotuko ditugu. Horrez gain, gehiegizko diruzalekeriaren eta finantza-arduragabekeriaren arriskuak gogoratuko ditugu.

Denbora

Partida bakoitzak 10 minutu iraun dezake gutxi gorabehera.

Jokalari-kopurua

Egokiena 2 edo 3 da.

Materiala

Irakasleak hauek emango dizkizu:

a) Taula bat, interes-tasen balioarekin. Fitxa bat jarri behar da haren gainean.

b) Txanden taula bat, beste fitxa batekin.

c) Joko-taula, etxe orratzarekin eta anbulantziekin.

Jokoaren deskribapena

Anbulantzia-gidaria izaki, espekulatzaileen bizitza salbatzen ahalegintzea da zure zeregina. Eskuinetik ezkerrera gidatu behar duzu, eta espekulatzaileak lurrera iritsi baino lehen jaso.

7 DIRUA ETA HURA ERABILTZEKO MODUAK

Oinetako batzuen edo zinemara sartzearen truke txanponak eta billeteak eman ahal izatea funtsezkoa da merkatuek bizkortasunez funtzionatzeko. Baina, horrez gain, aukera ematen dute gauzen balioa alderatzeko edo etorkizunerako aurrezteko.

Dena den, gaur egun badaude billeteak eta txanponak ez diren beste diru-mota batzuk, hala nola gure kontu korronteetako saldoa eta kreditu-txartelak. Gero eta gehiago erabiltzen dira diru-mota berri horiek, eta bankuen bidez funtzionatzen dute. Hori dela eta, ohitu egin behar dugu bankuekiko gure harremanak kudeatzen, haiekiko gure eskubide eta betebeharrak zer nolakoak diren jakiteko.

SORGIN BATEN ETA PRINTZE BATEN ARTEKO MAITASUN-HARREMANA

Bazen behin printze baten maitasuna lortu nahi zuen sorgin bat. Hark, ordea, mespretxatu egin zuen, eta, mendekuz, sorginak promes egin zuen suntsitu egingo zuela printzearen erreinua.

Biharamunean, sorginak zeru aldera igo zituen eskuak, eta, handik gutxira, erreinuko txanpon guztiak usain txarreko lore bihurtu ziren. Usain hura soinetik kentzeko, garbitzera joan zen jendea, eta konturatu zen ez zuela xaboia erosteko dirurik. Kiratsetik ihesi, gaztelutik alde egiten zuten beleek ere. Etsita, honela esan zien printzeak bere mendeko herritarrei: «Berdin du, usain txarra izango dugu, baina loreak gure diru izango dira, eta haiekin erosi eta salduko dugu, diruarekin egiten genuen bezala». Txalo jo zuen jendeak, printzearen jakinduria aitortuz, eta sudurra estaliz. Eta gizon-emakumeek berriro saldu eta erosi egin zuten, diruaren ordez loreak erabiliz.

Orduan, are gauza okerragoa egin zuen sorginak. Bide guztietatik, muga guztietatik, balkoi guztietatik, usain txarreko milaka, milioika lore hasi ziren jaiotzen. Lehen auzotarrak denda oso bat erosi zuen bere loreontziko loreekin bakarrik. Alabaina, prezioak igo egin ziren orduan: arrautza batek ehun lore balio zuen, eta oilo batek, mila. Segituan, loreek ez zuten ezer balio. Eta ez zegoen zerekin erosi eta saldu, ez loreekin, ez diruarekin.

Orduan, printzeak, etsita, barkamena eskatu zion sorginari mespretxuagatik, eta harekin ezkondu zen. Horrenbestez, lore guztiak diru bihurtu ziren berriro, eta guztiak zoriontsu izan ziren.

Hau da, ia guztiak...

Galderak:

1. **Zure ustez, zergatik igo ziren prezioak sorginaren bigarren madarikazioaren ostean?**
2. **Zure ustez, diru asko eginez gero eta guztien artean banatuz gero, zoriontsuago egin al daiteke erresuma bat?**
3. **Ondo iruditu al zaizu printzea sorginarekin ezkontzea?**

Laburpena

1 Dirua

2 Banku-kontuak

3 Banku-harremanak

4 Txartelak

1 Dirua

Diruak erraztu egiten ditu trukeak: denok onartzen dugu dirua, badakigulako behar duguna erosteko erabili ahal izango dugula.

Dirua oro har onartutako truke-bitartekoa edo ordainketa- eta kobrantza-bitartekoa da.

1.1. Diruaren funtzioak

Diruaren funtzio nagusia truke-bitartekotzat erabili ahal izatea da. Alabaina, beste funtzio batzuk ere baditu: balio-gordailua izatea edo kontu-unitate komuna izatea, besteak beste. Ikus dezagun zer diren funtzio horiek (7.1. irudia):

Truke-bitartekoa

Ez bagenu ordainketa- eta kobrantza-bitartekorik, **trukea** erabili beharko genuke nahitaez; hau da, ondasunak ondasunekin trukatu beharko genituzke. Diruari esker, asko sinplifikatzen da eskaintzak eta eskariak egokitzeko arazoa; betiere, nahikoa diru izanez gero, noski.

Balio-gordailua

Dirua ondasun iraunkorra da eta, beraz, edukitzaileak aukera du egoki iruditu bitartean gordetzeko, aurrerago erabiltzeko. Dena den, diruak balioa galdu dezake inflazioaren eraginez. Hurrengo unitatean ikasiko dugu hori.

Kontu-unitate komuna

Ekonomiak dirutan neurtzen du gauzen balioa. Neurri-unitate horri esker, ondasunen arteko alderaketak eta multzokatzeak egin daitezke, bestela ezinezkoak liratekeenak.

Adibidez. Bolaluma batek 1 € balio badu eta bideokontsola batek 400 €, bideokontsola 400 boligraforen parekoa dela esan dezakegu. Gainera, neurri-unitate berean daudenez, multzokatu egin ditzakegu: 401 € osatzen dituzte guztira.

7.1. irudia. Diruaren funtzioak.

1.2. Diru-motak

Gaur egun erabiltzen dugun diruak badu ezaugarri aipagarri bat: pertsonok dugun konfiantza hura truke-bitarteko moduan erabili ahal izateko, guztiok onartzen baitugu. Konfiantzazko diru edo **fiduziario** moduan, hauek onartzen dira:

- **Legezko dirua.** Herrialde bakoitzeko banku zentralek jaulkitako billeteak eta txanponak dira. Gaur egun, Espainia euroguneko herrialdeetako bat da, hau da, euroa monetatzat hartu duten herrialdeetako bat, eta, horrenbestez, Europako Banku Zentralak jaulkitzen eta kontrolatzen du herrialde horietan zirkulazioan dagoen diru-kantitatea.
- **Banku-dirua.** Modu birtualean soilik dagoen dirua da, *bankuan dagoelako*. Legezko dirua banku batean gordailutzen dugunean, modu fisikoan egoteari uzten dio, eta banku-diru moduan birsortzen da (hau da, jada ez dago dirutan gauzatuta edo eskudiru izateari uzten dio).

BA AL ZENEKIEN?

Diruarekiko konfiantza galtzen denean, billeteek eta txanponek beren euskarri diren paperaren eta metalaren balioa soilik dute. Adibidez, Espainiako Gerra Zibilaren ostean (1936-1939), sortaka saltzen ziren Errepublikak (bando galtzailea) igorritako dirua eta txartelak, paperean zuten pisua kontuan hartuta.

JARDUERAK

1. **Historiako aldi batzuetan, diru moduan funtzionatu zuten ardoak eta garagardoak. Zure ustez, zergatik ez zen finkatu salgai horien erabilera diru moduan?**

2 Banku-kontuak

Bankuak eta kutxak diru-merkatuko enpresa bitartekariak dira. Hau da, familien aurrezkia bereganatzen saiatzen dira beste helburu batzuetan erabiltzeko. Horretarako, hainbat produktu eta finantza-aktibo eskaintzen dituzte, bezeroen behar eta ezaugarrietara egokitzen saiatuta.

Produktu horien artean, ageriko gordailuak eta epe finkorako gordailuak eskatzen dituzte, gehienbat, banku eta kutxen erabiltzaileek. Likidezia-maila desberdina izaten dute, eta haren araberakoa izaten da sortzen duten interesa.

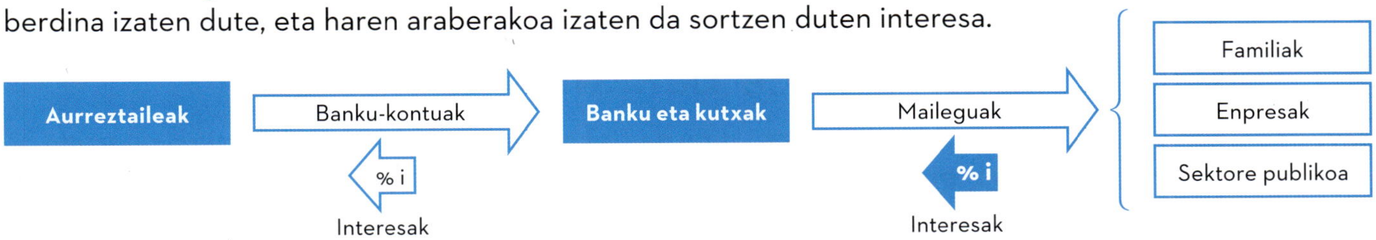

7.2. irudia. Banku-kredituen eginkizuna kredituaren sorreran.

2.1. Ageriko gordailuak

Ageriko banku-kontuak edo ageriko gordailuak dira kutxek eta bankuek eskaintzen duten zerbitzurik oinarrizkoena. Dirua berehala eskuratu daitekeelako esaten zaie agerikoak.

Banku-kontuak diru-gordailuak dira, banku-eragiketarik ohikoenen ardatz diren produktuak.

LEXIKOA

Txekea. Bankuari ematen zaion agindua diru-kopuru jakin bat adierazitako pertsonari ordaintzeko, betiere kontuan nahikoa funts baldin badago.

Hauek dira banku-eragiketarik ohikoenak:

• Diru-sarrerak eta ordainketak.	• Diru-transferentziak erakunde bereko kontuen artean.
• Ordainagirien helbideratzeak (titularrak aurrez baimendutako ordainketei erantzutea; adibidez, argiarenari eta sakelakoarenari).	• Dirua ateratzea kutxazain automatikoen bidez.
• Diru-transferentziak erakunde ezberdinetako banku-kontuen artean.	• Mailegu-kuoten ordainketa. • Pentsio-planetako ekarpenak.

Ageriko banku-kontuak **kontu korronteak** edo **aurrezki-kontuak** izan daitezke. Ezberdintasun bakarra hau da: kontu korrontean **txekeen** bidez eskuratu daitezke funtsak, eta aurrezki-kontuan **aurrezki-libreta** erabiltzen da.

Aurrezki-libretaren aldaera bat **gazteentzako libreta** da. Ez du komisiorik eta pizgarriak izaten ditu; esaterako, jarduerak, zozketak eta opariak. Zero eta hogeita bost urtera bitartekoak izan daitezke haietako titularrak.

Abantailak	Desabantailak
Kontratatzeko errazak	Errentagarritasun txikia
Erabateko likidezia	Mantentze-komisioak (*)
Mugimenduen informazio xehea	Administrazio-komisioak (*)
Kutxazainen erabilera	Eragiketa-komisioak (*)

7.1. taula. Ageriko gordailuen abantailak eta desabantailak.
(*) Gazteentzako libretek ez dute komisiorik izaten.

LEXIKOA

Banku-libreta. Bankuek eta aurrezki-kutxek ematen duten koaderno txikia; han idazten dira libretari lotutako kontuko diru-mugimenduak.

BA AL ZENEKIEN?

Bankuen komisio-motak eta bakoitzari dagokion kontzeptua:

- **Administrazioa.** Kontuko mugimenduak eta eragiketak erakusteagatik.
- **Mantentzea.** Kontu bateko titularra izateagatik.
- **Eragiketak.** Zerbitzu jakin batzuk eskaintzeagatik; adibidez, transferentzia bat bidaltzea, mailegu-eragiketa bat aztertzea, etab.

2.2. Epe finkorako gordailu edo ezarpenak

Titularrak, interes moduan jasoko duen ordainsari baten truke, gordailua epe jakin baterako egiteko konpromisoa hartzen du. Ezin izango du gordailua lehenago eskuratu, ez behintzat penalizaziorik jaso gabe.

Banku-sektorean, gordailu-mota horrek ematen dizkie interes handienak bezeroei. Ageriko gordailuek ez bezala, ez dute banku-eragiketa ohikoenen euskarri-unitate moduan funtzionatzen. Esate baterako, gordailu horiekin ezin da txekeekin aritu, kutxazainetan dirua atera eta ordainagiririk helbideratu.

2.3. Online bankuak

Azken urteotan, hazi egin da fisikoki jardun beharrean teknologia berrien bidez aritzeko joera. Zalantzarik gabe, online bankuak deritzenek (Internet bidezkoak) **abantaila** asko dituzte.

- Erosotasuna.
- Edozein ordutan jarduteko aukera.
- Azkartasuna.
- Eragiketa merkeagoak.
- Informazio-gardentasuna.
- Eskaintza eta zerbitzu pertsonalizatuak.

Alabaina, ezinezkoa da online bankuen abantailak informatika-munduko berezko **arriskuetatik** bereiztea. Internet bitarteko segurua ez dela agerian geratu denez, segurtasuna indartu behar izan da, eta arreta muturreraino eraman, hala nola, errefortzuko gakoekin edo bitarteko konbentzionaletan babestuta (adibidez, sakelakoan eta postan). Bankuek beren esku dagoen guztia egiten dute bezeroen eragiketen iruzurrezko erabilerak saihesteko. Hori, ordea, alferalferrikakoa da baldin eta bezeroek ez badituzte ohitura onak hartzen beren bankuekin online konektatu behar dutenean. Beste batzuen artean, **jardunbide egoki** hauek nabarmentzen dira (7.3. irudia):

	**1.** Ez fidatu toki ezezagunetatik datozen posta elektronikoko mezuez edo koherentziarik gabeko informazioa dutenez.	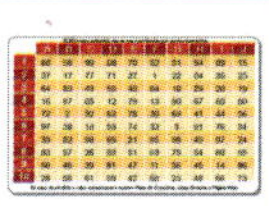	**6.** Ez utzi beste pertsona batzuei gakoen zure txartela ikusten, eta ez egin kopiarik txartel horri.
	**2.** Aldian-aldian, aldatu sarbide-kodea, buruz ikasi eta, ahal bada, ez idatzi inon.		**7.** Erabili eta berritu automatikoki birusen aurkako sistemak eta *antispywareak*.
	**3.** Toki seguruetan gorde gakoen txartelak edo identifikazio digitalenak.		**8.** Eguneratu nabigatzailea eta sistema eragilea ekoizleek segurtasuna hobetzeko egindako ekarpenekin.
	**4.** Inoiz ez eman identifikatzailerik, pasahitzik eta datu pertsonalik informazio horren eskaera SMS mezu, fax, posta elektronikoko mezu edo loturaren baten bidez baldin badator, ezta helbide seguru batekoa ez bada ere (*http*-ak*)*.		**9.** Instalatu suebaki bat informatika-sarerako konexio iraunkorretan.
	**5.** Babestu online bankurako sarbidea duen sakelakorako sarbidea.		**10.** Arreta handiagoarekin ibili ordenagailu publikoetan eta partekatutakoetan.

7.3. irudia. Jardunbide egokiak banku elektronikoetan.

1. JARDUERA EBATZIA

Kermanek, urtarrilean eta otsailean, honako gastu eta sarrera hauek izan ditu bere gazte-libretan:

Gastuak		Sarrerak	
01/25. Sakelakoaren ordainagiria:	20,10 €	01/25. Bulegoko sarrera:	60 €
01/28. Kutxazainean ateratako dirua:	100 €	02/02. Trans. Hoces Bankua:	1.200 €
02/04. Erosketa Boccioni's-en:	85,43 €		

Kermanen banku-kontuko laburpena kontuan hartuta:

a) Adierazi bankuko laburpenetako elementu bereizgarriak.

b) Idatzi mugimendu horiek, eta kalkulatu kontuko amaierako saldoa, aurreko saldoa 435,23 €-koa zela aintzat hartuta.

Erantzuna:

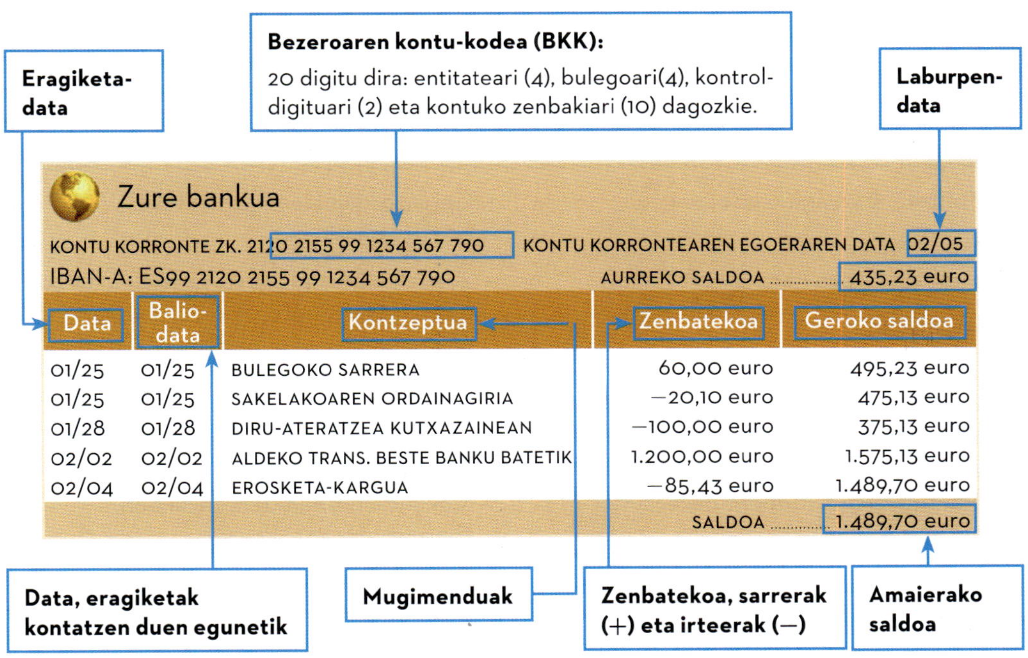

7.4. irudia. Bankuko laburpen bat. IBANak ordezkatuko du pixkanaka BKKa. Nazioarteko estandarra da, eta 24 digitu ditu, herrialdeari dagozkion 2 digitu eta kontroleko beste 2 ere hartzen baititu bere baitan.

BA AL ZENEKIEN?

Batzuetan, **eragiketen datak** ez datoz bat eragiketa horiek aintzat hartzen diren egunarekin, ordutegiak eta lanegunak tarteko.

Adibidez, ohikoa izaten da 11:00etatik aurrera egindako eragiketak hurrengo lanegunean hartzea kontuan.

JARDUERAK

2. Zein da bankuen eta kutxen funtzioa diru-merkatuan?
3. Zergatik esaten da banku-gordailuek euskarri-unitate moduan funtzionatzen dutela?
4. Zein da online bankuen desabantaila nagusia?

3 Banku-harremanak

Pertsona baten eta saltoki baten arteko harremanetan ez bezala, bankuen eta beren bezeroen arteko harremanetan kontratu iraunkor eta lotesleak egoten dira, eta hitzartu egin daitezke baldintzak. Eta erreklamazioak ere egin ditzakegu, beharrezkoa izanez gero.

3.1. Eskubideak eta betebeharrak

Banku-produktu oro kontratu bat da, eta, horrenbestez, eskubideak eta betebeharrak dakartza bi aldeentzat. Hala, aurreko orrietan ikusi dugun baino definizio teknikoagoa eman dezakegu banku-kontuari buruz.

Banku-kontu bat finantza-erakunde baten eta pertsona baten arteko **kontratua** da; haren bidez, lehenak diru-gordailuak zaintzen dizkio bigarrenari, eta, aldi berean, bere banku-eragiketen kudeaketa eta jarraipena errazten dizkio, hitzartutako komisio eta baldintza batzuen truke.

Hauek dira banku-kontuko titularren **eskubide** eta **betebehar** nagusiak (7.2. taula):

Eskubideak	Betebeharrak
• Kontratuaren agiria jasotzea. • Eragiketa edo eskainitako produktua ondo ulertzeko nahikoa informazio jasotzea. • Likidazio-agiriak jasotzea. • Gordailuari dagozkion ordainketak jasotzea, aurrez hitzartutako interesekin edo gero finantza-erakundeak aldatutakoekin (betiere bezeroari aurrez jakinaraziz).	• Garaiz ordaintzea hitzartutako banku-komisioak. • Zorpekoak izanez gero, funtsak itzultzea, hitzartutako interesekin eta banku-komisioekin batera. • Erakundeak eskatutako datuak ematea, identifikatu ahal izateko. • Saldoak konpentsatzea titularrak erakunde berean izan ditzakeen kontuen artean.

7.2. taula. Banku-kontu bateko titularraren eskubideak eta betebeharrak, *Portal del Cliente Bancario* gunearen arabera (Espainiako Bankua).

Lege-ondorioengatik esaten zaie behin eta berriz banku-erabiltzaileei ***letra txikia*** izenekoa irakurtzeko. Paragrafo horiek ez dirudite oso garrantzitsuak, baina *letra handiek* adinako lege-ondorioak dituzte.

WEBGUNEA

Administrazio publikoaren eginkizuna da jendeak finantza-produktuen ezaugarrien berri izatea eta zer ezaugarri dituzten jakitea.

Espainiako Bankuak webgune baten bidez sustatu du ezagutza hori: **www.finanzasparatodos.es.**

GARRANTZITSUA

Banku-erabiltzaileen eskubideak zaintzeko, **kontsumitzaile-elkarteak** daude. Haien baliabideei esker, posible da egitasmo kolektiboak egitea, eta egitasmo horiek eraginkorragoak eta sendoagoak izatea banaka egindakoak baino. Banku Erabiltzaileen eta Kontsumitzaileen Elkartea (ADICAE) da haietako bat: **www.adicae.net.**

JARDUERAK

5. Bilatu Interneten banku-kontu baten kontratuaren eredu bat, eta irakurri arretaz. Zenbatu atalak, eta bilatu hiztegian ez dakizkizun hitzen esanahiak.

3.2. Informazioa eta negoziazioa

Komisioen eraginez, oso garestia izan daiteke banku-produktu bakoitza banku batean kontratatzea. Hori dela eta, banku batekin edo birekin soilik aritu ohi da jendea.

Hauek dira banku-kontu bat kontratatzeko **faktore nagusiak** (7.3. taula):

Komisioak eta gastuak oro har	Gerta daiteke gutxieneko saldoak eskatzea komisiorik ez kobratzeko.
Zorpeko edo *zenbaki gorrien* kostuak	Eragiketa jakin batzuei lotutako komisioak eta gastuak, hala nola helbideratze, transferentzia, eskualdatze, eta zergen ordainketari lotutakoak.
Zordunketa-txartelak eta kreditu-txartelak izateko erraztasuna eta kostua	Interneteko online bankuaren kostu operatiboak.

7.3. taula. Banku-kontu bat erakunde batean edo bestean kontratatzeko faktore garrantzitsuenak.

Finantza-erakunderen batean banku-produkturen bat kontratatu aurretik, zenbait bankuri buruzko informazioa biltzea izaten da egokiena, eta ez arinegi aukeratzea. 7.4. taulan dituzu zenbait **aholku on**.

Banku-produktu eta banku-zerbitzuetarako	• Eskatu beti informazio-liburuxka; doakoa izaten da. • Hipoteka-maileguetan, eskaintza loteslea eskatu, patxadaz eta beharrezko denborarekin alderatu ahal izateko beste erakunde batzuen eskaintzarekin.
Inbertsio-produktuetarako (errenta finkoa, akzioak...)	Produktuaren ezaugarriei, arriskuei eta kostuei buruzko idatzizko informazioa eskatu.
Bizitza-aseguruetarako	Informazio-agiria eskatu. Dokumentu horrek kontratuaren baldintza orokorrak biltzen ditu.

7.4. taula. Aholku praktikoak finantza-erakundeekin negoziatzeko. Irizpide nagusia ahalik eta informazio gehien eskuratzea izaten da, eta, ahal izanez gero, idatziz.

Banku-produktu berriak kontratatzen goazen heinean, konturatuko gara banku edo kutxa bakoitzaren eskaintzak oso desberdinak direla. Adibidez, erakunde batek baldintza oso onak izan ditzake hipoteka-maileguan, baina sekulako komisioak kontu korrontean.

Baldintza batzuekin ados egonez gero, baina beste batzuekin ez, **negoziatzen** saiatu ohi dira bezeroak, bankuz banku ibili beharrik ez izateko. Erakunde berean zenbat eta banku-produktu gehiago izan kontratatuta, orduan eta errazago lortuko ditu bezeroak hauek:

a) Baldintza onak banku-produktu berrien kontratazioetan.

b) Baldintza hobeak jada kontratatutako produktuetan.

Ohikoa da, halaber, bankuek komisio batzuk negoziatzea, beren bezeroen fideltasuna eskuratzeko.

GARRANTZITSUA !

Zenbait eragiketaren truke bezeroei kobratzen dizkieten **komisioetan** oinarritzen da bankuen negozioa. Horregatik, beharrezkoa da xehetasunez aztertzea banku-kontu bat kontratatzeak duen kostua.

WEBGUNEA

Herritarrei finantza-erakundeekiko harremanetan laguntzen die Espainiako Bankuak, *Portal del Cliente Bancario* atariaren bidez: **www.bde.es/clientebanca.**

3.3. Erreklamazioak

! GARRANTZITSUA

Bezeroaren defendatzailea erakundetik kanpoko organo bat da; horrenbestez, erabateko independentziaz eta autonomiaz jardun dezake. Figura hori ez da derrigorrezkoa, hautazkoa baizik, pentsio-plan indibidualetan izan ezik, beti izan behar baitute partaidearen defendatzailea.

Dena dela, desadostasunak gerta daitezke banku-erabiltzaileen eta finantza-erakundeen artean. Bezeroak badu kontra egiteko aukera. Erreklamatzeko modu nagusia erakundeko bezeroaren arretarako zerbitzua da. Gainera, bezeroak nahitaez jo behar du hara gero Espainiako Bankuan jarraitu nahi baldin badu prozedurarekin.

Bezeroaren arretarako zerbitzua erakundearen eta bezeroaren arteko gatazketan erabakitzeko aski autonomia duen bankuaren beraren sail bat da.

Mota horretako zerbitzuak banku-produktuak eskaintzen dituzten erakundeetan ez ezik, aseguruak eta pentsioak eskaintzen dituztenetan ere badaude.

Behin erreklamazioa aurkeztuta (egiaztatzeko moduan), haien erabakiarekin ados ez bagaude edo bi hilabeteren buruan oraindik erantzun ez badute, Espainiako Bankuan jar dezakegu erreklamazioa, **bide telematikoa** erabilita edo paperean.

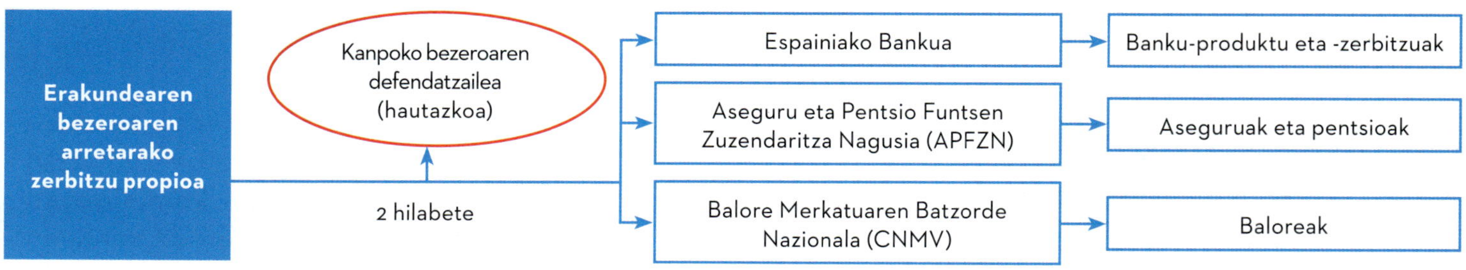

7.5. irudia. Non erreklamatu prozedura- eta produktu-motaren arabera.

1. periskopioa

Azken urteotan ugaritu egin dira bankuen aurkako erreklamazioak, bai banakakoak, bai taldekakoak. Finantza-hizkeraren zailtasunen eraginez, kontsumitzaileen elkarteek erreklamazio-ereduak eskaintzen dizkiete beren erabiltzaileei horretarako.

Bilatu «Banku-erreklamazioak», *ereduak*.

- Aurkitu Interneten halako zenbait eredu, eta esan zer ezaugarri komun dituzten.

JARDUERAK

6. Zergatik dira banku-produktuak eskubide eta betebeharren iturri?

7. Bankuko bezero batentzat noiz izango da errazago erakunde berberean bere banku-produktuen baldintzak negoziatzea?

4 Txartelak

Txartela edo *plastikozko dirua* erabilita ordaintzea ordainketa-modu ohikoenetako bat da gaur egun; izan ere, erosoa, erraza eta orokorki onartutakoa da. Segurtasuna da txartelen bertute handiena: gako-sistemen bidez babestuta daudenez, haiek erabiltzea seguruagoa da dirua eskudirutan eramatea baino.

Txartelak finantza-erakunde edo saltoki batek plastikozko euskarri batean igorritako ordainketa-bitartekoak dira.

Hauek dira txartel-mota nagusiak:

Banku-txartelak. Finantza-erakunde batek igortzen ditu; oro har, banku edo kutxa batek. Erosketak egiteko eta banku-sareko kutxazainetan dirua ateratzeko erabil daitezke.

Bankukoak ez diren txartelak. Txartela igorri duen saltokian soilik erabil daitezke (saltoki handietan, denden kateetan, etab.).

Fidelizazio-txartelak ordainketa-bitarteko moduan erabili ezin diren txartel-mota bat dira; puntuak pilatzeko balio dute, hura igorri duen saltokian deskontuak edo opariak lortzeko.

BA AL ZENEKIEN?

Europan kutxazain gehien dituen herrialdea da Espainia. Hiru sarek kudeatzen dituzte guztiak: 4B, ServiRed eta Euro 6000.

4.1. Banku-txartelak

Banku-txartelek banku-kontu batean gordailututako funtsak erabiltzen dituzte (elkartuta daude kontua eta txartela). Zenbait motatakoak izan daitezke:

- **Zordunketakoak.** Haren bidez ordaintzea kontuko dirua erabiltzea bezala da; izan ere, erosketaren zenbatekoa edo kutxazainetik ateratakoa berehala kentzen da txartelari elkartutako kontutik.
- **Kreditukoak.** Zordunketa-txartelek ez bezala, aukera ematen dute ordainketak egiteko eta dirua ateratzeko une horretan banku-kontuan funtsik ez badago ere (finkatutako mugara arte). Erabilitako dirua aurreikusitako moduan eta epeetan itzuli behar da; oro har, hilabete bakoitzeko aurreneko egunetan. Bi ordainketa-modu daude:
  - **Guztizko zenbatekoaren hileko ordainketa:** Sinpleena eta ohikoena da. Zor den saldoa (hilabete horretan egindako gastu guztiak) gure kontura kargatzen da hurrengo hilabeteko lehen egunean. Une horretan nahikoa diru egon behar du saldo guztia ordaintzeko eta zorra likidatzeko.
  - **Ordainketa geroratua:** kuota malgu baten bidez ordainketa atzeratzeko aukera ematen du, mailegu bat balitz bezala.

GARRANTZITSUA

Kreditu-txartel bat erabiltzeak beste edozein kredituren edo finantzaketa-modalitateren ondorio berberak ditu: derrigortuta gaude dirua itzultzera eta finkatutako interesak ordaintzera.

Abantailak	Desabantailak
Eskudiruak baino segurtasun handiagoa	Komisioak eta mantentze-gastuak
Erosoa sakelakoa kargatzeko, ordaintzeko, transferentzietarako	Iruzurrerako aukera, galdu edo lapurtuz gero
Gastuen kontrol handiagoa	Kontuko saldoa soilik erabiltzen uzten du (*)
Orain erosi eta gero ordaintzeko aukera (**)	Interes altuak hilabete-amaieran ordaindu ezean (**)
Larrialdietarako funtsa (**)	Gehiegi erabiliz gero, gehiegi zorpetzeko arriskua (**)

7.5. taula. Zordunketa- eta kreditu-txartelen abantailak eta desabantailak. Oharrak: (*) zordunketa-txartelek soilik; (**) kreditu-txartelek soilik.

- **Txanpon-txartela.** Aurreordainketakoak ere esaten zaie, eta ordainketak egiteko aukera ematen dute aurretik finkatutako kopuru jakin batera arte. Aurrena dirua sartu behar da kutxa edo banku-kontuaren bidez.
- **Txartel birtualak.** Txanpon-txartelaren aldaera bat dira, eta Internet bidez erosteko bakarrik balio dute. Ez dute euskarri fisikorik, zenbaki bat, gako bat eta iraungitze-data bat bakarrik dira.

	Non erabilgarriak				Ordainketen gerorapena	Funtsak noiz kendu	
	Banku-bulegoak	Kutxazainak	Dendak	Internet		Berehala	Gerora
Zordunketakoa	🟢	🟢	🟢	🟢	Ez	🟢	🔴
Kreditukoa	🟢	🟢	🟢	🟢	Bai	🔴	🟢
Txanpon-txartela	🟢	🟢	🟢	🟢	Ez	🟢	🔴
Birtuala	🔴	🔴	🔴	🟢	Ez	🟢	🔴

7.6. taula. Banku-txartelen ezaugarrien alderaketa.

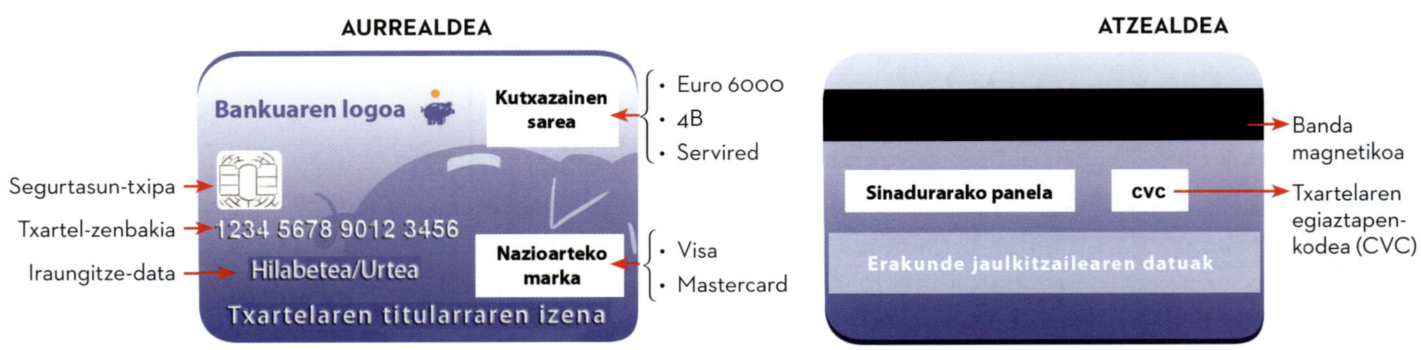

7.6. irudia. Banku-txartelen ezaugarri bereizgarriak.

2. JARDUERA EBATZIA

Esan ezkerreko zutabean ageri diren ezaugarriak zordunketa-txartelenak, kreditu-txartelenak edo bienak diren; horrez gain, esan ezaugarri horiek abantaila bat edo desabantaila bat diren:

Ezaugarriak	A/D	Erantzuna	
		Zord.	Kreditu
Iruzurrerako aukera, galdu edo lapurtuz gero.	🔴	Bai	Bai
Kontuko saldoa erabiltzeko aukera bakarrik ematen du.	🔴	Bai	Ez
Eskudiruak baino segurtasun handiagoa.	🟢	Bai	Bai
Funts bat izan daiteke larrialdietarako.	🟢	Ez	Bai
Erosoa ordainketetarako.	🟢	Bai	Bai
Gehiegi erabiliz gero, gehiegi zorpetzeko arriskua du.	🔴	Ez	Bai

! GARRANTZITSUA

Txartelik seguruenak txanpon-txartelak eta txartel birtualak dira, galduz gero inork ezin duelako muga gainditu.

4.2. Txartelen segurtasuna

Txartela erabiltzeak iruzur-arriskuak dituen arren, ordainketa-modu hori eskudirua baino askoz seguruagoa izan daiteke aholku batzuk kontuan hartuz gero (7.7. taula):

Dendetan	Kontuz datafonoa erabiltzerakoan.
Txartelen ezkutuko zenbakia	Ez idatzi txartelaren ondoan edo poltsa berean.
	Ez erabili zenbaki errazak (urtebetetzea, NANa eta antzekoak).
	Buruz ikasi eta ez utzi haren idatzizko kopiarik (gomendatua).
Txartelen ordainagiriak	Gorde ordainagiriak eta alderatu hileko laburpenarekin.
	Behin egiaztatutakoan, apurtu ordainagiriak.
Bankuko telefonoa	Izan beti eskura, baina ez txartelaren leku berean, galdu edo lapurtuz gero hura baliogabetzeko.
Internet	Egiaztatu webgune seguru batean zaudela. Giltzarrapo batek edo giltza batek agertu behar du. Konexio segurua bada, «http://...» agertu beharrean, «https://...» agertuko da.
	Egiaztatu saltokiaren benetakotasuna eta ziurtagiriak eguneratuta dituela.
	Inprimatu saltokiko ordainketa-egiaztagiriak, baita posta elektronikoz bidalitako baieztapenak ere.
	Erabili diru erabilgarria mugatuta duten txartelak, iruzurren bat izanez gero, galera handirik ez izateko (aukera dagoen guztietan txartel birtualak erabili).
	Aukera dagoen guztietan, **ordainketa-pasabideak** erabili.

7.7. taula. Txartelen erabilerarako segurtasun aholkuak.

LEXIKOA

Ordainketa-pasabidea. Enpresa batzuek bezeroen eta komertzioen artean eskaintzen duten ordainketa-bitartekaritza zerbitzua da. Enpresa-bitartekariak ordaintzen dio komertzioari, eta enpresa horrek berak kobratzen dio bezeroari.

2. periskopioa

Ainhoak bere kreditu-txartelarekin ordaindu du supermerkatuan. Beti ezkerreko eskua jartzen du datafonoaren gainean, eta eskuinekoarekin pasahitza markatzen du. Semearen jaiotza-data da haren zenbaki pertsonala, eta ez du inon idatzita. Etxerako bidean gasolindegian geratu da depositua betetzeko. Han ere txartelarekin ordaindu du, eta gordetegian utzi du egiaztagiria. Han pilatu ditu azken hilabeteetako egiaztagiri guztiak. Etxean, berriz erabili du txartela, Internet bidez lehorgailu bat erosteko. Webgune horretan erosten zuen lehen aldia zenez, zain egon da giltzarrapoa agertu eta helbidea *https://*-rekin hasi arte.

- Esan zer txartel-mota erabili dituen Ainhoak.
- Esan Ainhoak seguru jokatu al duen txartelen erabilera bakoitzean.
- Zer egin dezake Ainhoak txartelak erabili behar dituenean seguruago jokatzeko?

JARDUERAK

8. **Zordunketa-txartela erabiltzea zergatik da kutxazain bat erabiltzea bezala?**

9. **Zordunketa-txartelak eskaintzen ez dituen zer zerbitzu eskaintzen ditu kreditu-txartelak?**

KONTZEPTU-MAPA

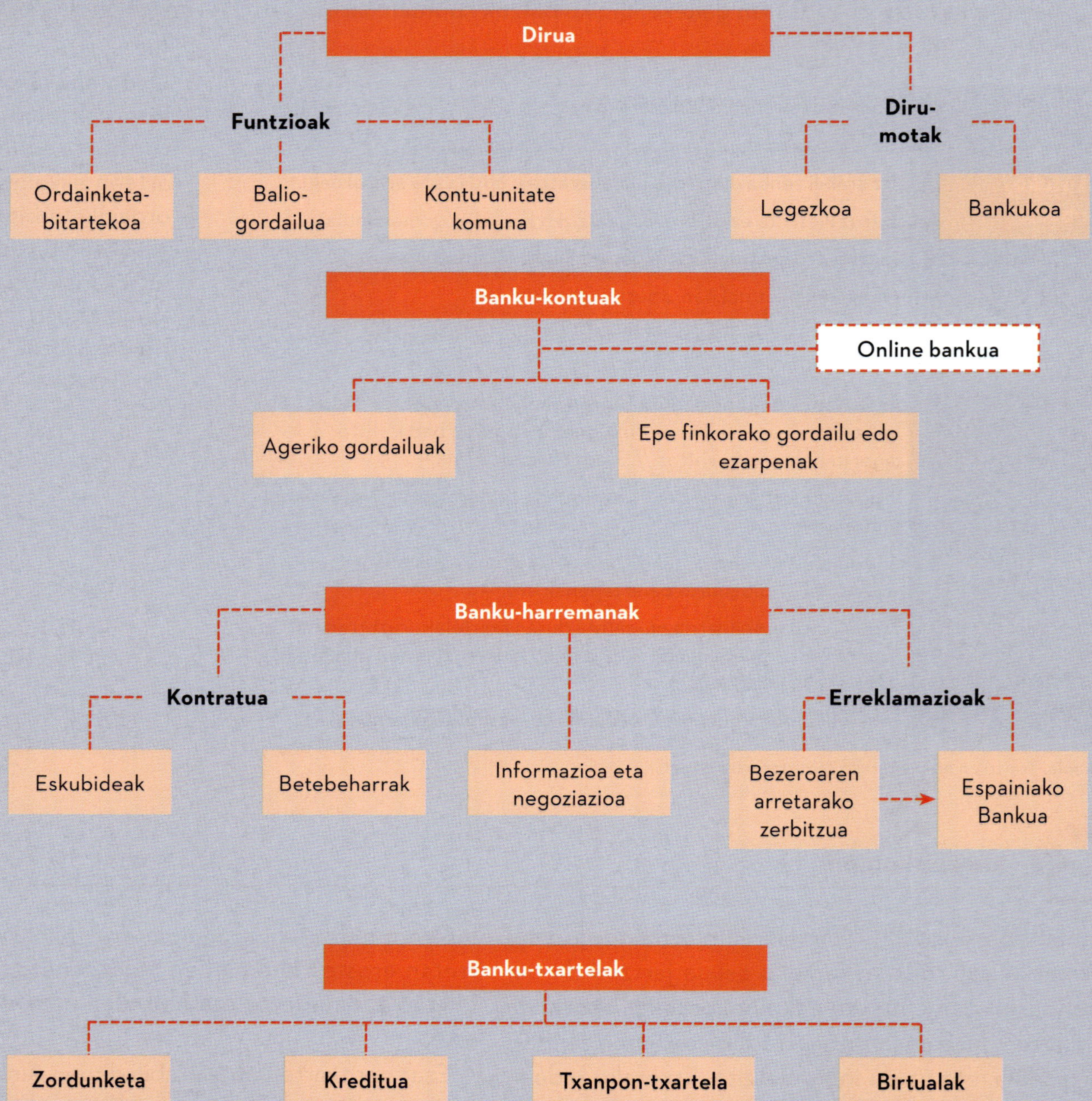

	Non erabilgarriak				Ordainketen gerorapena	Funtsak kendu	
	Banku-bulegoak	Kutxazaina	Dendak	Internet		Berehala	Gerora
Zordunketa	🟢	🟢	🟢	🟢	Ez	🟢	🔴
Kreditua	🟢	🟢	🟢	🟢	Bai	🔴	🟢
Txan. txar.	🟢	🟢	🟢	🟢	Ez	🟢	🔴
Birtuala	🔴	🔴	🔴	🟢	Ez	🟢	🔴

BERRIKUSKETA-TESTA

1. Zertarako behar da ezinbestean kontu korrontea?

a) Transferentzia bat egiteko.

b) Lagun baten kontuan dirua sartzeko.

c) Trafiko-isun bat ordaintzeko.

d) Aurreko guztiak egiteko.

2. Internet bidez ordaintzen dudanean, zer jarri behar du nabigatzailean?

a) http://

b) https://

c) http_goodhacker://

d) www://

3. Zer dira poltsikoan dituzun 50 zentimoak?

a) Inbertsio bat.

b) Banku-dirua.

c) Nire aurrezkiak.

d) Legezko dirua.

4. Zer da saldoa begiratzen duzunean zure banku-kontuan ageri den dirua?

a) Inbertsio bat.

b) Banku-dirua.

c) Adin txikikoa naiz, ezin dut konturik eduki.

d) Legezko dirua.

5. Zein da ordainagiriak helbideratzeko kontu-mota egokiena?

a) Ageriko gordailua.

b) Epe finkorako ezarpena.

c) Balore-kontu bat.

d) Interneteko kontu birtual bat.

6. Zerk ematen du errentagarritasun handiena?

a) Ageriko gordailu batek.

b) Epe finkorako ezarpen batek.

c) Poltsikoan nituen 50 zentimoek.

d) Interneten aritzeko kontu birtual batek.

7. Zer egin behar duzu Internet bidez ez lapurtzeko?

a) Webgune seguru batean nabilela egiaztatu.

b) Denda birtualeko ordainketa-egiaztagiriak inprimatu behar ditut.

c) Aukera dagoen guztietan, ordainketa-pasabideak erabili behar ditut.

d) Aurreko guztiak zuzenak dira.

8. Bankuarekin sinatzen dudan kontratua...

a) Luzea eta aspergarria izan ohi da.

b) Konplikatua eta ulertzeko zaila izan daiteke.

c) Irakurri egin behar dut, eta ulertu.

d) Aurreko guztiak zuzenak dira.

9. Bankuaren jarduerarekin ez banago konforme, non jar dezaket erreklamazioa?

a) Bezeroaren arretarako zerbitzuan.

b) Muggles Gaietarako Ministerioan.

c) Kontsumitzailearen Defentsarako Ministerioan.

d) Bankuko administrazio-kontseiluan.

10. Zerekin dirua ateraz gero ordaindu beharko ditut interesak?

a) Zordunketa-txartelarekin.

b) Kreditu-txartelarekin.

c) Itsulapikotik.

d) Eskudirua nire diru-zorrotik.

11. Zer da txartelen CVCa? (atzealdean egoten da)

a) Banda magnetikoa.

b) Txartelaren egiaztapen-kodea.

c) Kodea egiaztatzeko txipa.

d) Txipa egiaztatzeko kodea.

12. Txartel birtuala(k)...

a) Izenak dioen bezala, ez da existitzen fisikoki.

b) Supermerkatu handietan erabiltzen da.

c) 3D betaurrekoekin ikus daiteke.

d) Ez du diru-mugarik.

AMAIERAKO JARDUERAK

Teoria

1. Antzina, urreak eta zilarrak, diru moduan funtzionatzeaz gain, berezko balioa zuten. Gero, diru-paperak aurrez gordailututako urre eta zilarraren frogagiri moduan funtzionatzen zuen.

a) Gaur egun, diruak zer berezko balio dauka?

b) Zergatik onartzen dugu gaur egungo dirua berezko baliorik ez duen arren?

c) Zein da diruaren funtzio nagusia gaur egun?

2. Zertan dira desberdinak legezko dirua eta banku-dirua?

3. Zertan dira desberdinak kontu korronteak eta aurrezki-kontuak?

4. Zer-nolako ezaugarriak dituzte gazteentzako libretek?

5. Zergatik jartzen zaizkie penalizazioak epe finkorako ezarpenetan duten dirua behar baino lehen hartzen dutenei?

6. Lotu zure koadernoan ezaugarri hauetako bakoitza ageriko gordailu batekin edo epe finkorako gordailu batekin.

a) Dirua eskuragarri izan daiteke txekeen edo aurrezki-libreten bidez.

b) Penalizazioa dago dirua hitzartutako epea baino lehen hartuz gero.

c) Komisiorik gabeko aldaera bat dago 25 urte baino gutxiagokoentzat.

d) Ezin da banku-eragiketen euskarri-unitate moduan erabili.

e) Posible da dirua kutxazain automatikoetan ateratzea.

f) Interes handienak ematen dituzten banku-kontuak dira.

7. Zeri esaten zaio letra txikia banku-kontratuetan? Zergatik irakurri behar da ezinbestean kontratuetako atal hori?

8. Zer alderdi eduki behar dira kontuan, bereziki, banku-kontu bat kontratatzerakoan?

9. Zer egitea gomendatzen da banku-erakunde batekin edozein finantza-produktu kontratatu aurretik?

10. Zer negoziatu daiteke aurrez banku-erakunde batean zerbait kontratatuta badugu?

11. Noiz jar dezakegu banku baten aurkako erreklamazioa Espainiako Bankuan?

12. Nola lor dezakegu finantzaketa kreditu-txartelaren bidez? Zer da kuota malgua esaten zaiona?

13. Zergatik dira txartel seguruenak txanpon-txartelak eta txartel birtualak?

14. Esan ezaugarri hauek zordunketa-txartelen, kreditu txartelen edo bien abantaila bat edo desabantaila bat diren:

a) Dendetan erosketak egiteko balio dute.

b) Hilabete-amaieran ordaindu ezean, interes altuak dituzte.

c) Mantentze-gastuak dituzte.

d) Erosketak geroago ordaintzen uzten du.

e) Interneten erosketak egiteko balio du.

Praktika

15. Eskatu gazteentzako libretari buruzko informazioa bi bankutan. Eraman liburuxkak etxera eta alderatu biak. Aukeratu haietako bat eta, gero, gelan, konparatu zure ikaskideek aukeratutakoekin.

16. Hilabete honetan, mugimendu hauek izan ditu Jakesek bere aurrezki-libretan:

Gastuak	Sarrerak
Kutxazainean ateratakoa: 100,00 €	Aldeko transferentzia: 300,00 €
Supermerkatuko ordainagiria: 39,32 €	Sarrerak eskudirutan: 25,00 €
Optika: 69,00 €	Aldeko interesak: 1,34 €
Sakelakoa: 29,55 €	

a) Egin 1. jarduera ebatzian ageri denaren moduko laburpen bat, eta idatzi aurreko eragiketei dagozkien mugimenduak.

b) Amaierako saldoa 344,91 € baldin bada, zenbatekoa zen hasierakoa?

17. Xanek online bankua du kontratatuta bere banku-kontuarekin. Inoiz ez die kasurik egiten informazio pertsonal eske bere *e-mailera* iristen zaizkion mezuei. Bankuko kontura sartzeko pasahitz moduan bere sakelako telefonoko bederatzi zenbakiak erabiltzen ditu. Batzuetan, sakelakoaren bidez sartzen da, eta sakelakoak gako bat sartzeko eskatzen du; bestela, ez da desblokeatzen, eta ezin da erabili. Bidaia batera baldin badoa soilik ateratzen du gakoen txartela; bestela, etxean izaten du beti. Bere idazmahaiko tiradera batean edukitzen du gordeta, ordenagailuaren ondoan. Etxeko ordenagailutik egiten ditu beti bankuko eragiketak. Sistema-eragile pirata duenez, egin gabe ditu sistemako eguneraketak. Alabaina, eguneratuta ditu birusen aurkako sistema eta *spywarearen* aurkako sistema.

Zer egin dezake Xanek online segurtasuna hobetzeko bankuan eragiketaren bat egin behar duenean?

18. Maitanek zordunketa-txartelarekin ordaindu du beroki bat arropa-dendan. Ez dio axola jendea begira badu pasahitza sartzen ari den bitartean; izan ere, pasahitza berak bakarrik daki, eta, norbaitek txartelarekin dirua atera beharko balu, batera erabili beharko lituzke txartela eta pasahitza. Zapatak erosi ditu beste denda batean, eta berriro ere txartela erabili du.

Diru-zorroan gordetzen ditu egiaztagiriak, eta hil-amaieran alderatu egiten ditu banku-txarteleko eragiketekin. Gero, zaborretara botatzen ditu.

Etxera iritsi denean, egin beharreko erosketa bat ez duela egin konturatu da, eta Internet bidez egitea erabaki du. Txartel birtualarekin egingo du, eta badaki baduela saldoa, hiru hilean behin kargatzen baitu. Aldi horretan gastatzea pentsatzen duen kantitatea kargatzen du txartelean.

Hasieran diru gutxi sartzen zuen, baina kantitatea handitzen joan da denborarekin, izan ere, Internet bidez erosteko ohitura hartu du.

Irakurri berri duzuna kontuan hartuta, azaldu zer alda dezakeen Maitanek banku-txartelen erabilera-ohiturak hobetu ahal izateko.

19. Elenek Kantauri bankuan ditu banku-kontuak eta banku-txartelak. Ordenagailu eramangarri bat erosi du Internet bidez, 500 €-an. Ohiko kreditu-txartelarekin ordaindu ordez, PayPal bidez ordaindu du, ordainketa-pasabide moduan aritzen den enpresa ezagunaren bidez, alegia.

Deskribatu erosketa-eragiketa eskema baten bidez. Adierazi Elene, PayPal eta Kantauri bankuaren arteko diru-fluxuak eta merkantzia-fluxuak.

Ezinbestekoa | Beharrezkoa | Osagarria

PRENTSA-LANTEGIA

Bilatu Interneten landu beharreko kontzeptu hauetako bakoitzerako prentsa-albiste baten izenburua, osatu taula koadernoan, eta adierazi, lerro gutxi batzuetan, zer-nolako lotura duen unitatean ikasitakoarekin.

Landu beharreko kontzeptuak	Izenburuak	Lotura unitatean ikasitakoarekin
Diru -motak	«*Bitcoin* diru digitalak % 70 baino gehiago irabazi du azken urtean» *Dinero* (2016/02/03)	Gero eta indar handiagoarekin agertzen dira ordainketak egiteko modu berriak: txartel birtualak, Internet bidezko ordainketak, baita diru birtualak ere (esaterako, *bitcoina*). Ez dituzte herrialdeek jaulkitzen.
Banku-kontuen funtzionamendua	–	–
Online bankuaren segurtasuna	–	–
Banku-kontratuetako letra txikia irakurtzearen garrantzia	–	–
Baldintzen negoziazioa bankuekin	–	–
Zordunketa- eta kreditu-txartelak	–	–

LEXIKOA

Dirua

Diru fiduziarioa

Legezko dirua

Banku-dirua

Banku-kontua

Txekea

Bankuko libreta

Libreta gaztea

Epe finkorako gordailua

Letra txikia

Bezeroaren arretarako zerbitzua

Bezeroaren defendatzailea

Txartela (bankukoa)

Zordunketa-txartela

Kreditu-txartela

Txanpon-txartela

Txartel birtuala

Ordainketa-pasabidea

Memoria oneko bezeroa

Memoria-joko klasikoaren bertsio bat da. Kartak behera begira dituen sorta batetik, jokalari bakoitzak bi karta aukeratuko ditu, eta buelta emango die. Bikote bat eratzen badu, hartu egingo ditu kartak. Bikote gehien egiten dituenak irabaziko du.

Helburua

Jokoaren bidez, bezeroak bankuan egin ditzakeen eragiketa garrantzitsuenak zein diren ikasiko dugu.

Denbora

10 minutu inguru partidako.

Jokalari-kopurua

Egokiena 2 da, baina 4 ere izan daitezke.

Materiala

16 memoria-karta behar ditugu, 8ko 2 multzotan banatuta: batean, aditzak egongo dira, eta bestean, osagarriak.

Irakasleak emango dizu beharrezko materiala.

Joko-arauak

Nahastu ondoren, buruz behera jarriko dira 16 kartak, zoriz, 4 × 4-ko koadrante bat osatuz. Lehen jokalariak bi karta hartuko ditu. Bikote bat eratzen badu, mahaitik jaso eta beretzat hartuko ditu. Aukera du berriz saiatzeko. Huts egiten badu, ikaskideari pasako dio txanda. Bikote gehien osatzen dituenak irabaziko du.

8 EKOIZPENA ETA PREZIOAK

Unitate honetan ekonomiari oro har begiratuko diogu, ekonomia-adierazle esaten zaien ekonomia-jardueraren neurgailuen bidez. Izan ere, barne-produktu gordinaren, kontsumoko prezioen indizearen eta antzeko beste magnitude batzuen bilakaerak eragin handia dute lana aurkitzeko eta ondasunak eta zerbitzuak eskuratzeko gure gaitasunean.

Inflazioak oharkabean gutxitu dezake gure soldaten erosteko ahalmena; horregatik, Estatua moneta-politiken bidez saiatzen da inflazioa txikitzen. Moneta-politikaren bidez, gainera, posible da ekonomia baten jarduera-mailan eragitea. Horrek ere zuzenean eragiten digu gure eguneroko bizitzan.

«ROI ESTRAPERLISTAREN ABENTURAK»
(*A la sombra del púlsar* eleberriko pasarte bat)

«Nahiz eta artean gaua ez zen erabat iritsi, Roik ezin izan zuen gehiago itxaron. Guardia edozein unetan irits zitekeen Galiziako hondartza bakarti hartara, Praia das Lagoelasera. Txaluparen sokak askatu ostean, itsasoratu egin zen Roi, itsaso harroan maniobrak abileziaz eginez, garraiatzen zuen wolfram-kargamendu txikia zaintzen zuen bitartean. Portugalera iritsitakoan, britainiarrei salduko zien, eta haiek beren lantegietara eramango zuten, kanoiko bala perforatzaileak sendotu eta Hitler madarikatuaren Panzer tanke beldurgarriak suntsitu ahal izateko. Bigarren Mundu Gerrako Europa suntsitzen zuten tanke haiek. Talde txiki bateko buru zen Roi abenturazale ausarta. Ostu egiten zuen naziek Galiziako meatzeetan erosten zuten wolframaren zati bat, eta Ingalaterrara iritsarazten».

Wolframa ezinbesteko metal bihurtu zen industria militarrerako, sendoa baitzen, eta erresistentzia handikoa tenperatura handietan. Gutxi zegoenez, izugarri garestitu zen. Garai hartako langile batek 19 pezeta inguru irabazten zituen; wolfram kiloa saltzen zuenak, berriz, 200 pezeta ere irabaz zitzakeen. 1941ean, wolfram-tonaren nazioarteko prezioa 1.300 dolar zen urtarrilean, eta 20.000 dolar urrian.

Galderak:

1. **Zein da zure iritzia Roiren negozioari buruz? Legezkoa dela uste duzu? Eta etikoa?**
2. **Zergatik igo daiteke hainbeste salgai baten prezioa hamar hilabetean?**
3. **Bururatzen al zaizu garai hartan wolframa zen bezain garestia eta baliotsua den gaur egungo produkturik?**

Laburpena

1 Ikuspegi makroekonomikoa

Orain arte, familien eta enpresen portaeraren bidez ikasi ditugu ekonomia-jarduerarekin lotutako zenbait gai. Ekonomiara egindako gerturatze bat izan da, mikroekonomiaren ikuspegitik. Hemendik aurrera, ordea, ekonomia-jarduerari modu globalean helduko diogu, makroekonomia esaten zaionetik, alegia.

Hurrengo unitateetan, ekonomiaren portaera oro har aztertuko dugu. Familia, enpresa eta sektore publikoaren arteko erlazioen emaitza da portaera hori, eta makroekonomia deritzo. Zientzia horren aldagaiak ekonomia-adierazleen bidez aztertzen dira.

Makroekonomiak ekonomia oro har aztertzen du; **mikroekonomiak**, berriz, orokortasun horren barruan, haren atalen portaera aztertzen du.

Ekonomia-adierazleak termometro modukoak direla esaten da; izan ere, medikuntzako tresna horrek gizakiaren osasunaren berri emateko duen eginkizunaren antzekoa dute ekonomia-adierazleek. Pultsua, tenperatura eta arnasketa dira giza gorputzaren bizi-zeinuak, eta makroekonomiarenak, berriz, honako hauek, besteak beste: ekoizpena, prezioak (erosketa-saskiarena), diruaren prezioa (maileguan eskatutako diruarena) eta enplegua.

	Aldagai makroekonomikoak	Ekonomia-adierazleak
Ikuspegi makroekonomikoa (ekonomiaren jarduera oro har)	Ekonomia-hazkundea	BPGd-a (ekoizpena)
	Prezioak (erosketa-saskiarena)	KPIa
	Diruaren prezioa (maileguan eskatutakoarena)	Interes-tasa
	Enplegu-maila	Okupazio-tasa eta langabezia-tasa

8.1. taula. Ikuspegi makroekonomikoa.

1.1. Aldagai makroekonomikoak

Bolada onak eta txarrak izaten ditu ekonomiak. Bolada txarretan, ondorio negatiboak ahalik eta gehien murrizteko, aldagai hauek giltzarri direla ikusi da:

- **Ekonomia-hazkundea.** Kezka gehien eragiten duen alderdia da; izan ere, hazkundeak eragin oso handia du ekonomia ororen aberastasunean eta lanpostuetan.
- **Prezioak** (eguneroko erosketena). Egunez egun agertzen zaigun kontua da. Zenbatean eta zenbatean eragin ote digu ondasun edo zerbitzu baten prezioaren igoerak?

! GARRANTZITSUA

1. unitatean makroekonomia eta mikroekonomia alderatzeko erabili genuen konparazioa erabiliko dugu berriro ere: ekonomia giza gorputza balitz, **mikroekonomiak** gorputzaren atalak eta haien arteko erlazioa aztertuko luke; **makroekonomia,** berriz, gorputz horren bizi-zeinuez arduratuko litzateke; pultsua, bihotzaren erritmoa, odol-tentsioa eta horrelako beste aldagai batzuk aztertuko lituzke.

LEXIKOA

Estatistikako Institutu Nazionala (INE). Estatuko Administrazio Orokorraren estatistika-zerbitzuez arduratzen den erakunde autonomoa.

Espainian, **INEk** biltzen eta egiten ditu aldagai makroekonomikoen egoerari eta bilakaerari buruzko informazioa ematen duten estatistikak.

- **Diruaren prezioa** (maileguan eskatutakoarena). Prezioen baitan, prezio batek kategoria propioa du, sekulako kezka eragiten baitu: diruaren prezioa da, edo, beste era batera esanda, maileguan eskatzeak duen kostua. Zenbat jende bizi da interes-tasak bere hipotekan duen eraginaren mende?
- **Enplegu-maila.** Ekonomia arloko kezka handienetako bat da, eragin handiak baititu bai herrialde baten ongizatean oro har, bai herrialde horretako familia eta pertsonengan ere.

1.2. Ekonomia-adierazleak

Ekonomia-adierazleak, aldagai makroekonomikoak edo *termometroak* oso baliagarriak dira, besteak beste, honetarako aukera ematen baitute:

- **Zenbakien bidez kuantifikatzeko** familien, enpresen eta sektore publikoaren portaera.
- Eskualdeen edo herrialdeen egoerak **alderatzeko**.
- **Gobernuei makroekonomia-politiketan laguntzeko**, behin aztertutakoan adierazleen gainean eragiten saiatzen baitira gobernuak.
- **Adierazleek denboran zehar izandako bilakaera aztertzeko**, adierazleak zenbait alditan alderatuz gero, bilakaera ikus baitaiteke. Horretarako, ehuneko aldakuntza-tasaren formula erabiliko dugu.

1. JARDUERA EBATZIA

Aurreko denboraldian, 900 €-an zegoen futboleko abonamendua. Aurten, berriz, 1.100 €-an. Zer ehuneko aldakuntza izan du abonamenduak aurreko denboraldiarekiko?

Erantzuna:

Halako ariketetan, ehuneko aldakuntza-tasaren formula erabili behar dugu:

X-ren ehuneko aldakuntza 01etik 02ra:

$$x_{01-02} = \frac{x_{02} - x_{01}}{x_{01}} \cdot 100$$

Beraz:

$$\text{Abonamendua}_{01-02} = \frac{(1.100 - 900)}{900} \cdot 100 = \%\ 22,22$$

Futboleko abonamendua % 22 igo da iazko denboraldiarekin alderatuta.

JARDUERAK

1. **Zertan dira desberdinak makroekonomia eta mikroekonomia?**
2. **Erantzun galdera hauei:**
   a) Zer funtzio dute ekonomia-adierazleek herrialde bateko gobernuarentzat?
   b) Zer motatako alderaketak egiteko aukera ematen dute ekonomia-adierazleek?
3. **Iazko udan, herriko igerilekuko sarrerak 5 € balio zuen. Aurtengo udan, 6 €-ra igo da prezioa.**
   a) Kalkulatu igerilekuko sarreraren ehuneko aldakuntza-tasa.
   b) Datu hori bakarrik kontuan hartuta, iazko udan inflazioa zenbatekoa izan zela esango zenuke?

2 Hazkundea eta ekoizpena

LEXIKOA

Makromagnitudeak. Ekonomiaren errealitatea neurtzeko erabiltzen diren balio guztiak.

Esportazio garbiak. Esportazioen eta inportazioen arteko aldea. Herrialde batek atzerriarekin egindako trukeen saldoa erakusten du.

Pertsonak zentimetrotan hazten dira, eta herrialdeak, ekoizpenean. Ekoizpen-hazkundeari buruz, hau da, herrialdeen eta enpresen ekonomia-hazkundeari buruz, 2. unitatean aritu ginen. Hain zuzen, ekoizpen-baliabideei eta haien mende dauden ekoizpen-aukerei buruz hitz egin genuen. Barne-produktu gordinak (BPGd) ez ditu aukerak neurtzen, errealitateak baizik: benetan ekoizten denaren kalkulua da, hau da, herrialde batean ekoitzitako azken ondasunen eta zerbitzuen guztizko balioa.

BPGd-a herrialde batean denbora-aldi batean (eskuarki, urtebete izan ohi da) ekoizten diren azken ondasun eta zerbitzu guztien diru-balioa da.

Merkatu-ekonomietan, ekoizten den guztia kontsumitzen edo erosten da. BPGd-ak azken ondasunen ekoizpena neurtzen duenez, gastu guztiak batu ditzakegu hori kalkulatzeko; hau da, enpresek, familiek eta sektore publikoak, edozein herrialdetakoak direla ere, herrialde baten barruan egindako azken ondasun eta zerbitzuen erosketa guztien balioa da. Ez da ahaztu behar atzerritarrek gure herrialdean erosten dutela, eta guk, haienean. Beraz, balio multzo batek osatzen du BPGd-a: **kontsumoak**, **inbertsioak**, **gastu publikoak**, **esportazioek** eta **inportazioek**. Balio horietako bakoitzari **makromagnitude** esaten zaio, berezkoa duelako makroekonomiak eta ekonomiaren errealitatea neurtzeko erabiltzen delako.

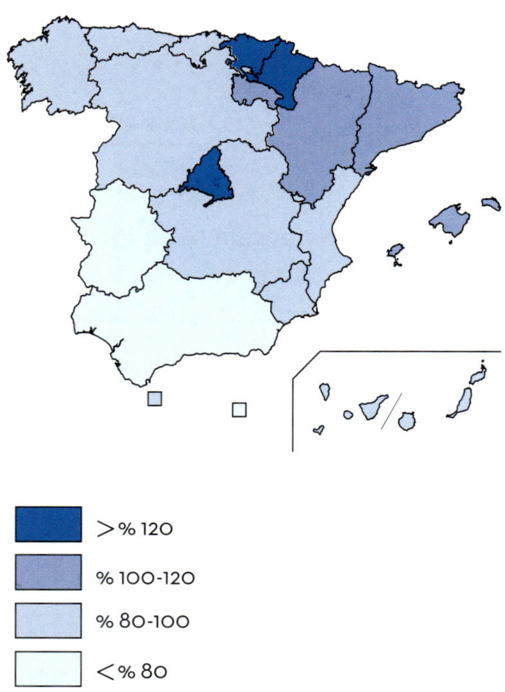

8.1. irudia. 2015ean, biztanleko 23.600 € euro ingurukoa izan zen Espainiako BPGd-a (% 100) . Autonomia-erkidego gehienak batez bestekoaren azpitik daude, baina, beste batzuk, goitik.

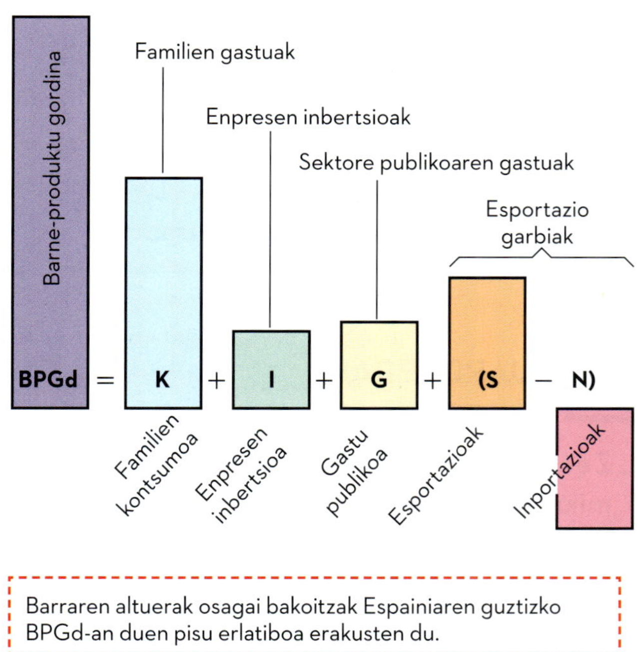

8.2. irudia. BPGd-a osatzen duten makromagnitudeak.

1. periskopioa

Zergatik da BPGd-a erlatiboa?

BPGd-ak herrialde baten barruan legez ekoitzitako guztia neurtzen du, baina gauza batzuk, ekonomiarentzat garrantzitsuak izan arren, neurtzeko zailak izaten dira, edo ez dira merkatutik igarotzen.

- Jarri BPGd-ak kontuan hartzen ez dituen jardueren adibideak.
- Aztertu zer beste adierazle dauden BPGd-aren alternatiba moduan, eta azaldu zer parametro erabiltzen dituzten.

Bilatu *BPGd, mugak, erlatibotasuna, adierazleak, alternatiba.*

BA AL ZENEKIEN?

Kalkuluen arabera, Espainian, **ezkutuko ekonomiak** edo aitortu gabeak BPGd-aren % 20 gainditzen du; hau da, bost espainiarretik batek beltzean lan egiten du.

2. EBATZITAKO JARDUERA

Hauek dira Ekonolandiaren makromagnitudeak 01 urterako (milioi eurotan):

Gastu publikoa	50 €
Kontsumo pribatua	800 €
Esportazioak	100 €
Enpresen inbertsioak	200 €
Inportazioak	27 €

Datu horiek kontuan hartuta:

a) Kalkulatu 01 urteko BPGd-aren balioa.

b) Zein izango litzateke ekonomia horren BPGd-aren balioa bat-batean atzerriko mugak erabat itxiz gero?

Erantzuna:

a) $BPGd = K + I + G + (S - N)$

$BPGd = 800 + 200 + 50 + (100 - 27) = 1.123$ milioi €

b) Atzerriko sektorea desagertuko balitz, BPGd-aren formula honela geratuko litzateke:

$BPGd = K + I + G$

$BPGd = 800 + 200 + 50 = 1.050$ milioi €

Ikus dezakezun moduan, atzerriko sektoreak 73 milioi €-an hobetuko luke Ekonolandiaren BPGd-a (1.123 − 1.050).

JARDUERAK

4. Demagun herrialde batek makromagnitude hauek dituela (mila milioi eurotan):

Kontsumo pribatua	600 €
Gastu publikoa	100 €
Enpresen inbertsioa	250 €
Esportazioak	100 €
Inportazioak	150 €

Kalkulatu BPGd-a.

5. Espainiako BPGd-ak jarduera hauek neurtzen al ditu? Arrazoitu erantzuna.

a) Ordaindu gabeko etxeko lanak.

b) Espainiako enpresa batek Italian ekoitzitakoa.

c) Saltzeko prest dagoen ordenagailua.

d) Liburu bateko orrien papera.

e) Ekuadorreko enpresa batek Espainian ekoitzia.

f) Gobernuz kanpoko erakundeen borondatezko lana.

3 Inflazioa

Herrialde eta aldi orotan, prezio-maila jakin bat izaten dute ekonomia horretan zirkulazioan dauden ondasunek eta zerbitzuek. Baina prezio horiek igo egin daitezke, eta igoera hori oro har eta modu jarraituan gertatzen bada, inflazioa deritzon fenomenoa gertatzen da. Batzuetan, ordea, igo beharrean, jaitsi egiten dira prezioak. Orduan, deflazioa edo inflazio negatiboa dagoela esaten da.

Inflazioa ekonomia bateko prezioek oro har eta modu jarraituan gora egitea da.

BA AL ZENEKIEN?

Inflazioaren fenomenoa aspaldiko kontua da Europan. Jakin badakigu Amerika aurkitu ostean Europara metal preziatuak erruz iristen hasi zirenetik dagoela.

3.1. Inflazio-motak

8.3. irudian ikus dezakegun moduan, lau inflazio-mota daude.

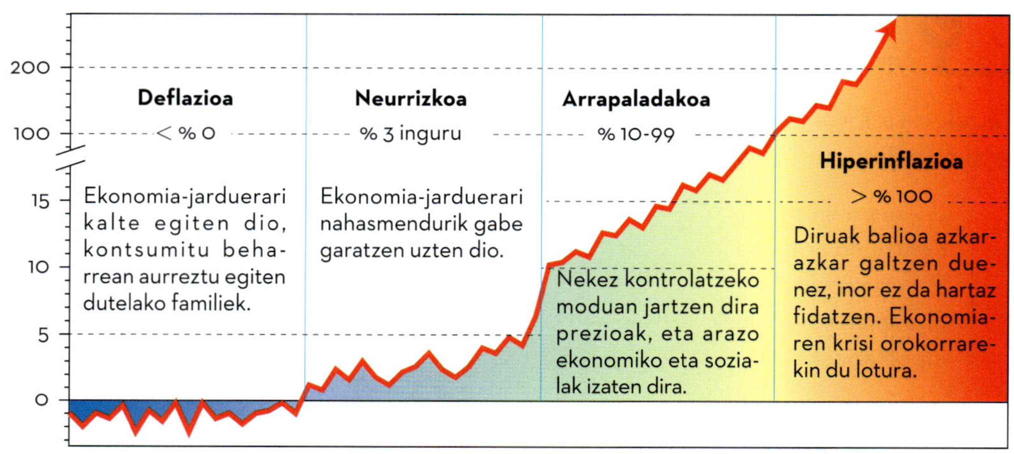

8.3. irudia. Inflazio-motak.

3.2. Inflazioaren arrazoiak

Askotan, prezioen igoerak ez du jatorri bakar bat izaten, zenbait fenomenoren emaitza izan daiteke. Hauek dira garrantzitsuenak:

1. **Ekoizpen-kostuen igoera.** Igo egiten bada enpresek ekoizpen-baliabideen truke ordaintzen dutena, ondasunen eta zerbitzuen prezioak ere igo egin ohi dira. Izan ere, kostuen igoerak beren produktuen azken prezioetan aplikatu ohi dituzte enpresek.
2. **Eskaria handitzea.** Eskaria ekonomia batek eskain dezakeena baino handiagoa izanez gero, eskasia gertatzen da. Beraz, igo egiten dira prezioak, enpresek ezin dutelako ase eskaria.
3. **Diru gehiegi egotea zirkulazioan.** Herrialde batek bere ekoizpenarekin bat datorren dirua baino gehiago jaulkitzen badu, jendeak badaki produktu berberak erosteko eta saltzeko diru gehiago dagoela zirkulazioan; beraz, lehen baino balio gutxiago ematen dio diruari, eta igo egiten dira prezioak. Hala, gutxitu egiten da diruaren erosteko ahalmena.

GARRANTZITSUA

Inflazioa beste hainbat **arrazoik** ere eragiten dute. Honako hauek dira garrantzitsuenak:

- Produktuei sarbide askea galarazten dieten legeriak.
- Une jakin batean baliabideen eskasia edo gehiegizko ustiapena egotea.
- Zenbait eragile espekulazioan aritzea; hots, ondasun, zerbitzu eta finantza-aktiboak erostea berriz azkar saldu eta etekinak lortzeko.

3. JARDUERA EBATZIA

Inflazioaren arrazoiak

Enpresa bateko zuzendariek, Gabonetako kanpainari begira, patinete elektriko bat merkaturatzeko asmoa zuten, 250 €-an. Alabaina, urteko bigarren zatian, zenbait ezusteko izan ziren: osagai elektrikoen prezioa igo egin zen; eskaera espero zutena halako bi izan zen; eta azaroan, lantegietako batean izandako istripu larriaren eraginez, murriztu egin zen patinete elektrikoen ekoizpena.

Azkenean, patinetea dendetara iritsi zenean, abenduan, jendearentzako salmenta-prezioa 350 €-koa zen.

Zer faktorek eragin zuten patinete elektrikoaren prezioaren igoera?

Erantzuna:

Prezioaren garestitzea	Arrazoia
Osagai elektrikoen prezioaren garestitzea.	Ekoizpen-kostuaren igoera
Uste halako bi izatea patinete elektrikoen erreserbak.	Eskaeraren igoera
Istripua lantegietako batean.	Une jakin bateko eskasia

2. periskopioa

Inflazioaren arriskuak

Hiperinflazioa da inflazio-mota kezkagarriena. Inork ez dakienez hurrengo egunean zein izango den gauzen prezioa, inor ez da diruaren balioaz fidatzen. Horrenbestez, prezioak berriz igo aurretik (ia egunero igotzen dira), jendeak gastatu egiten du dirua, bestela balioa galtzen duelako. Eta inflazio are handiagoa sortzen da.

Bilatu «Hiperinflazioa»

- Zerrendatu historiako hiru hiperinflazio-kasu gutxienez. Aurkitu hiperinflazioaren eraginez bizi-baldintzak nolakoak ziren erakusten duten adibideak eta bitxikeriak.

GARRANTZITSUA

Produktu asko **petrolioaren** mende daudenez, hura izaten da sarri inflazioaren iturburua, produktu askoren ekoizpen-kostuak igotzen baititu.

JARDUERAK

6. Ikusi dugunez, arazo bihur daiteke inflazioa, baina baita deflazioa edo inflazio negatiboa ere. Zergatik?

7. Azaldu egoera hauek nola eragin dezaketen inflazioan:

a) Esnearen ekoizpen-kostuak igotzea.

b) Biltegien jabeek olioa pilatzea, merkatuak hornitu gabe gera daitezen.

c) Agintariek dirua kontrolik gabe jaulkitzea.

! GARRANTZITSUA

Diruaren balioak diru horrekin eskuratu daitezkeen ondasunen balioarekin du lotura: **erosteko ahalmenarekin**, alegia.

Kontuan hartu behar da, denbora pasa ahala, txikitu egin ohi dela balio hori, inflazioagatik.

3.3. Inflazioaren ondorioak

Inflazioa handia izateak bi ondorio nagusi ditu: batetik, erosteko ahalmena galtzen da, eta, bestetik, ziurgabetasuna sortzen du.

A. Erosteko ahalmena galtzea

Diru-kantitate batekin eros daitekeenari esaten zaio **erosteko ahalmena.** Prezioek gure diru-sarrerek baino azkarrago egiten badute gora, erosteko ahalmena galduko dugu, bai eta bizi-kalitatea ere. Dena den, inflazioak ez die berdin eragiten guztiei (8.2. taula).

	Inflazioaren eraginpeko taldeak			
Kaltetuak	**Pentsiodunak**	**Langileak**	**Aurreztaileak**	**Esportatzaileak**
	Pentsioen eguneratzea ez da bizitzaren kostuaren igoera adinakoa izan ohi.	Soldatak ez dira igo ohi inflazioaren erritmo berean.	Mailegatutakoa itzultzen zaienean, ondasun gutxiago kontsumitu ahal izaten dituzte.	Produktu nazionalak garestiagoak baldin badira, arazo gehiago izango dituzte saltzeko.
Onuradunak	**Administrazio publikoak**		**Zordunak**	**Inportatzaileak**
	Administrazioak kredituekin funtzionatu ohi du; inflazioarekin diruaren balioa gutxitu egiten denez, hitzartutakoa ordaintzen duenean, balio gutxiagoko diruarekin egiten du.		Diruaren balioak behera egiten badu, errazago lortzen da itzuli beharreko kantitatea.	Atzerriko produktuak merkeagoak badira, errazago saltzen dira.

8.2. taula. Inflazioak kalte eta mesede egiten dien taldeak.

B. Ziurgabetasuna

Prezioak etengabe aldatzen badira, familiek eta enpresek ez dute beharrezko informaziorik izaten, hurrenez hurren, zer eta zenbat kontsumitu eta ekoitzi jakiteko.

Ezin bada jakin zer produkturi eta ekoizpen-faktoreri eragingo dion inflazioak, eta esperotakoa ez betetzeko arriskua badago, ziurgabetasuna nagusituko da. Inflazio-tasa zenbat eta handiagoa izan, orduan eta handiagoa izango da segurtasunik ezaren sentsazioa.

4. JARDUERA EBATZIA

Erosteko ahalmenaren galera

Norak, urtero, kostako herri bateko apartamentu berean pasatzen du uda familiarekin. Etxera itzuli aurreko azken egunean, Norak zinemara gonbidatzeko eskatu zion Anderri. Sarrera bakoitzak 6 € balio zuen, krispetek 2 € eta freskagarriak 1 € (guztira 18 €).

Handik hamabi hilabetera, Norak berak gonbidatu nahi du Ander, eta 18 € eraman ditu berak ere zinemara. Alabaina, zinemako sarrera, freskagarriak eta krispetak inflazioa adina garestitu dira; hau da, % 10. Iaz adina erosi ahal izango al dute Norak eta Anderrek 18 €-rekin? Ba al dute aukerarik filma ikusiz krispetak jateko? Zein dira aukera horiek?

Erantzuna:

Zinemako sarreren eta freskagarrien prezioa % 10 garestitu denez, Norak eta Anderrek ezingo dute iaz adina erosi, 18 €-ko aurrekontua izaten jarraitzen baitute. Zer erosi ahal izango duten jakiteko prezio berriak kalkulatu behar ditugu:

- $6 + (0{,}10 \cdot 6) = 6{,}60$ € da sarrera bakoitzaren prezio berria.
- $2 + (0{,}10 \cdot 2) = 2{,}20$ € da krispeta-errazio bakoitzaren prezio berria.
- $1 + (0{,}10 \cdot 1) = 1{,}10$ € da freskagarri bakoitzaren prezio berria.

	Lehen urtea		
€	Sarrerak	Krispetak	Freskag.
Prezioa	12	4	2
Aurrekontua	18		

	Bigarren urtea		
€	Sarrerak	Krispetak	Freskag.
Prezioa	13,20	4,40	2,20
Aurrekontua	18		

Norak eta Anderrek kontsumo-aukera hauek dituzte filma ikusi eta iaz adina gauza hartu nahi badituzte:

1. 2 sarrera + 1 krispeta-errazio + 2 freskagarri = = 13,20 + 2,20 + 2,20 = 17,60 €
2. 2 sarrera + 2 krispeta-errazio = 13,20 + 4,40 = = 17,60 €

JARDUERAK

8. Nolatan egiten die inflazioak kalte batzuei eta mesede beste batzuei?

9. Zertan datza inflazioak eragindako ziurgabetasuna?

10. Urtarrila da, eta 100 € mailegatu dizkizute, baina abenduan itzuli dituzu:

a) Inflazioa % 5ekoa izan da urte horretan. Zergatik esan dezakezu onurak ekarri dizkizula maileguak?

b) Zer kalte izan du dirua utzi zizunak? Azaldu erosteko ahalmenaren ikuspegitik.

11. Erreparatu 4. jarduera ebatziari eta erantzun:

a) Nola eragin dio ziurgabetasunak egoera horri?

b) Zenbat diru eraman beharko luke Norak zinemara iazko udan adinako erosteko ahalmena izateko, hau da, gauza berak erosteko?

4 Inflazioaren adierazleak

LEXIKOA

Haztapena. Multzo batean gauza batek duen pisua edo garrantzia da.

Herrialde bateko ondasunen eta zerbitzuen prezio-aldaketak neurtzeko, **prezioen indizeak** erabiltzen dira. Zenbait alditako emaitzak alderatzen dira, bilakaera aztertzeko. Espainian, prezioen maila neurtzeko, kontsumoko prezioen indizea (KPI) erabiltzen da, batez ere.

KPIa batez besteko familia batek eskuarki kontsumitu ohi dituen ondasunen batez besteko haztatua da.

Batez besteko haztatuari buruz ari garenean, hau esan nahi dugu: familiek produktu horretan egiten duten gastuaren proportzioa kontuan hartuta, produktu bakoitzak pisu jakin bat duela. Adibidez, batez besteko familia baten saskian zinemako sarrerak nahiz etxearen ordainketa ageri dira, baina azken horren gastuaren ehunekoa askoz handiagoa da; beraz, hark saskian duen haztapena ere bai.

4.1. Inflazioa neurtzea

GARRANTZITSUA

Langileen **produktibitateak** formakuntzarekin, prestakuntzarekin eta eskarmentuarekin izan ohi du lotura.

Espainian, Estatistikako Institutu Nazionalak (INE) kalkulatzen du KPIa, Familia Aurrekontuen Inkestaren bidez herritarren kontsumo-ohiturak aztertu ostean. **Erosketa-saskia** ere esaten zaio KPIari, funtsean hori baita: batez besteko familiek gastatu ohi dutenaren prezioen bilketa. Berezitasuna da prezio horiek haztatu egiten direla kontsumo-talde bakoitzean gastuak duen garrantzia kontuan hartuta. Adibidez, espainiar bakoitzak 100 eurotik 20 inguru elikagaietan gastatzen ditu, 12 euro etxebizitzan, baina 1 soilik irakaskuntzan.

Erosketa-saskia espainiarrek kontsumo-talde bakoitzean egiten duten gastua kontuan hartuta egiten den produktu adierazgarrien hautaketa bat da.

KPIa eta erosketa-saskia urtero aldatzen direnez, urte batetik besterako inflazio-tasa kalkulatzeko, ehuneko aldakuntza-tasaren formula erabiltzen da, eskuarki. Hona hemen:

$$\text{Prezioaren aldakuntza-tasa} = \frac{(KPI_2 - KPI_1)}{KPI_1} \cdot 100$$

3. periskopioa

Inflazioarekin eguneratu behar al dira soldatak?

Espainian, denbora luzez, inflazioa kontuan hartuta eguneratu dira urtero soldatak, erosteko ahalmenari eutsi ahal izateko. Europan, aldiz, soldatak produktibitatearekin lotu izan dira eta lotzen dira, hau da, lan-errendimenduarekin.

Bilatu: *Soldatak, produktibitatea, inflazioa.*

- Zer da hobeto: soldatatak inflazioa kontuan hartuta ala produktibitatea kontuan hartuta eguneratzea? Zergatik?

5. JARDUERA EBATZIA

Erosketa-saskia prestatzen

Demagun INEk ikasleen erosketa-saski bat prestatu duela, taula honetan ageri den modukoa:

Izena	Gastua (%)	Saskia 01 urtea	Saskia 02 urtea	Urte arteko aldaketa	Prezioak 02-an 01-ekiko
Elikagaiak	% 50	1.000 €	1.100 €	+% 10 (*)	110 (**)
Liburuak	% 40	300 €	315 €	+% 5 (*)	105 (**)
Garraioa	% 10	200 €	204 €	+% 2 (*)	102 (**)

(*) Kalkulua aldakuntza-tasaren formula ezagunarekin egiten da.

Adibidez, liburuei dagokienez:

$$\text{Liburuen prezioen aldakuntza}_{01\text{-}02} = \frac{(315-300)}{300} \cdot 100 = \%\,5$$

(**) Bigarren urteko prezioak lehen urtekoak (oinarri-urtea denez 100 balioa du hark) gehi aldakuntza dira.

Adibidez, liburuei dagokienez:

02 urteko prezioak = 100 + 5 = 105

Kalkulatu 01 eta 02 urteetako ikasleen prezioen indizea (IPE), bai eta saskiaren urte batetik besterako aldakuntza ere.

Erantzuna:

Oinarri-urtea 01 denez, prezio guztiei 100 balioa emango diegu:

$IPE_{01} = (0{,}50 \cdot 100) + (0{,}40 \cdot 100) + (0{,}10 \cdot 100) = 100$

Aldiz, 02 urtean aldatu egiten da oinarri-urtearekiko:

$IPE_{02} = (0{,}50 \cdot 110) + (0{,}40 \cdot 105) + (0{,}10 \cdot 102) = 107{,}2$

$$\text{Prezioen aldakuntza-tasa}_{01\text{-}02} = \frac{(107{,}2-100)}{100} \cdot 100 = \%\,7{,}2$$

IPEren 01-02 aldiko aldakuntza-tasa % 7,2 da. Hau da, 02an produktu bat bera erostea 01ean baino % 7,2 garestiagoa da.

BA AL ZENEKIEN...?

KPIa oinarrizko 12 kontsumo-talde kontuan hartuta eratzen da:

1. Elikagaiak eta alkoholik gabeko edariak.
2. Alkoholdun edariak eta tabakoa.
3. Jantzi eta oinetakoak.
4. Etxebizitza.
5. Tresneria.
6. Medikuntza.
7. Garraioak.
8. Komunikazioak.
9. Aisia eta kultura.
10. Irakaskuntza.
11. Hotel, kafetegi eta jatetxeak.
12. Bestelako ondasun eta zerbitzuak.

JARDUERAK

12. **Nola prestatzen da erosketa-saskia? Zer lotura du erosketa-saskiak kontsumoko prezioen indizearekin?**

13. **Zergatik da beharrezkoa familiek oinarrizko kontsumo-talde bakoitzean egiten duten gastua haztatzea indizea kalkulatzeko?**

14. **Erreparatu 5. jarduera ebatziari, eta eman 02 urtean saskiaren balioa hau dela:**

- Elikagaiak: 1.200 €.
- Liburuak: 330 €.
- Garraioa: 201 €.

Datu berri horiek kontuan hartuta, kalkulatu berriro 02 urteko ikasleen prezioen indizea (IPE), bai eta saskiaren 01 eta 02 urteen arteko aldakuntza-tasa ere.

5 Diruaren prezioa

Aurreko unitateetan ikusi dugun moduan, partikularrok interes-tasaren datua erabiltzen dugu erreferentzia moduan gure mailegu-eragiketetan. Banku pribatuen eta publikoen arteko interesari **diruaren prezioa** esan ohi zaio.

Dirua, ordea, ez da banku pribatuetan sortzen, banku zentraletan baizik. Herrialde bakoitzeko banku zentralak jaulkitzen du dirua, eta gero, banku pribatuei mailegatzen die. Mailegu-mota horren interesak daude herrialde bateko interes-tasa guztien oinarrian, eta **oinarrizko interesa** deritzo, nahiz eta jendeak diruaren prezioa (ofiziala) ere esaten dion.

Diruaren prezioa (ofiziala) herrialde bakoitzeko banku zentralak banku pribatuei mailegatutako diruaren oinarrizko interes-tasa da.

5.1. Moneta-politika

Banku zentralek interes publikoko arrazoiak kontuan hartuta finkatzen dituzte banku pribatuentzako maileguen baldintzak. Hain zuzen, bi aldagai hauei erreparatzen diete:

- **Maileguan emandako diruaren prezioa (ofiziala).** Zenbat eta txikiagoa izan interesa, orduan eta mailegu gehiago ematen dira, eta alderantziz.
- **Zirkulazioan dagoen diru-kantitatea.** Zenbat eta mailegu gehiago eman, orduan eta diru gehiagok zirkulatzen du ekonomia batean, eta alderantziz.

Aldagai horiek kontrolatuta, banku zentralek beren herrialdeetako ekonomian eragin nahi izaten dute, hazkunde-, enplegu-, eta prezio-helburuak lortzeko. Banku zentralek maileguan banku pribatuei dirua emateko eragiketari merkatu irekiko eragiketa deritzo.

Merkatu irekiko eragiketak herrialde bakoitzeko banku zentralek banku pribatuei maileguak diru-prezio (ofizial) jakin batean emateko egindako enkanteak dira.

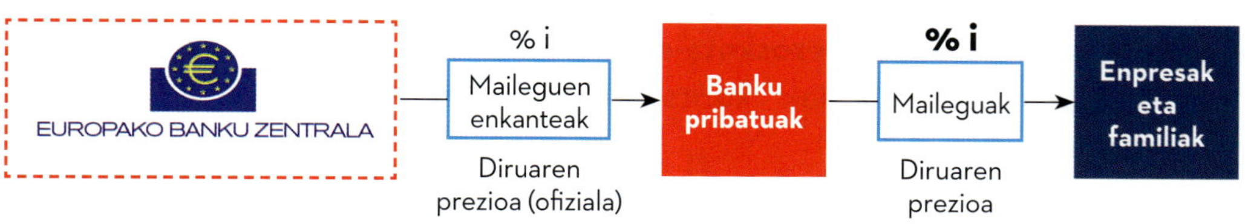

8.4. irudia. Merkatu irekiko eragiketa baten eskema.

Espainiak eta Europar Batasuneko beste herrialde batzuek berezitasun bat dute: Europako Banku Zentralaren (EBZ) esku utzi dituzte eskumenak, hark eurogune osoari dagozkion erabakiak hartzeko (11. unitatean ikusiko duzu).

! GARRANTZITSUA

Ez nahastu: jendearentzat **diruaren prezioa** dirua maileguan eskatzeak beretzat duen kostua da. Alabaina, komunikabideek diruaren prezioaz dihardutenean, eurogune osorako diruak (ofizialak) duen prezioaz ari dira.

BA AL ZENEKIEN?

Eurogunean, hauek dira herrialde bakoitzeko banku zentralen funtzioak:

- Dirua jaulki eta mailegatu banku pribatuei.
- Banku pribatuak koordinatu eta zuzendu.
- Moneta-politika kontrolatu.

! GARRANTZITSUA

Politikak egokiak baldin badira, ez dute zertan eraginik izan prezioetan, baina hori ez da ohikoena izaten. Moneta-politika **hedatzaileak** inflazioa ekarri ohi du, eta **murriztaileak**, berriz, prezioek behera egitea.

5.2. Eraginak ekonomian

Banku Zentralak diruaren prezioan (ofizialarena) egiten duen esku-hartzeak eta zirkulazioan jarritako diru-kantitateak eraginak dituzte familien kontsumoan, enpresen inbertsioetan, bai eta ekonomiaren gainerako alderdietan ere. Bi motatako politikak egin ohi dituzte banku zentralek (8.5. irudia):

Moneta-politika hedatzailea

Zirkulazioan dagoen diru-kantitatea ugaritzen bada, edo diruaren prezioa (ofiziala) jaisten bada, bankuek merkeago eskuratu ahal izaten dituzte maileguak banku zentralean. Horrenbestez, kontsumitzaileei eta enpresei mailegu gehiago eman ahal izaten dizkiete, kostu txikiagoan, eta hazi egiten dira kontsumoa eta inbertsioak; beraz, baita ekoizpena eta enplegua ere.

- **Zirkulazioan dagoen diru-kantitatea** ↑
- **Diruaren prezio ofiziala** ↓

- **Kontsumoa** ↑
- **Inbertsioa** ↑

- **Ekoizpena** ↑
- **Enplegua** ↑

Moneta-politika murriztaileak

Aitzitik, gutxitu egiten bada zirkulazioan dagoen diru-kantitatea, edo diruaren prezioa (ofiziala) igotzen bada, bankuek mailegu gutxiago lortzen dituzte banku zentralean, eta garestiago. Horrenbestez, mailegu gutxiago ematen dituzte, eta kostu handiagoak izaten dituzte enpresek eta kontsumitzaileek, eta murriztu egiten dira kontsumoa eta inbertsioak; beraz, baita ekoizpena eta enplegua ere.

- **Zirkulazioan dagoen diru-kantitatea** ↓
- **Diruaren prezio ofiziala** ↑

- **Kontsumoa** ↓
- **Inbertsioa** ↓

- **Ekoizpena** ↓
- **Enplegua** ↓

8.5. irudia. Moneta-politika hedatzaileak eta murriztaileak. Moneta-politikek prezioetan eragiten dute, baina litekeena da nahi ez bezala eragitea.

4. periskopioa

Nola eragiten du EBZren moneta-politikak?

Bankuek Europako Banku Zentralak beraiei ezartzen dizkien baldintzen antzekoak ezartzen dizkiete beren bezeroei. Beraz, maileguren bat nahi dugunean, zer aurkituko dugun jakiteko, EBZren moneta-politikari erreparatzea bezalakorik ez dago. Moneta-politika murriztailea bada, bankuek mailegu gutxiago ematen dituzte, eta interes altuagotan; hedatzailea bada, berriz, alderantziz.

Bilatu «Moneta-politika», *EBZ, hedatzaile, murriztaile.*

- Gaur egun, zure ustez, erraza ala zaila da hemen mailegu bat baldintza onetan eskuratzea? Zergatik?

JARDUERAK

15. Zergatik bereizten ditugu diruaren prezio ofiziala eta ez-ofiziala?

16. Zergatik da Espainiaren moneta-politika Europar Batasuneko gainerako herrialdeen berbera? Arrazoitu.

KONTZEPTU-MAPA

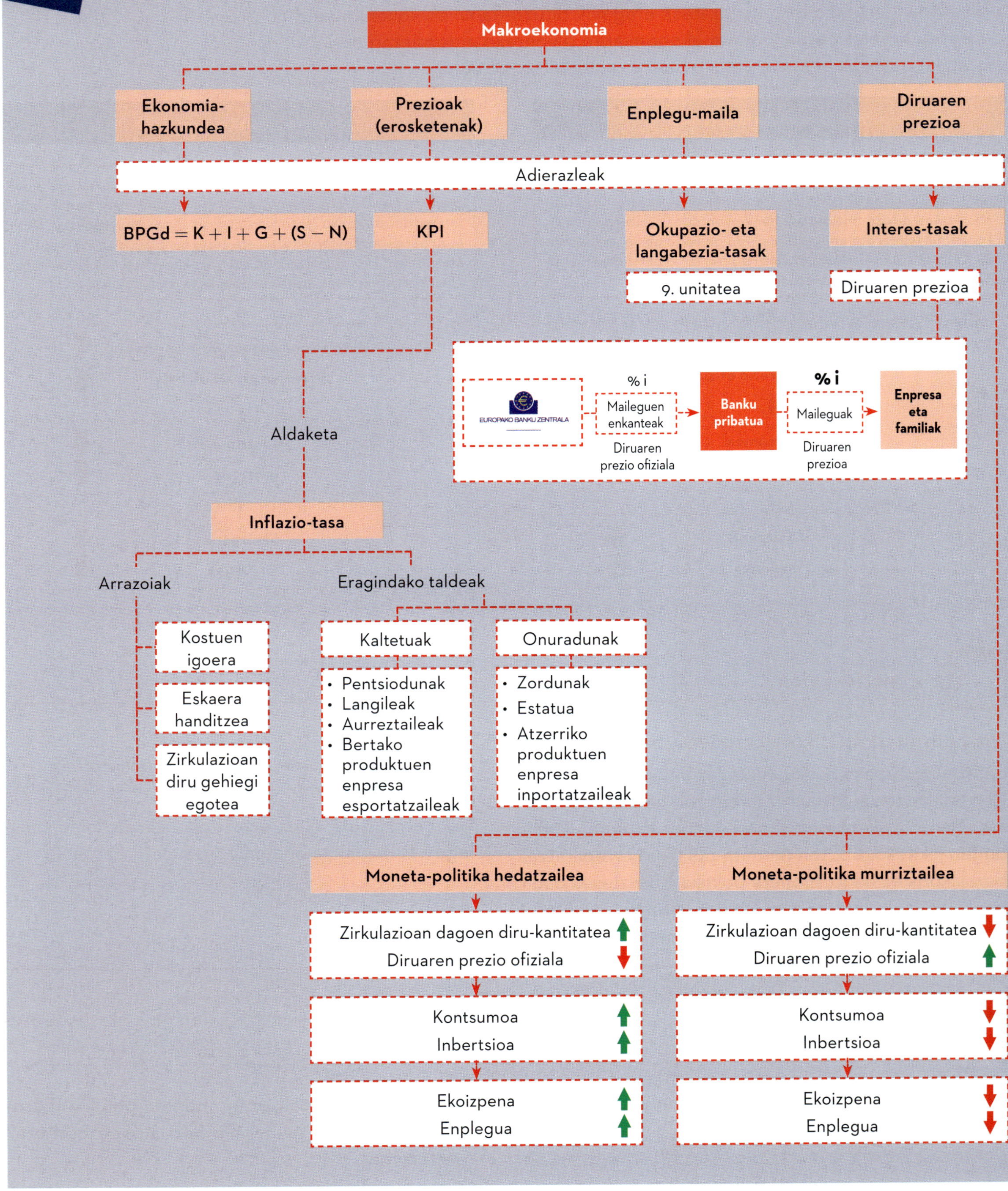

BERRIKUSKETA-TESTA

1. Zerk bultzatzen ditu gobernuak behar baino diru gehiago inprimatzera?

a) Zuhaitzen landaketa sustatzeak.

b) Diru-sarrerak lortzeko beharrak.

c) Langabezia gutxitzeak.

d) Diruaren balioa handitzeko nahiak.

2. Zein da hiperinflazioaren arrazoia?

a) Diru gehiegi inprimatu izana.

b) Langabeziaren igoera.

c) Diruaren balioaren gehiegizko igoera.

d) Prezioen bat-bateko jaitsiera.

3. Ekonomiara estatistiken eta datu-agregatuen bidez gerturatzeari nola esaten zaio?

a) Mikroekonomia.

b) Familia-ekonomia.

c) Ekonometria.

d) Makroekonomia.

4. Nola esaten zaio dirua maileguan eskatzeak duen prezioari?

a) Inflazioa.

b) Interes-tasa.

c) Ekonomia-hazkundea.

d) Mikroekonomia.

5. Zein da Espainiako estatistikak egiten dituen erakundearen izena?

a) BPGd-a.

b) KPIa.

c) INE.

d) IPE.

6. Hauetako zein da ekonomia-adierazlea?

a) BPGd-a.

b) KPIa.

c) Langabezia-tasa.

d) Aurreko erantzun guztiak zuzenak dira.

7. Eskolako erroskillak 80 zentimo balio izatetik euro batera igo badira, zer hazkunde izan dute?

a) % 20koa.

b) % 25ekoa.

c) % 80koa.

d) % 100ekoa.

8. Zer egiten du Europako Banku Zentralak ekonomian dagoen diru-kantitatea aldatzeko?

a) Merkatu irekiko eragiketak.

b) Zergak igo.

c) Zergak jaitsi.

d) Moneta-legeak onartu.

9. Enpresa batek baso bat berritzen badu, zer eragin du BPGa-n?

a) Ez da aldatzen.

b) Txikitu egiten da.

c) Handitu egiten da.

d) Ikusi egin behar da.

10. Boluntario batzuek baso bat berritzen badute, zer eragin du BPGd-an?

a) Ez da aldatzen.

b) Txikitu egiten da.

c) Handitu egiten da.

d) Ezin da jakin.

11. Gauzak garestiago badaude, diruak...

a) Gutxiago balio du.

b) Gehiago balio du.

c) Berdin balio du.

d) Zorigaiztoko egiten gaitu.

12. Gertaera hauetako zeinek ez du inflaziorik eragiten?

a) Kostuen igoerak.

b) Eskaera handitzeak.

c) Eskaintza handitzeak.

d) Diru berri asko inprimatzeak.

AMAIERAKO JARDUERAK

Teoria

1. **Ekonomiaren egoera ondo aztertu al dezakegu urte bakar bateko datuekin? Arrazoitu erantzuna.**

2. **BPGd-ari dagokionez, erantzun:**
   a) Botoiak bitarteko ondasunak dira, alkandorei jartzen zaizkie. BPGd-an zergatik hartzen da kontuan alkandora soilik, hau da, azken produktua, eta botoiak ez?
   b) Zure ustez, zer motatako gastuak egiten dituzte enpresek?
   c) BPGd-ak neurtzen al du herrialde bateko ondasunen eta zerbitzuen kalitatea?

3. **Azaldu aukera-kostu aldetik zer-nolako ondorioak dituen ezkutuko ekonomiak herrialde batentzat.**

4. **Inflazioa egotea zergatik izan daiteke aukera bat inportatzen duen enpresa batentzat baina arazo bat esportatzen duen enpresa batentzat?**

5. **Zer gertatzen da eguneratzerakoan erretiro-pentsioak % 5 igo baldin badira, baina inflazioa % 7koa bada?**

6. **Nola egiten dio kalte inflazioak administrazio publikoak ordaindu behar dion saldo bat oraindik kobratu gabe duen bati?**

7. **Zer-nolako lotura dute KPIak eta prezioen aldaketa-tasak?**

8. **Nola lortu ahal izango litzateke ekonomia baten hazkundea moteltzea moneta-politiken bidez?**

9. **Zer aldagai erabiltzen ditu Europako Banku Zentralak euroguneko ekonomian eragin ahal izateko?**

10. **Azalduko al zenuke zehazki zer diren merkatu irekiko eragiketak?**

11. **Zergatik izaten dira gaurkotasuneko albisteak honako gai hauekin lotutako prentsa-izenburuak? Arrazoitu erantzuna.**
   a) Erretiroan jasotzen diren pentsioen eguneratzea.
   b) BPGd-ak aurreko urtearekiko izandako bilakaera.
   c) KPIaren bilakaera aurreko hilabetearekiko edo urtearekiko.
   d) Diru ofizialaren prezioaren aldaketa.

Praktika

12. **Iaz, egunkari bateko urteko harpidetzak 1.200 € balio zuen. Aurten 1.300 € balio baldin badu, zenbatekoa izan da egunkariko harpidetzaren ehuneko aldakuntza joan den urtearekiko?**

13. **BPGd-aren zein osagaitan sartuko zenuke eragiketa hauetako bakoitza?**
   a) Lantegiko azpiegiturak eta makineria handitzen dituen enpresa bat.
   b) Estatuak abiadura handiko trenerako trenbide bat eraikitzea.
   c) Jone Mirenek bideokontsola berri bat erostea.
   d) Hemen ekoitzitako automobilak Norvegian saltzea.
   e) Euskal Autonomia Erkidegoak Frantzian ekoitzitako trenetako materiala erostea.

14. **Hurrengo taulan Eurolandiaren 02 urteko ekonomia-magnitudeak ikus ditzakezu (milioi eurotan adierazita daude).**

Soldatak	100 €
Kontsumo pribatua	800 €
Esportazioen saldo garbia	−27 €
Esportazioak	200 €

Gastu publikoa	12 €
Enpresa-inbertsioak	300 €
Inportazioak	227 €

Datu horiek kontuan hartuta:

a) Kalkulatu Eurolandiaren BPGd-aren balioa 02 urtean.

b) 01 urtean 1.050 milioi €-koa izan bazen Eurolandiaren BPGd-aren balioa, ehuneko zer aldakuntza izan du 02 urtearekiko?

15. Europar Batasuneko herrialde batean, 2002an, 600 €-koa zen hilabeteko gutxieneko soldata; gaur egun, 900 €-koa da.

Zenbait produktuk 2002an zituzten prezioak kontuan hartuta, adierazi herrialde horretako herritar baten erosteko ahalmena handitu edo txikitu egin den. Zenbat handitu edo txikitu da?

	Gozokiak (20 ale)	Loteria	Bizikleta (12 urte)	Lapitza
2002	0,6	18	120	0,18
Orain	1	20	150	0,3

16. Lagun bati 50 € mailegatu badizkiozu, eta sei hilabete behar baditu itzultzeko, erantzun:

a) Zein izan da zuretzako kaltea aldi horretan inflazioa % 2koa izan baldin bada?

b) Zure lagunak zergatik izan ditu onurak?

17. Demagun 100 € gordailutu dituzula banku-kontu batean, eta urtebetera, 6 € ordaindu dizkizutela interesetan.

a) Inflazioa % 4koa izan bada, eutsi al diozu zure aurrezkien erosteko ahalmenari?

b) Eta inflazioa % 7koa izan balitz?

18. Inflazioari buruzko datuak eman ditu Estatistika Institutu Nazionalak, eta Marak haiei buruzko informazioa bildu du zenbait komunikabidetan: Antena 1ek esan du hilabeteko inflazioa 4 hamarrenekoa izan dela apirilean; Tele 2k adierazi du urte horretan metatutakoa % 1,25era iritsi dela; Tube 3k, berriz, urtearteko inflazioa % 4koa dela.

Adierazi denbora-lerro batean zer aldiri dagokion erreferentzia-informazio bakoitza, eta argitu inflazioari buruzko albiste horietako itxurazko kontraesana.

19. Demagun ikasle baten erosketa-saskia dela hau:

Izena	Gastua (%)	Saskia 1 urtea	Saskia 2 urtea
Elikagaiak	45	3.000	3.200
Liburuak	50	800	900
Garraioa	5	100	115

Kalkulatu 01 eta 02 urteetako ikaslearen prezioen indizea (IPE), bai eta bi urteen artean saskiak izandako aldakuntza-tasa ere.

20. Ikertu Interneten adierazle hauek zer bilakaera izan duten Espainian azkenengo urtebetean:

a) BPGd-ak.

b) Inflazioak.

c) Diruaren prezio ofizialak.

d) Azaldu lortutako emaitzak onak diren Espainiako ekonomiarako.

Ezinbestekoa   Beharrezkoa   Osagarria

PRENTSA-LANTEGIA

Bilatu Interneten landu beharreko kontzeptu hauetako bakoitzerako prentsa-izenburu bat, osatu taula koadernoan, eta adierazi, lerro gutxi batzuetan, zer-nolako lotura duen unitatean ikasitakoarekin.

Landu beharreko kontzeptua	Izenburuak	Lotura unitatean ikasitakoarekin
Ezkutuko ekonomia	«Ezkutuko ekonomia izugarri igo da, zergengatik eta ustelkeriagatik» *El Mundo* (2014/01/30)	Ekonomia ezkutua Ogasunaren ezkutuan gauzatzen da, eta, horrenbestez, ez du zergarik ordaintzen. Hori txarra da guztiontzat: izan ere, iruzurgileek ordaintzen ez dituzten zergetatik lortu beharko litzatekeen dirua gure poltsikotik aterako da.
Inflazioaren arrazoiak	–	–
Inflazioaren ondorioak	–	–
Zenbait prezioren aldakortasuna	–	–
Diru ofizialaren prezioaren aldakortasuna	–	–

LEXIKOA

Estatistikako Institutu Nazionala (INE)

Barne-produktu gordina (BPGd)

Makromagnitudeak

Esportazio garbiak

Inflazioa

Hiperinflazioa

Deflazioa

Erosteko ahalmena

Kontsumoko prezioen indizea (KPI)

Haztapena

Erosketa-saskia

Diruaren prezioa (ofiziala)

Merkatu irekiko eragiketak

Moneta-politika hedatzailea

Moneta-politika murriztailea

EKONOMIAKO JOKOA

Ekonomialari sabotatzailearen jokoa

Zuen etsaiaren gobernuan sartutako sabotatzaileak zarete. Aurkariaren ekonomia sabotatu behar duzue okerreko moneta-politiken bidez; hain zuzen, ekonomia suntsituko duten hiperinflazio edo deflazio handiak lortu behar dituzue.

Helburuak

Jokoaren helburua da modu atseginean eta errazean ikastea moneta-masaren, interes-tasen eta prezioen arteko lotura.

Denbora

Nahi adina aldiz egin daiteke joko hau ondokoarekin. Zenbat eta gehiago jokatu, orduan eta hobeto egingo duzue.

Jokalari-kopurua

Jokoa 2 pertsonarentzat dago prestatua.

Materiala

Lau fitxa (adibidez, txanpon txikiak), taula bat eta orri honetan ageri denaren moduko markagailu bat soilik behar dira.

Joko-arauak

Bi jokalariek prezioen oreka jartzen duen laukian jarriko dituzte beren prezio-fitxak; ekonomialari sabotatzailearen fitxak, berriz, A eta B jokalariaren irteeretan, hurrenez hurren.

Handik, nahi duen bezala mugitu ditzake bere fitxak jokalariak, xakeko zaldiaren arauak jarraituz (bi lauki aurrera eta bat aldamenera). Jokalaria izkinako lauki batera (horia edo berdea) iristen den bakoitzean, jarraibideei kasu egin behar die: aurkariaren prezioak laukitxo bat igo edo jaitsi. Gune gorrira bultza egitea lortzen baduzue (hiperinflazioa edo deflazio handia), aurkariaren ekonomia suntsitzea lortuko duzue, eta partida irabaziko.

Izkina bakoitzak (horia edo berdea) lehen aldiz okupatutakoan bakarrik balio du!

Jokalari batek aurkariaren laukia hartzen badu, jan egingo du aurkaria. Jandako jokalariak hasierako laukira itzuli behar du.

PREZIOAK + 2 Hiperinflazio handia Aurkaria gainditzea lortu duzu!
PREZIOAK + 1
Prezio-oreka (hemen hasten dira prezioak)
PREZIOAK – 1
PREZIOAK – 2 Deflazio handia Aurkaria gainditzea lortu duzu!

Interes-tasak handitu dira (prezioak jaitsi)	A jokalariaren irteera		Interes-tasak txikitu dira (prezioak igo)
Diru-kantitatea gutxitu da (prezioak jaitsi)		B jokalariaren irteera	Diru-kantitatea igo da (prezioak igo)

BERRIKUSKETA. 2. HIRUHILEKOA

Film-proposamena

The Pursuit of Happyness

Zuzendaria: Gabriele Muccino

Urtea: 2006

Herrialdea: AEB.

Sinopsia:

Chris Gardner gizonezkoaren benetako istorioa kontatzen du. Lana galdu ostean, txirotasunean bizi beharko du, 5 urteko ume baten ardura bere gain duela. Baina zailtasun guztiak gaindituko ditu, eta, azkenean, inbertsiogile oso aberats eta sona handiko hizlari bihurtuko da.

Gogoetarako gakoak:

Chris Gardnerren istorioa *amets amerikarraren* adibide bat da, bere argi-ilun guztiekin.

Irakasgaiko edukiak:

- Langabeziaren eta ekonomia pertsonalaren arteko lotura.
- Enplegu bila aritzea eta prestakuntza.
- Familia-baliabideen kudeaketa eskasia-egoeran.
- Lanaren, esfortzuaren eta bizi-plan bat edukitzearen garrantzia.

Galderak:

a) Chrisen egoera berean dauden pertsona guztiek ez dute hark adinako arrakastarik lortzen. Zein da halako arrakasta lortzeko gakoa: zortea, talentua edo esfortzua)?

b) Chrisentzat lanean eta ekonomian arrakasta izatea da arrakasta, eta hori lortzeko gogor saiatzen da kontakizunean. Zure ustez ere hori al da arrakasta? Beste zerbaitekin lotzen duzu arrakasta?

Albistea

Kalean. Etxegabetzeen kontakizuna

Álvaro de Cózar eta Mónica Ceberio, 2013. *El País*-en edizio digitalerako egindako erreportajearen zati bat.

José Ignacio Navasen notariotza. Notarioari elkarrizketa.

Tentsioa izaten da notarioarenean hipoteka sinatzeko unean. Navas saiatzen zen giroa goxatzen: zerbait kontatzen zuen, eta didaktikoa izaten ahalegintzen zen. Ez zuen kontratua irakurtzen, nahiago izaten zuen kontratua azaldu. Bezeroei begietara begiratzen zien, eta egoera txarrenean jartzen zituen. «Lanik gabe gera zaitezke. Edonori gerta dakioke», esaten zien. «Zer egin halakoetan?». Navasek fidatzaileei (gehienetan, gurasoak) ahalik eta azkarren jakinarazteko aholkatzen zuen. Zorduna bezero berankor bihurtzen zenean, bankuak ez zuen abisatu ohi, eta azkar ekiten zien etxegabetzeko tramiteei. Bezeroak nahiz haien gurasoak gera zitezkeen etxerik gabe.

Halako zerbait gertatuz gero, etxea saltzeko ere gomendatzen zuen Navasek, baita merkeegi saldu behar bazen ere. «"Exekutatu aurretik", esaten nien. "Ez baduzu saltzen, bankua geratuko da etxearekin, haren balioaren % 50 soilik ordainduta, eta oraindik zorretan egongo zara bankuarekin. Heriotza zibila da hori: inork ez dizu emango ez kreditutik, ez telefonorik, ezingo duzu konturik ireki..."».

Galdera:

a) **Zer arriskuren berri ematen zien notarioak bezeroei?**

b) **2016an, interes-tasak oso baxu zeuden, eta, horrenbestez, hipotekak, erreferentzia Euriborra dutenez, oso merke. Zure ustez, zer gertatuko da interesak igotzen direnean?**

c) **Demagun, etxea erosi genuela eta orain inflazioa dagoela. Zure ustez, nola eragingo liguke inflazioak?**

Galdetegia

1. **Ikusi dugu % 10eko aurrezki-tasa arrazoizko aurrezkia dela. Zure ustez, hauetako zein ari da behar adina aurrezten hilero?**
   a) Ane: 800 € irabazten ditu eta 80 € aurrezten.
   b) Amagoia: 2.500 € irabazten ditu eta 170 € aurrezten.
   c) Pello: 1.800 € irabazten ditu eta 100 € aurrezten.
   d) Jon: 1.200 € irabazten ditu eta 60 € aurrezten.

2. **Zeren mende dago gure pentsio publikoaren zenbatekoa?**
   a) Lan-bizitzan zehar izan dugun soldataren mende.
   b) Gizarte Segurantzan kotizatutako urteen eta kantitatearen mende.
   c) Gure pentsio-plan pribatuaren mende.
   d) Gure aurrezkien mende.

3. **Zer da inbertsio baten likidezia?**
   a) Inbertsioari esker irabaz dezakegun dirua.
   b) Errentagarritasuna.
   c) Inbertsioaren arriskua.
   d) Diru bihurtzeko erraztasuna.

4. **Errenta finkoko balio batek...**
   a) Errentagarritasun bera ematen digu beti.
   b) Ez du aldakorrak adinako segurtasunik.
   c) Enpresaren jabetza adierazten du.
   d) Akzioaren esanahi bera du.

5. **Zer egin dugu inbertsioa dibertsifikatu badugu?**
   a) Gure dirua inbertsio bakar batean jarri.
   b) Errenta finkoa erosten saiatu.
   c) Inbertsio bat baino gehiago egin.
   d) Errenta aldakorra erosten saiatu.

6. **Mailegu batean, zein da mailegu-emailea?**
   a) Dirua zor duena.
   b) Dirua zor diotena.
   c) Ordainketa bat bermatu duena.
   d) Interes-tasak ordaintzen dituena.

7. **Aurrezten dugunean, honela erabiltzen dugu dirua:**
   a) Balio-gordailu moduan.
   b) Ordainketa-bitarteko moduan.
   c) Kontu-unitate komun moduan.
   d) Aberastasunaren neurri moduan.

8. **Zer egiten du zordunketa txartelak?**
   a) Kreditu gisa zorduntzen ditu ordainketak.
   b) Ordaindu daitezkeenean zorduntzen ditu ordainketak.
   c) Berehala zorduntzen ditu ordainketak.
   d) Ez ordaintzeko aukera ematen du.

9. **Zer neurtzen du gure herrialdeko BPGd-ak?**
   a) Dugunaren balioa.
   b) Esportatzen dugunaren balioa.
   c) Zor dugunaren balioa.
   d) Ekoizten dugunaren balioa.

10. **Zein da inflazioa handitzeko arrazoietako bat?**
   a) Zirkulazioan dagoen dirua gehitzea.
   b) Ziurgabetasuna handitzea.
   c) Interes-tasak igotzea.
   d) Aurrezkia handitzea.

9

LAN-MERKATUA

Ia denok izango dugu bizitzan noizbait lan-merkatuan jarduteko beharra, eta gutako gehienok zenbait hamarkadaz egin beharko dugu lan, bizimodua ateratzeko. Merkatu berezia da, ezaugarri berezikoa, gainerako merkatuak ez bezalakoa. Ezaugarri deigarriena langabezia egotea da. Unitatean, langabeziaren kausak aztertuko ditugu, eta langabezia-tasak neurtzen eta haren bilakaera alderatzen ikasiko dugu.

Politika publikoak langabezia murrizten saiatzen dira, baina norberak ere gauza asko egin ditzake lanik gabe ez geratzeko: enplegu gehien sortzen duten sektoreen berri izatea eta gure prestakuntza sektore horietan aritzeko bideratzen saiatzea oso lagungarria izango da lan-merkatuan errazago sartzeko.

POTTOKIEN HERRIXKAKO POTTOKITXANPONA

Pottokien herrixkan, den-denak ondo funtzionatzen zuen, erloju bat bezala. Goizero, Pottoki Gozozaleak munduko pottokitxanpon bakarra hartzen zuen, Pottoki Sukaldariari pastel bat erosteko. Gero, Pottoki Sukaldariak txanpon hori erabiltzen zuen Pottoki Jenioari ordaintzeko, labeaz arduratzen baitzen. Eguerdian, Pottoki Jenioak Pottoki Poetari ematen zion txanpona, bertso batzuk errezitatzearen truke. Arratsaldean, Pottoki Poetak Pottokinari oparitzen zion txanpona, bere musa zelako. Eta Pottokinak Pottoki Tabernariari ematen zion, jaten eman ziezaion. Txanpona eskutik eskura ibiltzen zen Pottoki Gafearengana iritsi arte. Pottoki Gafeak poker-partida jokatzen zuen Pottoki Gozozalearekin eta, beti-beti, galdu egiten zuen. Hurrengo goizean, Pottoki Gozozalea gosez jaikitzen zen, eta ziklo hori abiatzen zen berriro.

Denak zoriontsuak ziren. Denek egiten zuten lan. Denek erosten eta saltzen zuten.

Baina, goiz batean, gauean endalar-zuku hartzitu gehiegi edan ondoren, Pottoki Gozozalea lo geratu zen, pottokitxanpona pijamaren poltsikoan zuela.

Eta goiz hartan, inork ezin zuen lanik egin, ezta ezer erosi edo saldu ere. Denak goseak egon ziren eta etxean geratu ziren.

Galderak:

1. **Pottoki Aita bazina, zer egingo zenuke pottokiak berriro lanean jartzeko?**
2. **Demagun Gargamel gaiztoak milioika txanpon oparitzen dizkiela pottokiei, egun hartan gertatutakoa berriro ez gertatzeko. Zure ustez, mesedegarria izango al litzateke hori?**
3. **Pottoki Gozozalea garaiz esnatzen zenean ere, Pottoki Labezomorrohezitzaileak ez zuen lanik. Zure ustez, zergatik dago langabezian? Zer egin dezake hori konpontzeko?**

Laburpena

1 Langabezia

Pertsonok mantenua behar dugu, guretzat eta gure familiarentzat, eta garatu ere egin behar dugu pertsona moduan. Hori guztia eta askoz gehiago ematen digu lanpostu batek. Hain da garrantzitsua lan egitea, ezen lanik ez izatea (langabezia) arazo larri-larritzat jotzen baita gizarte garatuetan. Langabeziak ondorio kaltegarriak ditu, maila guztietan (9.1. taula):

Oro har	Lana bilatzen ari den eta lan egin nahi duen biztanleria lanik egin gabe dago, eta, beraz, ez da herrialdearen ahalmen osoa baliatzen.
Estatuarentzat	Lanetik eratorritako diru-sarrerak txikitzen dira (esaterako, Gizarte Segurantzarako kotizazioak eta errentaren gaineko zerga), eta gastu publikoa handitzen da (langabeziagatiko prestazioak edo gizarte-laguntza).
Norberarentzat	Diru-sarrerak txikitzeak bizi-kalitatean dituen eraginez gain, lanik gabe geratzeak edo denbora luzez lanik aurkitu gabe egoteak eragina izan dezake autoestimuan eta familia-harremanetan.

9.1. taula. Langabeziaren ondorio kaltegarriak.

Espainian, langabezia murriztea kezka nagusietako bat da, Europar Batasuneko langabezia-tasa altuenetako bat baitu Espainiak (9.1. irudia):

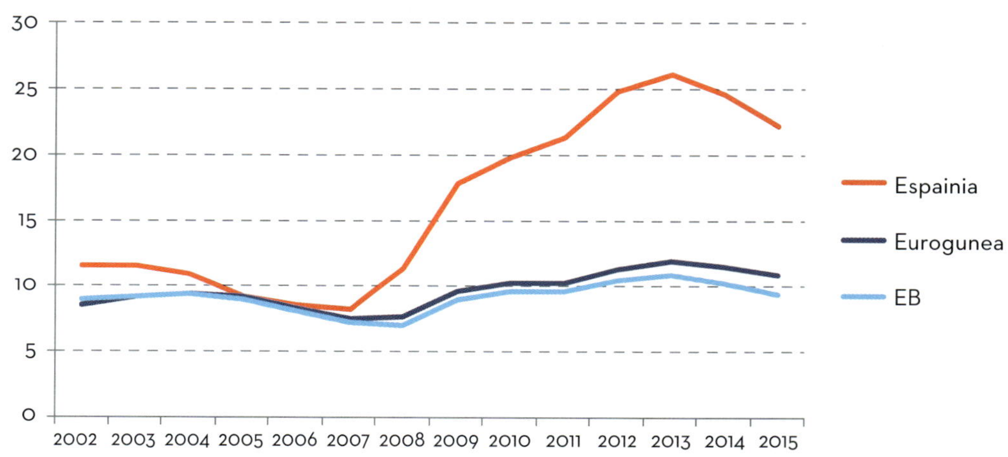

9.1. irudia. Espainiako, euroguneko eta EBko langabezia-tasaren bilakaera (Iturria: AMECO).

1.1. Langabezia-motak

Jatorriaren arabera, langabezia-mota hauek bereizten dira (9.2. taula):

Frikzionala	Lan egin dezaketen arren, pertsona batzuek, borondatez, ikasteko, atseden hartzeko edo aurreko lana baino hobea aurkitzeko denbora hartzean sortzen den langabezia-mota da.
Urte-sasoikoa	Zenbait jardueratan, urteko sasoi jakin batzuetan soilik behar dute eskulana, eta horregatik sortzen da langabezia-mota hori. Espainian, adibidez, langabezia-tasa jaitsi egiten da turismoaren goi-denboraldian.
Ziklikoa	Langabezia ziklikoa nabarmen igotzen da ekonomia-krisialdietan, eta jaitsi egiten da ekonomia-hazkundeko aldietan.
Egiturazkoa	Eremu edo herrialde bateko langileen ezaugarriak eta enpresaburuen premiak bat ez etortzeagatik sortzen da langabezia-mota hori.

9.2. taula. Langabezia-motak.

1.2. Langabeziaren kausak

Ez dago adostasunik langabeziaren kausen inguruan. Besteak beste, kausa hauek aipatzen dira:

- **Langileen ezaugarriak.** Askotan, espezialitate jakin bateko langile gehiegi daude, eta beste batzuetan, berriz, gutxiegi, edo lana gaizki banatuta dago: lan-merkatuaren barruan dauden langileen aparteko orduek eta enplegu-aniztasunak eragotzi egiten dute kanpoan daudenak sartzea.
- **Eskari urriegia.** Gizarteak ez duelako eskatzen lan egiteko moduan dauden langile guztiak enplegatzeko behar adina ondasun eta zerbitzu.
- **Gutxieneko soldatak egotea.** Merkatu askearen aldekoen ustez, langabezia desagertu egingo litzateke, eskaintza-eskarien legeak askatasunez funtzionatuko balu. Gehiegizko eskulana egonez gero, soldatek behera egingo lukete, eta enpresek sobera dauden langileak kontratatuko lituzkete. Baina lan-merkatua ez da merkatu askea, esku-hartzea baitago, interes publikoko arrazoiengatik. Batetik, gobernuek **lanbide arteko gutxieneko soldata (LGS)** ezartzen dute, enpresaburuen gehiegikeriak eragozteko, eta, bestetik, enpresaburuen eta sindikatuen arteko negoziazioen bidez, lanbide-motaren araberako gutxieneko soldatak finkatzen dira hitzarmen kolektiboetan.

GARRANTZITSUA !

LGS Espainiako **gutxieneko soldata** da, jarduten den lanbidea dena delakoa izanda ere. Hitzarmen kolektiboetan (enpresen eta langileen arteko lanbidekako eta sektorekako akordioak), gutxieneko soldatak ezartzen dira, baina LGSa errespetatu egin behar dute.

1. periskopioa

LGSa arazoa izan al daiteke?

Maitek arkitektura-ikasketak bukatu berri ditu, eta lan-merkatuan sartzen saiatzen ari da, higiezinen sektorea krisi betean dagoela. Zenbait hilabete daramatza bere lehen lanpostua lortzen saiatzen, eta esperientzia lortzeko, soldata txiki baten truke lan egingo luke, LGSaren azpitik izanda ere, baina jakin badaki aukera hori legez kanpokoa dela.

Bilatu «LGS», «abantailak», «eragozpenak»

- Identifikatu Maiteren langabeziaren kausak.
- Zer langabezia-mota da Maiterena?
- Norentzat da kaltegarria eta norentzat mesedegarria legeak ezarritako gutxieneko soldata egotea?

JARDUERAK

1. **Zer lotura dago herrialde bateko langileen ezaugarrien eta herrialde horretako langabeziaren artean?**
2. **Zer langabezia-mota dagokie honako hauei?**
   a) Irenek, beste erizain askok bezala, ez du lanik aurkitzen Espainian.
   b) Beñat marrubi-bilketako sasoiko langilea da.
   c) Martak lana utzi du heziketa-ziklo batean ikasteko.
3. **Erreparatu 9.1. irudiko grafikoari: ikusiko duzu Espainiako langabezia-tasa, oro har, Europar Batasunekoa baino handiagoa izan dela. Izan al dira antzekoak bi tasa horiek uneren batean? 2008tik aurrera, EBko langabezia-tasa gora egiten hasi zen, baina Espainiakoa askoz gehiago igo zen. Zer ari zen gertatzen ekonomian? Zer langabezia-mota ari zen sortzen, batez ere?**

Espainiako enplegu-politika Enplegu eta Gizarte Segurantza Ministerioak kudeatzen du. Hau da ministerio horren webgunea: **www.empleo.gob.es**

Hartan, enpleguaren arloko estatistikak aurkituko dituzu.

Estatistikako Institutu Nazionalaren (INE) webgunea da funtsezkoetako beste bat: **www.ine.es**

Webgune horretan, BAI/EPAren aldizkako emaitzak aurkituko dituzu.

2 Enplegu-estatistikak

Arazo bati heltzeko, lehenik eta behin, aztertu egin behar da, eta horregatik egiten dira enplegu-estatistikak. Honako hauek dira estatistika horiek egiteko urratsak:

1. **Biztanleria taldetan** sailkatzea, ekoizpen-prozesuan duen parte-hartzearen arabera.
2. Biztanleria-taldeak aztertzea, **adierazle espezifiko** edo **tasa** batzuk kontuan hartuta.

Lan-merkatu ororen erreferentzia nagusia merkatu horretan sartzen den biztanleria da. Multzo hori sailkatu egiten da, ekonomia-jardueran duen parte-hartzeari erreparatuta (9.2. irudia).

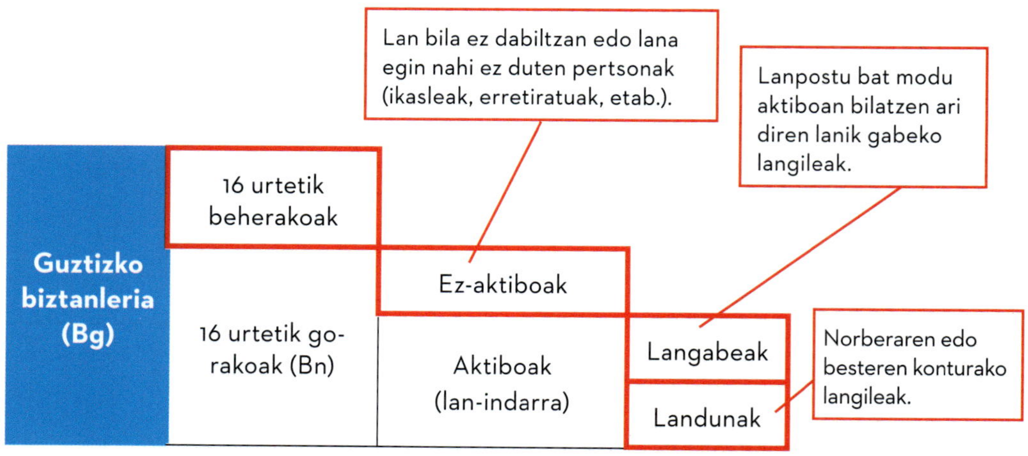

9.2. irudia. Biztanleria-taldeak, lanaren ikuspegitik.

Lan-merkatuaren egoera neurtzeko, estatistikek taula honetan ageri diren adierazle espezifikoak edo **tasak** erabiltzen dituzte (9.3. taula):

				Lan egin dezakete	Lan egin nahi dute	Lan egiten dute
Tasak	Jarduera-tasa (Tj)	$Tj = \frac{\text{Biztanleria aktiboa}}{\text{16 urtetiko gorakoak}} \cdot 100 = \frac{Ba}{Bn} \cdot 100$	Herrialde batean lan egin dezaketen guztiak dira	●		
	Enplegu-tasa (To)	$To = \frac{\text{Biztanleria okupatua}}{\text{16 urtetik gorakoak}} \cdot 100 = \frac{Bo}{Bn} \cdot 100$	Lan egin nahi izanda, lana dutenak dira.	●	●	●
	Langabezia-tasa (Tlg)	$Tlg = \frac{\text{Biztanleria langabea}}{\text{Biztanleria aktiboa}} \cdot 100 = \frac{Blg}{Ba} \cdot 100$	Lan egin nahi izanda, lanik ez dutenak dira.	●	●	●

9.3. taula. Enplegu-estatistiketan erabiltzen diren tasak.

2.1. Enplegu-estatistika garrantzitsuenak

Biztanleria deskribatutako kategorietan sailkatu eta tasa guztiak kalkulatu ondoren, enplegu-estatistikak egiten dira. Honako hauek dira estatistika garrantzitsuenak:

- **Biztanleria aktiboaren inkesta (BAI/EPA):** enplegu-maila neurtzen du, inkesta baten bidez. 65.000 familiak osatzen dute inkesta horren lagina.
- **Gizarte Segurantzako afiliazio-zifrak:** erregistratutako kontratuen kopurua eta ezaugarriak kontabilizatzen dira.
- **Enplegu-bulego publikoen datuak:** langabezia-tasa neurtzen da, langabe gisa izena emandakoak kontuan hartuta (erregistratutako langabezia).

GARRANTZITSUA

Erregistratutako langabezian ez dira sartzen lan egiteko gogoa eta gaitasuna duten pertsona asko eta asko, inskribatuta ez daudelako. Pertsona horiek **langabezia adoregabetua** delakoa osatzen dute.

1. JARDUERA EBATZIA

Biztanleria Aktiboaren Inkestan jasotako hiruhilekoko datuak abiapuntu hartuta, taula hau egingo dugu:

Laugarren hiruhilekoa (4H)

	Guztira	Gizonak	Emakumeak
16 urteko eta hortik gorako biztanleria	38.486,7	18.747,1	19.739,6
Aktiboak	22.899,5	12.355,3	10.544,2
• Landunak	18.048,7	9.896,5	8.152,2
• Langabeak	4.850,8	2.458,8	2.392,0
Ez-aktiboak	15.587,2	6.391,8	9.195,4

Interpretatu tasa hauen emaitzak:

a) Biztanleriaren jarduera-tasa 4. hiruhilekoan.

b) Emakumeen langabezia-tasa 4. hiruhilekoan.

c) Gizonen enplegu-tasa 4. hiruhilekoan.

d) Biztanleria langabearen 4. eta 3. hiruhilekoen arteko ehuneko aldakuntza, jakinda 5.149 pertsona zeudela lanik gabe 3. hiruhilekoan.

Erantzuna:

a) **Guztizko jarduera-tasa 4. hiruhilekoan:** guztizko biztanleriako 100 pertsonatik 59 dira biztanleria aktibokoak:

$$Tj \text{ (bi sexuak), 4.H} = \frac{22.899,5}{38.486,7} \cdot 100 = \%\ 59,50$$

b) **Emakumeen langabezia-tasa 4. hiruhilekoan:** biztanleria aktiboko 100 emakumetik 22 daude langabezian:

$$T\text{lg (emakumeak), 4.H} = \frac{2.392,0}{10.544,2} \cdot 100 = \%\ 22,69$$

c) **Gizonen enplegu-tasa 4. hiruhilekoan:** guztizko biztanleriako 100 gizonetik 52k dute lana:

$$To \text{ (gizonak), 4.H} = \frac{9.896,5}{18.747,1} \cdot 100 = \%\ 52,79$$

d) **Biztanleria langabearen ehuneko aldakuntza, 3. hiruhilekotik 4.era:** 3. hiruhilekoan lanik gabe zeuden 100 pertsonatik bost gutxiago zeuden 4.ean:

$$\text{Langabezia, 3.H} - \text{4.H} = \frac{\text{Lang. 4.H} - \text{Lang. 3.H}}{\text{Langabezia 3H}} \cdot 100 =$$

$$= \frac{(4.850,8 - 5.149,0)}{5.149,0} \cdot 100 = -\%\ 5,79$$

JARDUERAK

4. **Zergatik egiten dira enplegu-estatistikak?**

5. **Zergatik bereizten dira gizonak eta emakumeak enplegu-estatistiketan?**

3 Enplegu-politika

Estatistikak aztertu ondoren, enplegua sortzeko eta, ahal den neurrian, langabetuak babesteko neurriak hartzeko unea da. Botere publikoek lan-merkatuari buruz hartzen dituzten neurriei **enplegu-politika** esaten zaie.

Enplegu-politika herri-administrazioek lan-merkatuan esku hartzeko onartzen dituzten neurriek osatzen dute. Bi helburu nagusi izaten ditu enplegu-politikak: enplegua sortzea eta langabetuak babestea.

Enplegua sortzeko hartzen diren neurriak politika aktiboak dira, eta langabetuak babesteko hartzen direnak, berriz, pasiboak.

Politika aktiboek enplegua sortzea sustatzen dute, dela zuzenean (lanpostuak betetzeko eskaintzak eginez), dela zeharka (lanpostu-kopurua handitzeko epe laburrerako edo ertainerako neurriak hartuz). Lan-merkatuko zer elementutan eragiten duten, enplegu-politika aktiboko hiru kategoria bereizten dira (9.3. irudia).

GARRANTZITSUA

Lanik gabe geratzen diren pertsonentzako diru-laguntzak dira **politika pasiboko** neurri ohikoena.

9.3. irudia. Enplegu-politika aktiboak.

2. periskopioa

Langabeziaren ondorioak

Langabeziak biztanlerian eragiten dituen ondorio ekonomiko, sozial eta psikologiko larriak arintzen saiatzea da enplegu-politiken helburua.

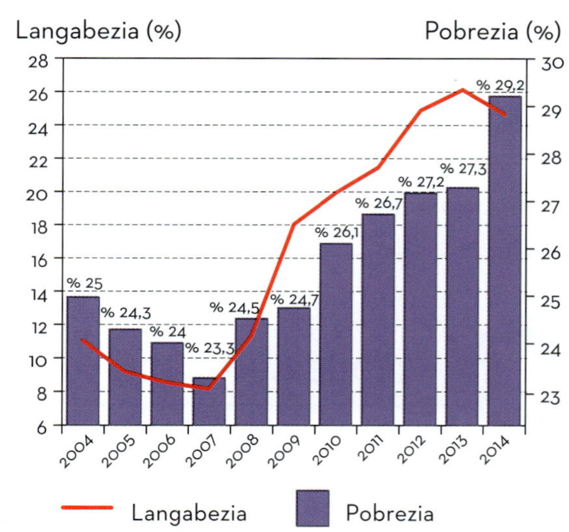

- Grafikoan, Espainiako langabezia-tasa eta pobrezia-atalasearen azpitik bizi den biztanleria irudikatu dira. Aldagai bakoitzak bere eskala du, hobeto alderatu ahal izateko. Zer ondorio ateratzen dituzu grafikotik?

- Adierazi epe luzeko langabeziak biztanlerian eragin ditzakeen ondorio ekonomiko, sozial eta psikologiko batzuk.

- **Enplegu publikoa.** Administrazio publikoek enplegua sortzea da.
- **Lan-eskaintzaren murrizketa.** Batzuetan, nahitaezko neurriak ezartzen dira edota pizgarriak ematen dira, langileek lan-denbora murrizteko. Lan-merkatuaren barruan dauden langileen lan-denboran mugak jartzen badira, aukera ematen da beste langile batzuk sartzeko edo lana hobeto banatzeko. Horrelako neurriak dira, adibidez, erretiro aurreratuak, lanaldi-murrizketak edo aparteko orduak egiteko debekuak.
- **Prestakuntza eta laneratzea.** Langileen kualifikazio-maila hobetzea helburu duten neurriak dira. Gero eta garrantzi handiagoa izaten dute gizarte batek aurrera egitean, teknologikoki gero eta konplexuagoa bihurtzen denean, alegia. Izan ere, zenbat eta handiagoa izan teknologiaren espezializazio- edo sofistikazio-maila, orduan eta kualifikazio-maila altuagoako eskulana beharko da.

- **Enpresen kontratazioa sustatzea.** Sektore publikoak pizgarriak eman diezazkieke enpresei langile gehiago kontratatzeko. Hona hemen pizgarri horietako batzuk: enplegua sortzeagatiko diru-laguntzak, hobariak **Gizarte Segurantzarako** kotizazio-kuotetan, edo aldi baterako kontratuak finko bihurtzeko diru-laguntzak.
- **Autoenplegua.** Bere lanpostua —eta agian beste batzuentzako lanpostua ere bai— sortzeko erabakia hartzen duen langilea balio handikoa da gizartearentzat. Horregatik, administrazioek diru-laguntzak ematen dituzte enpresa-ekimenetarako, eta sustatu egiten dituzte horrelakoak. Hortaz, autoenpleguari buruzko informazioa ematen duten erakunde eta elkarte asko daude —Interneten ere bai—; esate baterako, autonomia-erkidegoetako enplegu-bulegoak, merkataritza-ganberak edo enpresaburu gazteen elkarteak.
- **Lan-merkatua malgutzea.** Enpresek langileak kontratatzeko eta kaleratzeko oztopoak eta arau-mugak kentzea da.

Enplegu-bulegoek lana aurkitzeko aholkuak ematen dizkiete langabeei, eta, aldi berean, enpresen eta langileen arteko bitartekari-lanetan jarduten dute. Bulego horiek publikoak izaten dira; esaterako, Lanbide eta SEPE (Estatuko Enplegu Zerbitzu Publikoa). Baina badaude bitartekari-lanetan jarduteko baimena duten bulego pribatuak ere; adibidez, enplegu-agentziak.

LEXIKOA

Gizarte Segurantza erakunde publikoa da eta langilearen edo haren familiaren premiak asetzeko osasun-laguntza eta gizarte-prestazioak bermatzen ditu. Gizarte Segurantzaren prestazioak jasotzeko eskubidea izateko, alta eman behar da, eta lan egiten den aldian hileko kuota batzuk ordaindu.

JARDUERAK

6. **Zein dira enplegu-politikaren helburuak?**

7. **Zenbait diru-laguntza jasotzeko, langabeek lana bilatzen ari direla frogatu behar dute. Zure ustez, zer helburu du neurri horrek?**

4 Enplegu-joerak eta -hobiak

Aurrerapen teknologiko, sozioekonomiko eta kulturalek eragin zuzena dute bi alderdi hauetan:

- Gizarte bateko enplegu-motetan eta lanpostuen kopuruetan.
- Enplegua lortzeko behar den lanbide-kualifikazioan.

Zehazki, EBn, herritarren premia eta eskari berriak sorrarazten dituzten faktore hauek identifikatu dira:

- Emakumea lan-munduan sartzea.
- Biztanleria zahartzea.
- Errenta eta kultura-maila handitzea.
- Biztanleria hiri-eremuetan kontzentratzea.
- Teknologia berrien eragina.

BA AL ZENEKIEN?

Lanbide Heziketaren Garapenerako Europako Zentroaren aurreikuspenen arabera, 2025ean gaindituko ditu Espainiako enplegu-tasak 2008ko krisiaren aurreko mailak.

4.1. Enplegu-joerak

Europako zein Espainiako enplegu-behatokiek adierazi dute enpleguaren egoera nabarmen aldaraziko dutela dela hamar urteko epean honako faktore hauek:

- **Biztanleria zahartzea.** Faktore horren ondorioz, erretiroa dela-eta bete beharko diren lanpostuen kopurua handiagoa izango da lanpostu berriena baino: 10 enplegutik 9 horretarako izango dira.
- **Teknologiaren eragina.** Teknologiaren aurrerapen etengabeen ondorioz, hobekuntzak lortuko dira industria handien ekoizpen-prozesuetan, edo ekoizpen-prozesu berriak sortuko dira, eta horietarako, gero eta kualifikazio-maila handiagoko langileak beharko dira.

BA AL ZENEKIEN?

Oro har, gizarte batean zenbat eta langile gehiagok jardun hirugarren sektorean (zerbitzuak), orduan eta aberatsagoa eta aurreratuagoa da gizarte hori.

Ekonomia-sektoreka, **joera** hauek daude (9.4. taula):

Lehen sektorea		Bigarren sektorea		Hirugarren sektorea	
↑	Nekazaritza ekologikoa	↑	Ibilgailu motordunak, ekipamendu optikoak eta elektronikoak	↑	Garraioa, banaketa eta, batez ere, ostalaritza
↓	Nekazaritza, oro har	↓	Industria, oro har	↓	Administrazioa

9.4. taula. Enplegu-joerak 2015-2025.

Espainian eta EAEn **eskatuko den kualifikazio-mailari** dagokionez, kualifikazio-maila altuko lanpostuetan izango da aukera gehien, baina lanpostu asko izango dira, halaber, erdi-mailako kualifikazioko lanbideetan.

4.2. Enplegu-hobiak

Enplegu-joerak lan-merkatuaren epe luzerako bilakaera erakusten duten ildo orokorrak dira. Garrantzitsuak dira, lanpostu gehien sortzeko ahalmena zer ekonomia-jarduerak duten adierazten dutelako. Ekonomia-jarduera horiei **enplegu-hobi** esaten zaie.

Enplegu-hobiak lanpostuak sortzeko ahalmen handia duten ekonomia-jarduerak dira.

9.4. irudia. Emakumeak lan-merkatuan sartzeari esker, Mendebaldeko gizarteek aberastasun-maila altuak lortu ahal izan dituzte.

Enplegu-hobi berriak

A. Eguneroko bizitzako zerbitzuak

1. Etxez etxeko zerbitzuak.
2. Haurtzaroaren arreta.
3. Informazioaren eta komunikazioaren teknologia berriak.

B. Bizi-kalitatea hobetzeko zerbitzuak

4. Etxebizitzetarako hobekuntzak.
5. Segurtasuna.
6. Garraio kolektibo globalak.
7. Hiri-espazio publikoen aprobetxamendua.
8. Hurbileko merkataritza.

C. Kultura- eta aisialdi-zerbitzuak

9. Turismoa.
10. Ikus-entzunezkoen sektorea.
11. Kultura-ondarea.
12. Tokiko kultura-garapena.

D. Ingurumen-zerbitzuak

13. Hondakinen tratamendua.
14. Uraren kudeaketa.
15. Natura-eremuen babesa eta kontserbazioa.
16. Kutsadura arautu eta kontrolatzea eta horretarako instalazioak.

9.5. irudia. Europar Batasunean identifikatutako enplegu-hobi berriak. *Hazkundea, lehiakortasuna eta enplegua: XXI. menderako erronkak eta nondik norakoak* liburu zurian (ezagunagoa da *Delors txostena* izenaz) azaltzen dira xehetasunez hobi berri horiek.

JARDUERAK

8. Zure ingurunean, identifikatu enplegu-hobi berrietan sailkatzen diren lanbide bat edo bi. Gero, erantzun galdera hauei:

a) Zergatik aukeratu dituzu horiek?

b) Ikertu zer ikasketa-ibilbide (heziketa) egin behar den lanbide horretan jardun ahal izateko.

c) Lana bilatzeko zenbait ataritan (esate baterako, Infojobs.net), informazio asko lor dezakezu, erregistratu beharrik gabe. Atari horietako batean, bilatu hautatu dituzun lanbideetako batekin lotutako lan-eskaintzak. Zer-nolako eskakizunak adierazten dira lan-eskaintzan? (prestakuntza, lan-esperientzia, etab.). Zure ustez, zer egin dezakezu oraindik betetzen ez dituzun eskakizunetarako gaitasunak eskuratzeko?

Lanbide-heziketako eskaintza
Arautua
Oro har, modalitate horretan sartzeko, DBHko titulua behar da (teknikariaren titulua lortzeko) edo batxilergoko titulua (goi-teknikariaren titulua lortzeko). Heziketa-zikloen helburua lanerako prestakuntza balioanitza eta erraz eguneratzeko modukoa eskaintzea da, lan- eta teknologia-aldaketetara egokitu ahal izateko.
Lanerako prestakuntza
SEPEk eta Lanbidek kudeatzen dute. Hezkuntza-mota hori langabetuentzat eta lehen enplegua bilatzen ari direnentzat da.
Etengabeko prestakuntza
Lanean ari diren langileentzat da. Azken urteotan, nabarmen handitu da enpresek langileak prestatzeko egiten duten ahalegina.

9.5. taula. Lanbide-heziketa.

KONTZEPTU-MAPA

Langabezia

- **Estatistikak**
  - BAI/EPA
  - Gizarte Segurantza
  - Enplegu-bulegoak
- Frikzionala
- Urte-sasoikoa
- Ziklikoa
- Egiturazkoa
- Langileen ezaugarriak
- Eskari urria
- Gutxieneko soldatak egotea

Enplegu-politika aktiboak

- Enplegu-eskaintzan eragitekoak (biztanleria aktiboarentzat)
  - Enplegu publikoa
  - Murrizketak lan-eskaintzan
  - Prestakuntza eta laneratzea
- Enplegu-eskarian eragitekoak (enpresentzat)
  - Kontratazioa sustatzea
  - Autoenplegurako babesa
  - Lan-merkatua malgutzea
- Eskaintzaren eta eskariaren arteko bitartekaritza

Enplegu-hobi berriak

A. Eguneroko bizitzarako zerbitzuak

1. Etxez etxeko zerbitzuak.
2. Haurtzaroaren arreta.
3. Informazioaren eta komunikazioaren teknologia berriak.

B. Bizi-kalitatea hobetzeko zerbitzuak

4. Etxebizitzetarako hobekuntzak.
5. Segurtasuna.
6. Garraio kolektibo globalak.
7. Hiri-espazio publikoak.
8. Hurbileko merkataritza.

C. Kultura- eta aisialdi-zerbitzuak

9. Turismoa.
10. Ikus-entzunezkoen sektorea.
11. Kultura-ondarea.
12. Tokiko kultura-garapena

D. Ingurumen-zerbitzuak

13. Hondakinen tratamendua.
14. Uraren kudeaketa.
15. Natura-eremuen kontserbazioa.
16. Kutsadura arautu eta kontrolatzea eta horretarako instalazioak.

BERRIKUSKETA-TESTA

1. Biztanleria langabea...

a) Biztanleria ez-aktiboa da.

b) Biztanleria aktiboa da.

c) Biztanleria landuna da.

d) Aurreko hirurak zuzenak dira.

2. Zer adin izan behar da, berez, lan egin ahal izateko?

a) Gutxienez, 14 urte.

b) Gutxienez, 16 urte.

c) Gutxienez, 18 urte.

d) Bataiatuta egon behar da.

3. Enplegu-tasari buruzko esaldi hauetatik zein da zuzena?

a) Jarduera-tasa baino handiagoa da, beti.

b) Jarduera-tasaren berdina da.

c) Jarduera-tasa baino txikiagoa da.

d) Batzuetan, jarduera-tasa baino handiagoa da, eta beste batzuetan, txikiagoa.

4. Zer hartzen du kontuan biztanleria aktiboaren inkestak langabezia neurtzeko?

a) SEPEn izena eman duten pertsonak.

b) Gizarte Segurantzan inskribatutako pertsonak.

c) Metodo algoritmiko-deduktiboak.

d) Inkesta bateko datuak.

5. Gutxieneko soldatak:

a) Langabezia handitzen du.

b) Aldeak murrizten ditu.

c) Batez besteko soldata handitzen du.

d) Aurreko guztiak zuzenak dira.

6. Zer murriztu daiteke hezkuntza-programak hobetuz gero?

a) Egiturazko langabezia.

b) Langabezia koiunturala edo ziklikoa.

c) Urte-sasoiko langabezia.

d) Langabezia frikzionala.

7. Zer arlotako neurria da kaleratze-kostuak murriztea?

a) Autoenplegua.

b) Lan-merkatua malgutzea.

c) Enplegu publikoa sortzea.

d) Kontratazioa sustatzea.

8. Zeren adibide da langabeziagatiko prestazioa?

a) Kontratazioaren sustapenarena.

b) Enplegu publikoa sortzearena.

c) Enplegu-politika aktiboarena.

d) Enplegu-politika pasiboarena.

9. Nola esaten zaie enplegu asko sortzeko ahalmena duten ekonomia-jarduera berriei?

a) Enplegu-poltsak.

b) Enplegu-uholdeak.

c) Enplegu-hobiak.

d) Enplegu-burbuilak.

10. Etorkizunean, zer dela-eta bete beharko dira lanpostu huts gehienak?

a) Erretiroa hartzen duen jendea ordezteko.

b) Lanpostu berriak betetzeko.

c) Hondatzen diren robotak ordezteko.

d) Aurreko guztiak zuzenak dira.

11. Zein dira enplegu-eskaintzaren eta -eskariaren arteko bitartekariak?

a) Enplegu-agentziak.

b) Lanbide eta SEPE.

c) Zuzenak dira *a)* eta *b)*.

d) Aurreko hirurak okerrak dira.

AMAIERAKO JARDUERAK

Teorla

1. Lanik gabe geratzearen edo lana ez aurkitzearen ondorioak ekonomikoak soilik al dira? Eragina al dute bizitzako beste arlo batzuetan? Zergatik?

2. Enplegu-estatistikak egitean, zergatik sailkatzen da aurretik biztanleria taldetan?

3. Zein da biztanleria aktiboaren eta lan egiteko adinean dagoen biztanleriaren arteko oinarrizko aldea?

4. Nola osatzen dira Espainian enplegu-maila neurtzen duten estatistikak?

5. Biztanleria aktiboaren zer zati ez da ageri erregistratutako langabeziaren estatistiketan? Zergatik sortzen du kezka berezia, zure ustez, talde horrek?

6. Zure ustez, zer dira Gizarte Segurantzarako kotizazioen gaineko hobariak?

7. Zer lotura dago herrialde baten aurrerapen-mailaren eta hango eskulanaren kualifikazio-mailaren artean?

8. Nola eragozten dute lan-merkatuaren barruan dauden langileek beste gainerakoen sarrera?

9. Zertan dira desberdinak enplegu-politika aktiboak eta enplegu-politika pasiboak?

10. Zure ustez, zergatik sustatzen dute gobernuek aldi baterako enpleguak enplegu finko bihurtzea?

11. Langabezia murrizteko, zertan dira lagungarriak erretiro aurreratuak eta derrigorrezko hezkuntzan egon beharreko adina handitzea?

12. Emakumeak lan-munduan sartzeak enplegu-hobi berriak sorrarazi ditu. Nola? Zergatik?

13. Zer dela-eta izan daiteke biztanleria zahartzea enplegu-aukera bat?

14. Kualifikazio-maila altuko eskulanaren beharra etorkizunerako enplegu-joera dela pentsatzen da. Zergatik?

Praktika

15. **Zer motatako langabezian sailkatuko zenituzke pertsona hauek?**

a) Anttonek neguan egiten du lana, jostailu-enpresa batean.

b) Oihana langabezian dago, informatikarekin arazoak dituelako.

c) Anek zerbitzari-lana utzi du sukaldaritza-ikastaro bat egiteko.

d) Jonek automobilgintzan egiten zuen lan, baina kaleratu egin dute, auto-salmentek mundu osoan izandako beherakadaren ondorioz.

16. **Sailkatu pertsona hauek biztanleria-motei ikasitakoa kontuan hartuta, ekoizpen-prozesuan duten eginkizunaren arabera:**

a) Ibrahimek psikologiako ikasketak egin zituen, baina ez du lanik aurkitzen, nahiz eta bila ari den.

b) Juan etorkina da, egoitza-baimena du eta eraikuntzan egiten du lan.

c) Karlosek informatikako goi-teknikariaren ikasketak egin zituen, eta atezain-lanpostu baterako oposizioak egiten ari da.

d) Karmele erdi-mailako heziketa-ziklo bat egiten ari da (Merkataritza), eta enplegu-bulegoan izena eman du, langabe gisa.

e) Matilde Batxilergoko ikaslea da.

f) Diego futbolaria da eta bajan dago, zuntz-haustura baten ondorioz.

g) Koldok etxeko lanak egiten jarduten du, bere etxean.

17. Taula honetan, Ekonolandiaren 2016ko laugarren hiruhilekoko datuak daude (kopuruak, milakotan):

	Laugarren hiruhilekoa (2016)		
	Guztira	Gizonak	Emakumeak
16 urtetik gorakoak	50.000	28.000	22.000
Aktiboak	35.000	20.000	15.000
• Landunak	30.000	18.000	12.000
• Langabeak	5.000	2.000	3.000
Ez-aktiboak	15.000	8.000	7.000

a) Kalkulatu eta interpretatu Ekonolandiako ez-jardueraren tasa.

b) Kalkulatu eta interpretatu gizonezkoen langabezia-tasa.

c) Kalkulatu eta interpretatu guztizko enplegu-tasa.

d) Kalkulatu Ekonolandiako biztanleria aktiboaren ehuneko aldakuntza, 2016ko hirugarren hiruhilekoko datuarekiko, jakinda 48.000 pertsonak osatzen zutela biztanleria aktiboa hiruhileko horretan.

18. Hona hemen enplegu-politikako zenbait ekintza. Zer motatakoak dira? Zer dira, enplegu-politika aktiboak ala pasiboak?

a) Derrigorrezko hezkuntzaren adina 18 urtera arte atzeratzea.

b) Langabeentzako prestakuntza-ikastaroak.

c) Nahitaezko erretiroaren adina 70 urtetan ezartzea.

d) Kaleratze-kostua erdira murriztea.

e) 5.000 €-ko diru-laguntza ematea enpresa bat sortzeagatik.

f) Ez-ohiko diru-laguntza bat ezartzea, familia ugaria izanik, prestaziorako eskubidea sortzeko gutxieneko aldia osatu ez dutenentzat.

g) Udaltzaingorako enplegu-eskaintza, hamar lanpostukoa.

h) Langabeziagatiko prestazioa.

19. Ikertu gai hauek Interneten:

a) Ikasten jarraitzeko aukera akademikoak, DBHko titulua lortuz gero dituzunak, eta lortzen ez baduzu dituzunak.

b) INEko webgunean, kontsultatu biztanleria aktiboaren inkestaren azken hiruhilekoaren datuak. Gero, erantzun galderei:

- Zein dira sexu bakoitzaren jarduera-, enplegu- eta langabezia-tasak?
- Deskribatu sexu bakoitzekoen langabeziak zer bilakaera izan duen, bai aurreko hiruhilekoko langabeziaren aldean, bai aurten igarotako hilabeteetan, bai azken hamabi hilabeteetan.
- Zer sektoretan egin du hobera? Zer sektoretan egin du okerrera?
- Enplegu-hobekuntzak urte-sasoiko faktoreek eragindakoak al dira? (Esate baterako, udako edo Gabonetako oporrek eragindakoak).

c) Beste enplegu-hobi berri batzuk egotea, testuan aipatutakoez gain.

20. 16 urte beteta badituzu, joan Lanbideren bulego batera, honako hauetako bat edo batzuk egiteko:

a) Lana aurkitzeko dituzun aukerei buruzko informazioa lortzeko.

b) Interesatzen zaizkizun prestakuntza-ikastaroetarako izena emateko.

c) Enplegu-eskatzaile moduan izena emateko, oporraldirako lana topatzeko.

Ezinbestekoa   Beharrezkoa   Osagarria

PRENTSA-LANTEGIA

Interneten, bilatu landu beharreko kontzeptu hauetako bakoitzerako prentsako albiste baten izenburu bat, osatu taula koadernoan, eta adierazi, lerro gutxi batzuetan, zer-nolako lotura duen unitatean ikasitakoarekin.

Landu beharreko kontzeptua	Izenburuak	Unitatean ikasitakoarekin duen lotura
Langabezia Espainian eta EBn	«Espainiako langabezia-tasa euroguneko herrialdeen batez besteko langabezia-tasa halako bi da» *Deia* (2016/03/02)	Espainian, langabezia-tasak askoz handiagoak izan dira ondoko herrialdeetan baino, beti. Egiturazko langabezia handia eta enplegu-politika kaskarrak dira egoera horren eragile nagusiak.
Egiturazko langabezia (langabezia-motak)	–	–
Prestakuntzak enplegua topatzeko duen garrantzia	–	–
Langabezia adoregabetua	–	–
Enplegu-joerak	–	–
Enplegu-hobi berriak	–	–

LEXIKOA

Langabezia frikzionala
Urte-sasoiko langabezia
Langabezia zikliko edo koiunturala
Egiturazko langabezia
Lanbide arteko Gutxieneko Soldata (LGS)
Biztanleria aktiboaren inkesta (BAI/EPA)
Biztanleria ez-aktiboa
Biztanleria langabea
Biztanleria landuna
Jarduera-tasa (Tj)
Enplegu-tasa (To)
Langabezia-tasa (Tlg)
Langabezia adoregabetua
Enplegu-politika aktiboa
Enplegu-politika pasiboa
Gizarte Segurantza
Enplegu-hobia

EKONOMIAKO JOKOA

Zure lehen lanpostuaren antzara-jokoa

Joko honetan, alegiazko txangoa egingo duzu zure etorkizunera, DBH4-tik hasita ikasketak amaitu eta zure lehenbiziko lanpostu finkoa lortu arte.

Horretarako, erabakiak hartu beharko dituzu, eta haiek nolakoak, arrakasta lortuko duzu edo ez.

Helburua

Hau da jokoaren helburua: jolastuz eta ikasiz, ikusaraztea hurrengo urteetan ikasketetan zein bizitzan izango dituzun zenbait une edo egoera garrantzitsu. Hori guztia, prestakuntzak eta norberaren ahaleginak lanpostu on bat lortzeko duten garrantzia azpimarratzen dela.

Denbora

Partidak 20 minutu inguru iraun dezake, gutxi gorabehera. Beraz, ordubeteko saio batean, 3 partida inguru joka daitezke.

Jokalari-kopurua

Edozein jokalari-kopururentzat da jokoa, baina 2 edo 3 jokalarik jardutea gomendatzen da.

Materiala

Joko honetarako, taula bat beharko duzu (irakasleak emango dizu), eta bi dado.

Joko-arauak

1. laukian hasi beharko duzu, eta dadoak botatzean ateratakoaren arabera egingo duzu aurrera taulako laukietan.

- 1-3 ateratzen baduzu, lauki bat aurreratuko duzu.
- 4-6 ateratzen baduzu, 2 lauki aurreratuko dituzu.

Batzuetan, proba edo gertakari batzuk egongo dira, eta horiek gainditu beharko dituzu, dado bat edo bi berriro botaz, eta bizitzako zenbait egoeratan hartu behar diren erabakiak hartu beharko dituzu, urrunago dauden laukietara joateko. Helburua 40. laukira iristen lehena izatea da. Hor, zure lehenbiziko lan-kontratu mugagabea lortuko duzu.

10 ESTATUAREN KONTUAK

Gure gizartean, hau da Estatuaren eginkizun ekonomikoa: merkatuaren osagarri izatea, hark ondo funtziona dezan laguntzeko eta batzuetan sortzen dituen azaroei heltzeko. Ekonomian, estatuaren esku-hartzea politika makroekonomikoen bidez gauzatzen da.

Politika horietatik guztietatik, zerga-politikak du eragin zuzenena gure eguneroko bizitzan. Politika horrek eragina du, halaber, estatuaren kontuetan, eta haietan ditu mugak: Estatuak lortzen dituen sarrerak baino gehiago gastatzen badu, defizit publikoa sortuko da, eta horrek beste arazo batzuk eragingo ditu.

HERRIALDE BIRIBILEAN

Herrialde Biribilean, jende maltzurra bizi zen, eta bi alderdi politiko zeuden aspaldi-aspalditik: EDA (Enpresaburu Diruzaleen Alderdia) eta LGA (Langile Gorrotatzaileen Alderdia).

EDAk hauteskundeak irabazten zituenean, gobernuak zergak jaisten zizkien aberatsei, eta igo, pobreei. Pobreei oso diru gutxi geratzen zitzaien, eta, azkenean, enpresek ez zuten ekoitzitakoa nori saldu, eta herrialde osoa hondatuta, oso haserre eta triste geratzen zen.

Orduan, hurrengo hauteskundeetan, LGAk irabazten zuen, eta guztiz kontrakoa egiten zuen: pobreek diru gehiago jasotzen zuten eta enpresaburuei irabaziak kentzen zitzaizkien, banatzeko. Azkenean, inork ez zuen enpresarik sortu nahi izaten, eta biztanle guztiak lanik gabe geratzen ziren, eta herrialde osoa hondatuta, oso haserre eta triste geratzen zen.

Orduan, EDAk irabazten zituen hauteskundeak berriz, eta...

Galderak:

1. **Zure ustez, zentzuzkoak al dira EDA eta LGA alderdien jokabideak? Zergatik?**
2. **Herrialde Biribilean alderdi politiko bat antolatzerik bazenu, nola deituko zenioke?**
3. **Zure ustez, zergak beharrezkoak al dira herrialdeak bidezkoagoak eta zoriontsuagoak izateko? Eman adibide bat.**

1 Estatuaren eginkizuna

Merkatuek ez dute bermatzen partikularrek hartutako erabakiak gizartearen interesetarako egokienak izango direnik. Izan ere, merkatuak mugak edo hutsuneak ditu. Honako hauek hain zuzen ere (10.1. taula):

Ondasun publikoen urritasuna	Merkatuek ondasun pribatuak ekoizten dituzte, baina ez dute ia ondasun publikorik ekoizten.
Esternalitateak	Ekonomia-jarduera askok ondorioak sortzen dituzte gizartean eta ingurumenean, eta, gehienetan, ondorio horiek kaltegarriak dira.
Lehiarik eza	Enpresa handiek nagusitasunezko posizioa izaten dute merkatuan prezioak eta baldintzak finkatzeko.
Errentaren banaketa desorekatua	Merkatuek sortzen duten errenta-banaketa kaltegarria izaten da egoera txarrenean daudenentzat.
Ekonomia-zikloen ezegonkortasuna	Aldian-aldian, krisialdiak egoten dira ekonomian.

10.1. taula. Merkatuaren hutsegite nagusiak.

Merkatuak gizartearentzat gogokoak ez diren ondorioak sortzen dituenean, egoera horiei merkatuko hutsegiteak esaten zaie.

Merkatuko hutsegiteak merkatuaren funtzionamenduaren ondorio kaltegarriak dira eta gizarte guztiarentzako gogokoak ez diren egoerak sortzen dituzte.

Horietatik, ekonomia-zikloen ezegonkortasuna da garrantzitsuena, eragin zuzena baitu herrialde bateko enpleguan eta lanpostuen ezaugarrietan, ekoizpenean eta prezioetan.

1.1. Ekonomia-zikloen ezegonkortasuna

Bizitzako beste arlo asko eta askotan bezala, ekonomian zikloak daude. Jarduera jakin batek zikloen araberako portaera izatea ez da, berez, arazo larria, fase bakoitza aurrekoa baino hobea bada; baina, oro har, fase onen ondoren, bolada txarrak etortzen dira. Eta horixe gertatzen da, hain zuzen ere, merkatu-ekonomietan.

Ekonomia-zikloak ekonomia-jardueraren gorabeherak dira: hedatze-aldiko eta atzeraldiko faseak txandakatzen dira.

Hedatze-fase edo -aldietan, ekonomia-jarduerak eta enpleguak hazkunde handia izaten dute. Haien ostean, atzeraldiak eta depresioak gertatzen dira, eta horrelakoetan, ekoizpen-baliabideetako asko (langileak, makinak, kapitalak, etab.) erabili gabe egoten dira.

Hau da, funtsean, ekonomiak jokabide ziklikoa du, eta hartan, hedatze-aldiak eta atzeraldiak txandakatzen dira. Fenomeno horri **ezegonkortasun zikliko** esaten zaio (10.1. irudia).

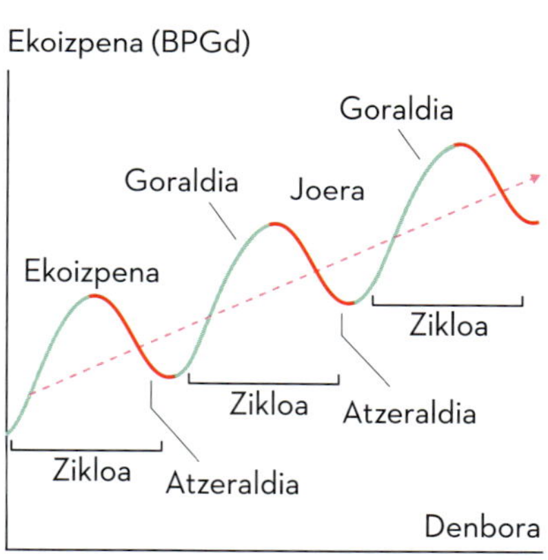

10.1. irudia. Ekonomia-zikloen faseak kartesiar diagrama batean irudikatu daitezke: ardatz bertikalean, BPGd-a adierazten da, eta horizontalean, berriz, denbora. Joerak erakusten du ekonomia indar handiagoz suspertzen dela, hondoratu baino.

1.2. Politika makroekonomikoa

Merkatuaren funtzionamenduaren ondorio kaltegarriak zuzentzen saiatzeko, Estatuak ekonomian esku-hartzen du. Helburu nagusia ezegonkortasun ziklikoa kontrolatzea bada ere, badaude beste helburu batzuk, eta zenbait politikaren bidez erregulatzen dira. Politika horien guztien multzoari politika makroekonomiko deritzo.

10.2. irudia. Politika makroekonomikoaren helburuak ez dira ekonomikoak soilik. Politika makroekonomikoak, gizartearen nahien adierazpena den neurrian, kontuan hartu behar ditu gizartearen kezkak eta balioak; esaterako, ekitatea eta elkartasuna.

Politika makroekonomikoa Estatuak ekonomia-jardueran esku-hartzeko eta herrialdearen martxa onaren alde egiteko baliatzen dituen politiken multzoa da.

<table>
<tr><th colspan="4">Politika makroekonomikoen helburuak</th></tr>
<tr><th>Errenten gainekoa</th><th>Diru-politika (EB)</th><th>Kanpo-politika (EB)</th><th>Fiskala</th></tr>
<tr><td colspan="2">Prezioen egonkortasunari eustea (deflaziorik ez egotea eta inflazioa ahalik txikiena izatea).</td><td>Beste herrialde edo merkataritza-bloke batzuekiko harremanak arautzea, onurak lortzeko moduan.</td><td>Ekonomia-jardueraren bolumena handitzea edo egonkortzea.</td></tr>
</table>

10.2. taula. Politika makroekonomiko motak, helburuen arabera. Kanpo- eta diru-politika EBren esku daude, Espainia Europar Batasuneko (EB) eta euroguneko kide delako.

1. periskopioa

Ezurte beldurgarriak

Bizitzan bezala, ekonomian bolada onak eta bolada txarrak daude: historian argi ikus daiteke hedatze-aldien ostean atzeraldiak gertatzen direla. Ezin da jakin, ordea, ziklo-aldaketa noiz gertatuko den, ezta aldi bakoitzak zenbat urte iraungo duen ere. Gobernarien ardura nagusia atzeraldien ondorio kaltegarriak ahalik eta gehien arintzea da.

Bilatu «BPGd», «bilakaera», «Espainia», «201X», «grafikoa»

- Azken urteotako BPGd-aren bilakaerari erreparatuta, zer-nolako egoeran dago Espainia, hedatze-aldian ala atzeraldian?

GARRANTZITSUA

10.2. taulan adierazitako politikak dira ekonomia-albisteetan gehien ageri diren neurriak, epe laburrerakoak baitira, baina badaude beste neurri batzuk, epe luzerakoak; esaterako, pribatizazio-politikak eta ekonomiaren sektore jakin batzuen berrantolaketa.

JARDUERAK

1. **Zergatik esaten da merkatuak hutsegiteak dituela?**
2. **Zergatik saiatzen dira gobernuak herrialdeen ekonomian eragiten politika makroekonomikoen bidez?**
3. **Zer lotura du Europar Batasunak Espainiaren politika makroekonomikoekin?**

2 Zerga-politika

LEXIKOA

Diskrezionala. Nahita egiten dena.

Zerga-tasa. Zenbateko jakin bati aplikatzen zaion ehunekoa, ordaindu behar den zerga kalkulatzeko.

Kanpo-politika eta diru-politika Europar Batasunaren esku daudenez, zerga-politika da EBko herrialde kideek (Espainia, kasu) beren ekonomietan esku hartzeko duten tresna nagusia.

Zerga-politika deritzo, Estatuak finkatutako helburuak lortzeko, sektore publikoak funtsak bilduz (batez ere zergetatik) eta gastu publikoen aplikazioaren bidez nahita bideratzen duen jarduketari.

Hauek dira zerga-politikako neurri garrantzitsuenak:

- **Obra publikoko programak.** Haien bidez, ekoizpen- eta enplegu-mailak handitzen dira eta herrialdeko azpiegiturak hobetzen dira.
- **Zerga-aldaketak.** Familiek edo enpresek kontsumitzeko edo inbertitzeko duten diru-kopurua aldatzea da neurri horien helburua. Eragina izaten dute ekoizpen- eta enplegu-mailetan.
- **Enplegu- eta heziketa-planak.** Lanik gabeko langileak aldi laburrerako kontratatzea eta trebatzea da, ahalik bizkorren laneratzeko (lanerako prestakuntza eta lantegi-eskolak).
- **Transferentzia-programak.** Egoera okerrenean dauden kolektiboak babesteko helburua dute, aldizkako ordainketen bidez, dela aldi baterakoak, dela iraunkorrak (esaterako, langabezia-sorospenak eta pentsioak).

Neurri horiez gain —**diskrezional** esaten zaie, gobernuek nahita aktibatzen dituztelako—, ekonomian, **egonkortzaile automatikoak** deritzenak daude; hau da, herrialde bateko gobernarien borondatetik at, ekonomiaren martxara egokitzen diren faktoreak. **Zergak** eta **gizarte-kotizazioak** dira horietan garrantzitsuenak. Hain zuzen ere, hedatze-aldian sortzen dituzten baliabideei esker, aukera ematen dute atzeraldietan lanik gabeko langileei langabezia-sorospena ordaintzeko eta arazoak dituzten enpresei diru-laguntzak emateko.

HAUSNARTU

Zerbitzu publiko gehiago ala zerga gutxiago?

Adibidez, museo nazionaletarako sarrerak doakoak izateko edo adinekoen pentsioak igotzeko eskatzean, estatuari zeharka esaten diogu zergak igotzeko edo dagoen gastua hobeto birbanatzeko, gure eskaerei arreta emateko.

2.1. Zerga-politika: motak

Zerga-politikak bi motatakoak izan daitezke:

- **Zerga-politika hedatzailea:** zergak jaisten dira edo gastu publikoa handitzen da, ekonomia-jarduera suspertzeko.
- **Zerga-politika murriztailea:** zergak igotzen dira edo gastu publikoa murrizten da, ekonomia-jarduera egonkortzeko.

Gastu publikoa handitzea ↑ **Zergak jaistea** ↓	Errenta eskuragarria ↑	Kontsumoa, inbertsioa ↑	Ekoizpena, enplegua, prezioak ↑
Zergak igotzea ↑ **Gastu publikoa jaistea** ↓	Errenta eskuragarria ↓	Kontsumoa, inbertsioa ↓	Ekoizpena, enplegua, prezioak ↓

10.3. taula. Zerga-politika hedatzailearen eta murriztailearen eragina.

2.2. Zerga-politika eta ekonomia-zikloak

Sarrera eta gastu publikoek ekonomia-zikloaren faseetan zer-nolako portaera duten erraz bereiz daiteke (10.3. irudia):

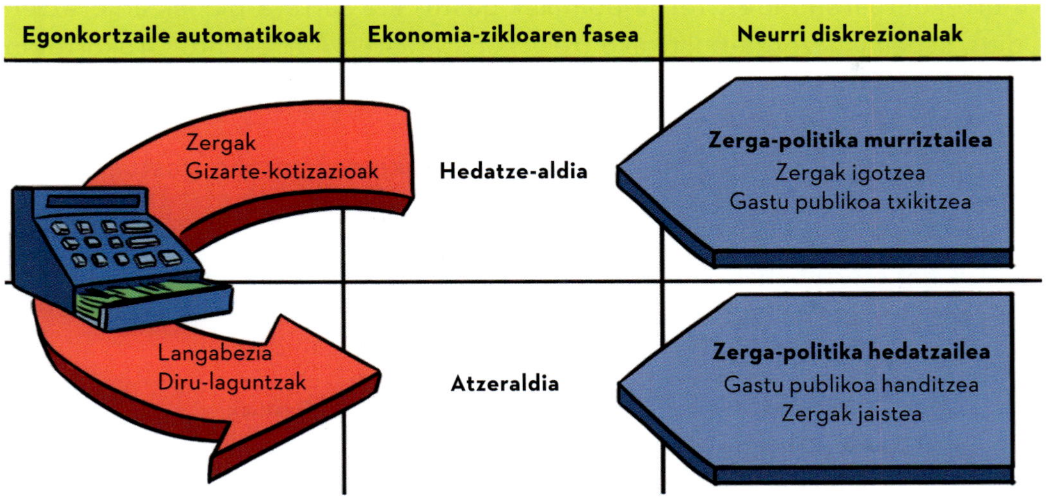

10.3. irudia. Zerga-politika, ekonomia-zikloen arabera.

1. JARDUERA EBATZIA

Adierazi zer motatako zerga-politikari dagokion ekintza hauetako bakoitza: erretiro-pentsioak, errepideak eraikitzea, langabetuentzako ikastaroak eta lan-poltsak, eta BEZaren ehunekoa handitzea.

Erantzuna:

Ekintzak	Neurri fiskal diskrezionalak
Erretiro-pentsioak	*Transferentzia-programak*
Errepideak eraikitzea	*Obra publikoak*
Langabetuentzako ikastaroak eta lan-poltsak	*Enplegu- eta heziketa-programak*
BEZaren ehunekoa igotzea	*Zergak aldatzea*

GARRANTZITSUA

Politikak egokiak badira, ez dute zertan izan eraginik prezioetan, baina hori ez da ohikoena. Zerga-politika hedatzaileek inflazioa eragin ohi dute, eta politika murriztaileek, berriz, prezioek bere horretan jarraitzea.

JARDUERAK

4. Jarduteko moduari dagokionez, zertan dira desberdinak tresna fiskalak eta egonkortzaile automatikoak?
5. Zer-nolako eragina dute zerga-aldaketek herrialde bateko ekoizpen- eta enplegu-mailetan?
6. Egonkortzaile automatikoek balazta moduan jarduten dutela esan ohi da, bai ekonomia ondo doanean, bai ekonomia gaizki doanean. Zer esan nahi du horrek benetan?
7. Zer eragin dute zerga-politika murriztaileek ekoizpenean, enpleguan eta prezioetan?

3 Estatuaren Aurrekontu Orokorrak (EAO)

10.4. irudia. Ekonomiaren ikuspegitik, pertsona bat pobrea da edo pobrezia-atalasearen azpitik dago, bizi den gizarteko familiek duten batez besteko errentaren % 60 baino gutxiago eskuratzen badu. Espainian, 2015eko maiatzean, bi seme-alabako familia batentzat, urtean 16.719 €-koa zen pobreziaren atalasea.

Aurrekontuaren bidez, zerga-politikak gastu- eta sarrera-planak adierazten ditu. Espainian, zerga-politikako tresnak Estatuaren Aurrekontu Orokorretan gauzatzen dira.

Estatuaren Aurrekontu Orokorrak dagokion urterako gastuen eta sarrera-aurreikuspenen zerrenda xehatua da.

EAOk bat etorri behar dute estatuaren helburu ekonomikoekin, bai eta ekonomia osoaren aurreikuspenekin ere.

EAO

Sarrerak
- Gizarte-kotizazioak
- Tributuak (zergak)
- Beste sarrera batzuk

→

Gastuak
- Arruntak
- Inbertsioak (azpiegiturak)
- Transferentziak eta diru-laguntzak

10.5. irudia. Sarrerak jatorriaren arabera eta gastuak helburuen arabera sailkatzea da estatuaren aurrekontu orokorrak antolatzeko modurik errazena.

Aurreko unitateetan, zergak eta gizarte-kotizazioak aztertu ditugu, eta ikasi dugu tributu-mota batzuk direla. Unitate honetan, berriz, gastu publikoak aztertzeari helduko diogu.

3.1. Gastu publikoak

Gastu publiko deritzo herri-administrazioek egindako gastuen multzoari. Estatuari dagokionez, gastuen helburuen arabera, honela sailka daitezke gastu publikoak (10.4. taula):

Gastu arruntak	Inbertsio-gastuak	Transferentziak eta diru-laguntzak
Gizarteari zenbait zerbitzu publiko (osasungintza, hezkuntza, justizia eta beste asko) emateko egiten diren gastu orokorrak dira. Adibideak: funtzionarioen soldatak eta enpresei egindako erosketak.	Herrialdearen ekoizpen-ahalmenari eusteko eta hura handitzeko egiten diren gastuak dira. Adibidea: azpiegiturak.	Estatuak birbanatzen dituen baliabideak dira, denentzat ongizate-maila handiagoa eta gizarte bidezkoagoa eta berdinagoa lortzen saiatzeko (**ongizate-estatua** deritzona). Adibideak: pentsioak (transferentziak) eta nekazaritzarako laguntzak (diru-laguntzak).

10.4. taula. Gastu publikoaren sailkapena.

LEXIKOA

Ongizate-estatua. Estatu-ikuskera bat da, eta horren arabera, Estatuaren ardura da biztanleria osoari oinarrizko zenbait eskubide aitortu eta bermatzea; esate baterako, osasungintza eta hezkuntza.

3.2. Errentaren birbanaketa

Batzuk aberats jaiotzen dira, eta beste batzuk, berriz, pobre. Kanpoko esku-hartzerik gabe, merkatuan, errealitatean jada badauden desberdintasunak errepikatuko lirateke, eta horrek egoera okerrenean dauden gizarte-taldeen pobrezia-maila areagotuko luke. Bestalde, aberatsen eta pobreen arteko desberdintasunak gizarte-arazo larrien sorburu dira, eta gizarte-matxinadak eta gerrak eragin izan dituzte, behin baino gehiagotan.

Horregatik, transferentzien eta diru-laguntzen bitartez, estatua errentaren banaketa pertsonalean eta geografikoan dauden aldeak murrizten saiatzen da, gehien dutenetik gutxien dutenera transferituz, **ekitate-printzipioa** aintzat hartuta.

Errentaren birbanaketa esaten zaio Estatuak, ekitate-printzipioa betez, merkatuak aurretik ekonomia-ahalmen handiko herritarrei esleitutako funtsak birbanatzeko egiten duen prozesuari.

LEXIKOA

Ekitate-printzipioa. Printzipio horren arabera, Estatuaren zuzentze-jarduera ahalbidetzen duten gastuak herritar guztien artean finantzatu behar dira, nork bere ekonomia-ahalmenaren neurrian.

2. JARDUERA EBATZIA

Hona hemen 2016rako EAOren gastuen zerrenda. Gastuak bilakaeraren arabera adierazita daude, eta sarrerak, guztizkoaren ehunekotan. Atera honako ezaugarri hauei buruzko ondorioak:

a) Datuak aurkezteko modua.

b) Guztizko sarreren eta gastuen bilakaera.

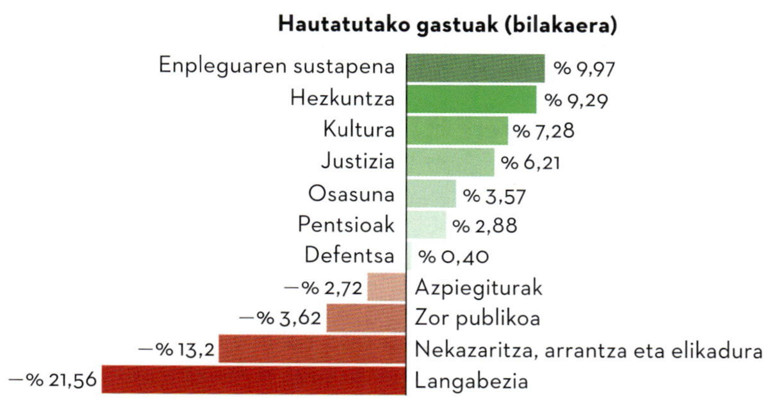

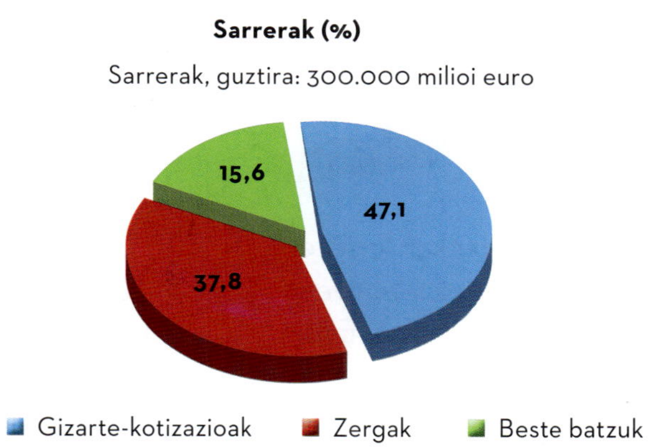

Erantzuna:

a) Gastuak aurreko urteko gastuekiko bilakaeraren arabera aurkeztu dira, eta gobernuak helburuak lortzeko garrantzitsuentzat hartzen dituen arloak nabarmentzen dira (kasu honetan, enpleguaren sustapena eta hezkuntza dira nabarmenenak). Beste aldean, aurreko urtearekin alderatuta garrantzia galdu duten arloak daude; esate baterako, azpiegiturak edo lehen sektorea. Zor publikoaren ordainketaren ehunekoak behera egiteak adierazten du Estatuak gutxiago ordaindu behar duela interesengatik. Halaber, gutxiago ordaindu behar da langabeziagatiko prestazioetarako, langabeziak behera egitearen ondorioz.

b) Guztizko sarrerekin alderatzen direnez, sarreren diagraman, argi eta garbi irudikatzen da zenbaterainoko garrantzia duten batzuek besteen aldean. Kasu honetan, gizarte-kotizazioak dira garrantzitsuenak, eta haien atzetik, zergak daude.

> **GARRANTZITSUA**
>
> | Aurrekontu-saldo motak | |
> |---|---|
> | Superabita | $S > G$ |
> | Oreka edo zero defizita | $S = G$ |
> | Defizita | $S < G$ |
>
> S = Sarrerak
> G = Gastuak
>
> Aurrekontu-orekari (Sarrerak = Gastuak) **zero defizita** esaten zaio.

> **GARRANTZITSUA**
>
> 
>
> 2008ko hipoteken krisiaren eta euroguneko 2010eko krisiaren ondorioz, EBko herrialde asko zorpetu egin ziren, eta horrek arazo asko ekarri zituen, suspertze-neurriek ez baitzituzten lortu nahi ziren helburuak lortu. Horregatik, **aurrekontuen urrezko araua** adostu zuten: euroguneko herrialdeek zero defizita lortzeko betebeharra ezarri zuten, ondo-ondo justifikatutako salbuespenetan izan ezik.

3.3. Aurrekontu-saldoa

Aurrekontu-egoera nolakoa, halakoak izango dira zerga-politikak ekonomian eragingo dituen ondorioak. Hauek dira aurrekontuak izan ditzakeen egoerak:

Oreka: Sarrerak = Gastuak

Defizita: Sarrerak < Gastuak

Superabita: Sarrerak > Gastuak

Familia orotan gertatzen den bezala, ez dago arazorik, sarrerak handiagoak badira gastuak baino. Alderantziz bada, arazoak sortuko dira. Ekonomian, bi defizit-mota daude:

- **Defizit ziklikoa.** Ekonomia-zikloen atzeraldietan sortu ohi den defizita da, gobernua ekonomia-jarduera suspertzeko zorpetzen denean. Aldi baterako izaten da, herrialdearen ekonomia suspertzeko eta familien eta enpresen konfiantza berreskuratzeko behar den denbora soilik irauten baitu. Esan daiteke ekonomia orotan berez sortu ohi den defizita dela.
- **Egiturazko defizita.** Defizita iraunkor bihurtzen bada, karga handia da ekonomia-garapenerako, herrialdeak aurre egin behar baitie, etengabe, zorraren kostuei.

Sarrerak ez badira gastuei aurre egiteko behar adinakoak, Estatuak aurrekontu-murrizketak egin ditzake, defizita ez sortzeko, edo zorpetu egin daiteke, gastu erabilgarriak egiteko eta haiekin susperraldiaren oinarriak ezartzeko, dela epe laburrera, dela epe luzera.

3.4. Defizit publikoaren finantziazioa

Defizit publikoa finantzatzeko, gobernuek aukera hauek dituzte:

- **Zor publikoa jaulkitzea.** Pertsonok banku bati mailegu bat eskatzen diogun bezala, Estatuak dirua eskatzen die enpresa eta partikularrei, bai eta beste herrialde batzuei ere, errenta finkoko titulu edo balore batzuen truke. Titulu horien hartzaileek eskubidea izango dute utzitako dirua gehi adostutako interes-tasa jasotzeko.
- **Zergak igotzea.** Gaizki ikusiak izateaz gain, dauden zergak igotzeak edo zerga berriak ezartzeak ondasunen eta zerbitzuen eskaria geldotzen dute. Beraz, neurri hori ekonomia-zikloaren hedatze-aldian hartu ohi da, gizarte-eragin txikiagoa izaten duelako.
- **Zirkulazioan dagoen diru-kopurua handitzea.** 8. unitatean ikasi dugunez, neurri horrek prezioen igoera eragin ohi du (inflazioa), eta, horregatik, estatuek oso tentu handiz aplikatzen dute. EBko euroguneko herrialdeetan, egonkortasun-arrazoiak tarteko, Europako Banku Zentralak (EBZ) soilik erabaki dezake zirkulazioan dagoen diru-kopurua aldatzea, euroguneko herrialdeen lurralde osorako.

2. periskopioa

Defizita eta zorra

Gastuari dagokionez, zorra eta defizit publikoa ez nahasteko metafora egokia bainuontzi bat izango litzateke. Urtero kanilatik bainuontzira erortzen den ura defizita da, eta urteak joan urteak etorri bainuontzian pilatzen den ur guztia, zorra. Herrialdeek BPGd-aren bidez neurtzen dute zer irabazten duten, eta bainuontziak herrialdeek zorrak hartzeko duten ahalmena irudikatuko luke. Bainuontzi horrek izan dezakeen tamainak zerikusi handia du BPGd-arekin, eta zorrak ordaindu ezean, urak gainezka egin dezake bainuontzian.

- Bainuontziaren metaforan, zeren parekoa izango litzateke defizita kitatzea edo murriztea?
- Eta bainuontziaren metaforan, zer izango litzateke zorra ordaintzea eta kitatzea?
- Demagun urak gora eta gora egiten duela, eta bainuontzian gainezka egin eta zorutik beheko solairura iragazten dela. Zer ari da gertatzen zorrarekin eta herrialdeak zorra ordaintzeko duen ahalmenarekin?

3. JARDUERA EBATZIA

2013aren amaieran, krisialdia hasi zen Ekonolandian, eta Estatuak zor publikoa jaulki behar izan zuen (10.000 milioi euro, urteko % 5ean), inbertsioak eginez ekonomia-egoera konpontzen saiatzeko. Jarraian ageri den taulako datuak (milioitan adierazita daude) kontuan hartuta, interpretatu:

a) Zorraren eta defizitaren bilakaera.

b) Zer motatako defizita da?

Erantzuna:

a) 2013an, Ekonolandiak zor publikoa jaulki zuen, 2014ko eta 2015eko aurrekontuak finantzatzeko. Bi urte horietan, defizita izan zuen, eta hartutako zorraren interesak ordaindu behar izan zituen, baina defizit-egoeran sartu zen jaulkitako zorraren interesak ordaintzeko. 2015ean, 2014an egindako inbertsioen eragina nabaritzen hasi ziren, eta 2016an, eragin hori erabatekoa izan zen: sarreren maila berreskuratu zen eta 2013an hartutako zorra itzuli ahal izan zuten.

b) Defizitaren bilakaera ziklikoa izan da (ekonomiaren atzeraldiarekin lotuta), Ekonolandia berreskuratu eta hedatze-aldian sartu baita, egindako inbertsioei esker.

Ekonolandiako estatuaren aurrekontu orokorrak						
Urtea	**Sarrerak**	**Gastuak**	**Defizita**	**Superabita**	**Zor publikoa**	**Zor-ordainketa**
2013	150.000 €	150.000 €	0		10.000 €	
2014	150.000 €	154.500 €	−4.500 €			500 €
2015	155.000 €	159.500 €	−4.500 €			500 €
2016	160.000 €	150.000 €		10.000 €		10.000 €

JARDUERAK

8. Zer-nolako lotura dago merkatuaren hutsegiteen eta Estatuak EAOren bidez egiten duen errenta-birbanaketaren artean?

9. Noiz bihurtzen da defizit ziklikoa egiturazko defizit?

KONTZEPTU-MAPA

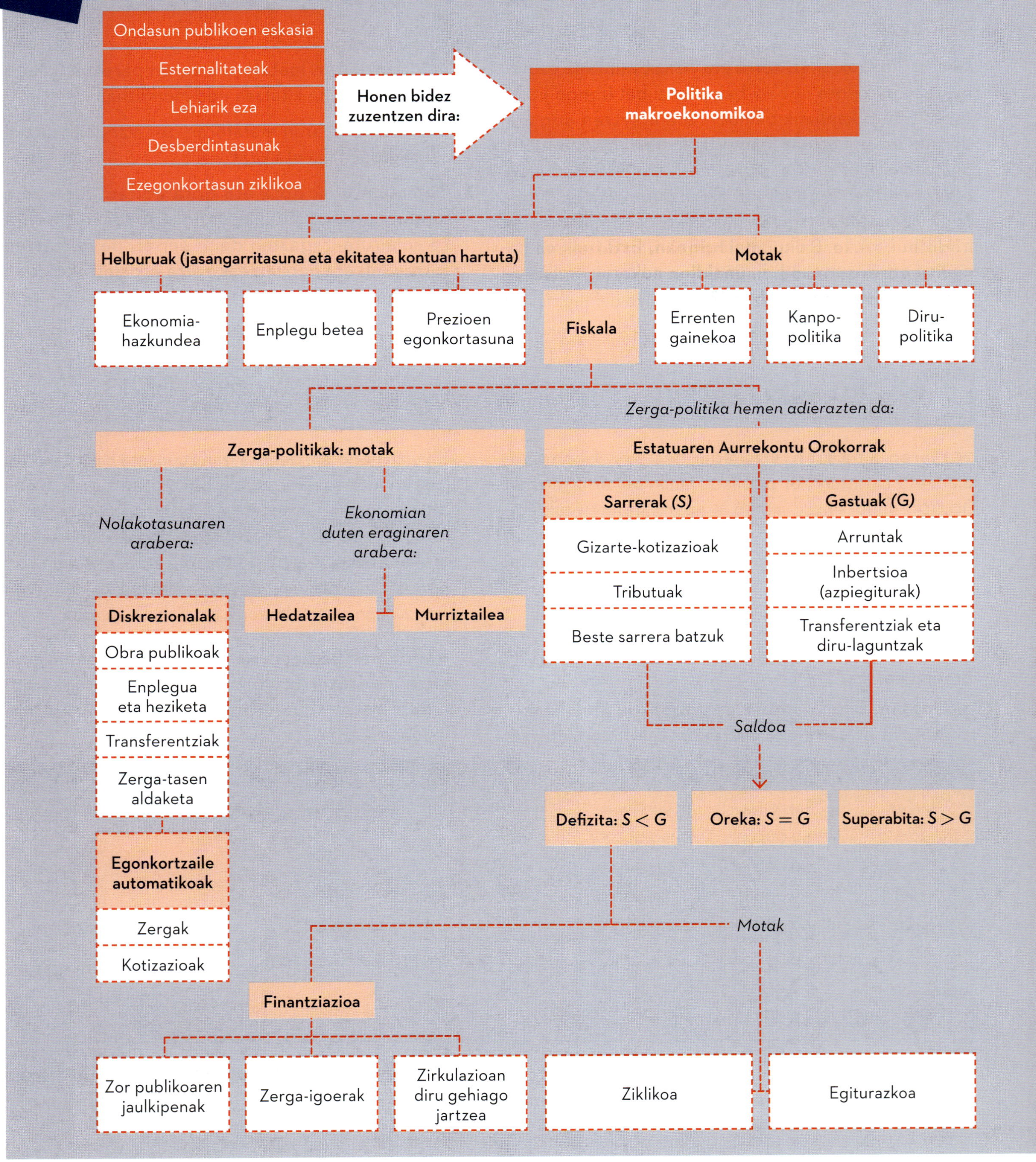

BERRIKUSKETA-TESTA

1. Zein da politika makroekonomikoaren helburu orokorra?

a) Ekonomia-hazkundea.

b) Demokrazia sendotzea.

c) Hezkuntza hobetzea.

d) Aurreko erantzun guztiak zuzenak dira.

2. Helburuak lortzeko ahaleginean, Estatuak ez baditu etorkizuneko belaunaldien aukerak arriskuan jartzen, nola deritzo horri?

a) Ekitatea.

b) Futurologia.

c) Enplegu betea.

d) Jasangarritasuna.

3. Zer motatako neurri makroekonomikoa izango litzateke BEZa handitzea?

a) Errenten gaineko neurria.

b) Neurri fiskala.

c) Diru-politikako neurria.

d) Kanpo-neurria.

4. Zer motatako zerga-politika da zergak jaistea?

a) Murriztailea.

b) Hedatzailea.

c) Diru-politika.

d) Errenten gainekoa.

5. Gizarte-prestazioak egonkortzaile automatikoak dira. Zergatik?

a) Handiagoak direlako ekonomia atzeraldian dagoenean.

b) Handiagoak direlako ekonomia hedatze-aldian dagoenean.

c) Ekonomia-zikloarekin zerikusirik ez dutelako.

d) Aurreko erantzunetatik, bi zuzenak dira.

6. Herrialde batek hazkundea eta defizit publikoa aldi berean baditu, nolakoa izango da, segur aski, defizit hori?

a) Aldizkakoa.

b) Ziklikoa.

c) Unekoa.

d) Egiturazkoa.

7. Estatuak dirua erabiltzen du errepide berriak egiteko. Zer da hori?

a) Transferentzia bat.

b) Diru-laguntza bat.

c) Inbertsio bat.

d) Gastu arrunt bat.

8. Estatuak behin eta berriz gastatzen badu jasotzen duena baino gehiago, zer sortzen da?

a) Egiturazko superabit publikoa.

b) Egiturazko defizit publikoa.

c) Soberakin iraunkorra.

d) Eskasia iraunkorra.

9. Zer egin dezakete estatuek defizit publikoa finantzatzeko?

a) Zor publikoa jaulki.

b) Zor publikoa itzuli.

c) Zirkulazioan dagoen diru-kopurua gutxitu.

d) Zuzenak dira *b)* eta *c)* erantzunak.

10. Banku zentralak zuhurtziaz jokatzen ez badu eta zirkulazioan dagoen diru-kopurua asko handitzen badu:

a) Prezioek gora egin dezakete.

b) Prezioek behera egin dezakete.

c) Defizita handitu daiteke.

d) Defizita txikitu daiteke.

AMAIERAKO JARDUERAK

Teoria

1. Zein da merkatuaren hutsegite nagusia? Zergatik?

2. Zure ustez, zergatik izan behar dira kontuan gizartearen balioak eta kezkak politika makroekonomikoetan?

3. Zertarako erabil daitezke obra publikoko programak krisialdietan?

4. Demagun gobernu batek gastu publikoa handitzea edo zergak jaistea erabaki duela.

a) Zer kate-efektu sortzen dituzte horrelako neurriek ekonomian?

b) Ekintza horrek izan al dezake ondorio kaltegarririk? Zein?

c) Nola deritzo horrelako zerga-politikari?

5. Espainian, errenta handienen gaineko zerga % 50 ingurukoa da. Zure ustez, handiagoa izan behar al luke ehuneko horrek? Arrazoitu erantzuna.

6. Krisialdietan, gobernu gehienek zergak igo ohi dituzte. Zer arrazoik justifikatzen dute neurri hori hartzea? Zure ustez, zergatik hartzen dute gobernuek neurri hori agintaldiaren hasieran?

7. Nola adierazten dute estatuaren aurrekontu orokorrek zein diren gobernuarentzako lehentasuneko arloak?

8. Estatuaren aurrekontu orokorretako gastu publikoei dagokienez, zertan dira desberdinak gastu arruntak eta inbertsio-gastuak? Eta zertan dira desberdinak transferentziak eta diru-laguntzak?

9. Estatuaren aurrekontu orokorretako gastuen sailean, transferentziak eta diru-laguntzak ageri dira, baina ez dira, berez, gastuak. Azaldu zergatik.

10. Eman ongizate-estatuaren definizioa, zure hitzak erabiliz.

11. Zer-nolako lotura dago estatuaren aurrekontu orokorren eta ongizate-estatuaren artean?

12. Zer gertatuko litzateke Estatua errentaren banaketa hobetzen saiatuko ez balitz? Zer lotura du pertsonen ekonomia-ahalmenak estatuak egiten duen birbanaketarekin?

13. Defizit ziklikoa ez da arazotzat hartzen. Zergatik? Arrazoitu erantzuna.

14. Zer da zor publikoa?

15. Herrialde batentzat, zein da zor publikoaren bidez finantzatu beharraren aukera-kostua?

16. Merkatuaren zer motatako hutsegitea da fenomeno hauetako bakoitza?

a) Kutsadura.

b) Parke publikoen eta lorategien eskasia.

c) Ekonomian krisialdiak egotea aldian-aldian.

d) Merkatu osoan monopolioa edo enpresa bakar bat egotea.

e) Pobrezia-egoeran bizi diren pertsonak egotea.

17. Zer motatako politika makroekonomikoa da gobernuak hartutako neurri hauetako bakoitza?

a) Esneari gehieneko prezioa ezartzea.

b) Nekazaritza-produktuen inportazioa murriztea.

c) Hezkuntzarako gastua handitzea.

d) Lanbide arteko gutxieneko soldata eguneratzea.

e) Zergak igotzea.

f) Zirkulazioan dagoen diru-kopurua gutxitzea.

g) Gasolinaren prezioaren gainean zerga berri bat ezartzea.

18. Zerga-politika diskrezionaleko zer tresnari dagokio gobernuek hartutako neurri hauetako bakoitza?

a) Ikastetxe bat eraikitzea.

b) PFEZren zerga-tasa igotzea.
c) Langabezia-sorospena ordaintzea.
d) Autobia bat handitzeko lanak.
e) Langileentzako prestakuntza-ikastaroak.
f) Sozietateen gaineko zergaren zerga-tasa jaistea enpresa txiki eta ertainei.
g) Erretiro-pentsioak handitzea.

19. Hona hemen estatuak hartutako zenbait neurri. Zer gastu-mota dagokio bakoitzari (gastu arrunta, inbertsioa, transferentzia/diru-laguntza)?

a) Alarguntza-pentsioak ordaintzea.
b) Obra publikoak egitea.
c) Osasun-materialean egindako gastuak.
d) Ikasketa-bekak.
e) Enplegua sortzeagatiko diru-laguntzak.
f) Funtzionarioak kontratatzea.
g) Langabezia-sorospenak.
h) Enplegua sortzeko laguntzak.

Praktika

20. Ikertu Interneten:

a) Interneten urteko EAOko gastu eta sarrera nagusiak zein diren ikertu ondoren, jarri ekonomia-ministroaren lekuan eta egin honako jarduera hauek:
- Adierazi nondik lortuko diren diru-sarrerak, eta azpimarratu zein izango diren garrantzitsuenak.
- Ikaskideen aurrean, adierazi zer arrazoi direla-eta handitu edo murriztu dituen zure gobernuak zenbait gastu-sail. Defendatu arrazoi horiek.

b) Hedabideetatik, bildu Euskal Autonomia Erkidegoan egiten ari diren obra publikoko programei buruzko informazioa.

c) Bilatu ongizate-estatuak Espainian dituen ezaugarriei buruzko informazioa. Hain zuzen ere honako hau:
- Espainiar guztiei aitortzen zaizkien oinarrizko eskubideak.
- Prestazio-motak eta onuradunak.
- Nola finantzatzen diren prestazioak.

21. Herrialdeek dirua behar dutelako zorra jaulkitzen dutenean, interes-tasa finko baten truke egiten dute, eta horrelakoetan, arrisku-prima izeneko faktorea sartzen da jokoan. Herrialde bat zenbat eta fidagarriagoa izan, orduan eta arrisku-prima txikiagoa izango du, eta alderantziz. Prima hori zenbatekoa izango den jakiteko erreferentzia arrisku-prima txikiena ordaintzen duen herrialdea izaten da: zor publikoaren interes-tasa txikiena duen herrialdea hartzen da erreferentziatzat, eta haren interes-tasa alderatzen da gainerako herrialdeen interes-tasekin.

Adibidez, Alemaniaren interes-tasa % 1ekoa bada, eta Espainiarena, berriz, % 4koa, prima kalkulatzeko, bi ehuneko horien arteko kenketa egin behar da, eta, gero, bider 100 egin. Hau da:

$$\%4 - \%1 = \%3$$

$$3 \times 100 = \text{oinarrizko } 300 \text{ puntu.}$$

Hori izango litzateke Espainiaren arrisku-prima; hau da, arriskuko 300 puntu gehiago herrialde fidagarrienak edo erreferentziazko herrialdeak baino (kasu honetan, Alemania).

Ikertu Interneten eta arrazoitu zergatik izan daitekeen arazoa arrisku-prima.

22. Demagun Frantziaren arrisku-prima 233 puntukoa dela, eta erreferentziazko herrialdeak, Alemaniak, % 1,1eko interes-tasa ordaintzen duela bere zor publikoaren tituluengatik. Zer interes-tasa ordaindu beharko du Frantziak bere zor publikoaren jaulkipenetan?

Ezinbestekoa · Beharrezkoa · Osagarria

PRENTSA-LANTEGIA

Interneten, bilatu landu beharreko kontzeptu hauetako bakoitzerako prentsako albiste baten izenburu bat, osatu taula koadernoan, eta adierazi, lerro gutxi batzuetan, zer-nolako lotura duen unitatean ikasitakoarekin.

Landu beharreko kontzeptua	Izenburuak	Unitatean ikasitakoarekin duen lotura
Krisi ekonomikoa	«Noiz amaituko da krisia?» *Infolibre* (2016/02/29)	Krisialdietan eta atzeraldietan, langabeziak gora egiten du, eta kontsumoak, berriz, behera. Inork ez du krisirik egotea nahi, baina ekonomia-zikloaren berezko elementuak dira.
Politika makroekonomikoko balioak	–	–
Zerga-politika hedatzaileko ekintzak, krisialdian ekonomia suspertzeko	–	–
Estatuaren aurrekontu orokorren gizarte-funtzioa	–	–
Egiturazko defizitaren arriskuak	–	–
Arrisku-prima	–	–

LEXIKOA

- Merkatuaren hutsegitea
- Ekonomia-zikloak
- Politika makroekonomikoa
- Zerga-politika
- Zerga-politika hedatzailea
- Zerga-politika murriztailea
- Diskrezionala
- Zerga-tasa
- Estatuaren Aurrekontu Orokorrak (EAO)
- Ongizate-estatua
- Gastu arruntak
- Inbertsio-gastuak
- Transferentziak eta diru-laguntzak
- Errentaren birbanaketa
- Ekitate-printzipioa
- Aurrekontu-superabita
- Aurrekontu-defizita
- Aurrekontu-oreka
- Defizit ziklikoa
- Egiturazko defizita

EKONOMIAKO JOKOA

Hauteskunde orokorrak!

Errealitatean, politika ekonomikoarekin eta aurrekontu-gaiekin lotutako erabakiak gobernuan dagoen alderdiaren araberakoak izan ohi dira. Printzipioz, modu sinple batean esanda, eskuineko alderdiek hazkundeari lehentasun handiagoa ematen diote errentaren birbanaketari baino, eta ezkerrekoek, berriz, birbanaketari ematen diote lehentasuna. Zentro politikoaren helburua bien arteko oreka lortzea izaten da. Azalpen hori, jakina, oso orokorra da, errealitatea askoz konplikatuagoa baita.

Helburua

Jokoaren helburua da hauteskunde-kanpainetako zentro politikoa intuizioz bilatzea, eta, aldi berean, hauteskunde-programen eta alderdi politikoen posizionamendu politiko eta ekonomikoaren arteko elkarreraginaz ohartzea.

Jokalariak

2-4 jokalarirentzat dago pentsatuta jokoa, baina 3 edo 4 izan daiteke jokalari-kopuru egokiena.

Denbora

Partida bakoitzaren iraupena 5-10 minutukoa izan daiteke, jokalariak jokoan zenbateraino aritu diren.

Materialak

Bi bolaluma eta paper-orri batzuk behar dira, besterik ez.

Jokoaren deskribapena

Ideologia jakin bateko (ezkerrekoa, zentrokoa edo eskuinekoa) alderdi politikoa sortu beharko duzu, hauteskunde batzuetara aurkezteko. Zure alderdirako hautatutako ideologiaren arabera, zenbait hauteskunde-promesa egin beharko dituzu.

Hauteskunde-egunean, zure hauteskunde-promesek zer-nolako harrera izan duten ikusi ahal izango duzu, jasotako botoen bidez.

11

NAZIOARTEKO MERKATARITZA ETA EUROPAR BATASUNA

Nazioarteko merkataritza da herrialdeen eta kontinenteen arteko ekonomia- eta kultura-harremanak estutzeko jarduera eraginkorrena. Baditu eragozpenak, eta, horregatik, etengabeko eztabaida dago merkataritza sustatzearen edo mugatzearen inguruan. Baina, nolanahi ere, merkataritzaren abantailez jabetuta, integrazio ekonomikoko prozesu ugari izan dira. Horien artean, Europar Batasuna da aipagarrienetako bat. Espainia EBko kide da 1986tik, integrazio ekonomikoko proiektu ezagunenaren eta aurreratuenaren abantailek nahiz eragozpenez ohartzeko denbora aski.

BI ERRESUMAREN HISTORIA

Urrun-urruneko lurralde batean, haitzarte handi batek bereizitako bi erresuma zeuden. Ahabiaren Erresuman, biztanle guztiak urdinak ziren, eta Limoiaren Erresuman, berriz, horiak. Ahabiaren Erresuman zur eta metal ugari zegoen; eta, horregatik, mahaiak eta tresnak oso kalitate onekoak ziren. Limoiaren Erresuman, berriz, ibai handi bat zegoen: arrain gozoak zituzten, ugari gainera, eta errotetan, ogia egiteko irin ona lortzen zuten.

Egun batean Ahabiaren Erresumako Erik ingeniariak zubi bat eraiki zuen bi erresumen artean, eta, lehen aldiz, Ahabiaren Erresumako eta Limoiaren Erresumako biztanleak zubiaz bestaldeko herrira joan ziren eta elkar ezagutu zuten. Hilabete batzuen buruan, inork zergatik jakin gabe, kolore berdeko umeak ageri ziren kaleetan, jolasten.

Baina, horrez gain, aldaketa handiak ere gertatu ziren bi herrien ekonomian ere. Biztanle batzuk kaleetara irten ziren, zubia erretzeko asmoz. Zer gertatu zen?

Galderak:

1. **Johnek, Ahabiaren Erresumako arrain-saltzaileak, zubia gorroto zuen, eta inoiz eraiki ez balitz hobe izango zela pentsatzen zuen. Zure ustez, zergatik pentsatzen zuen horrela? Zer pentsatuko dute Johnen bezero ohiek? Zubiaren alde egongo al dira?**

2. **Zure ustez, onuragarria izan al zen zubia jendearentzat? Zergatik? Zer gertatuko litzateke, zure ustez, zubia suntsituko balute?**

Laburpena

1. Nazioarteko merkataritza
2. Protekzionismoa eta merkataritza askea
3. Integrazio ekonomikoa
4. Europar Batasuna (EB)

1 Nazioarteko merkataritza

Hau da beste herrialde batzuekin merkataritzan aritzeko arrazoia: herrialdeak berak ez dituen ondasunak eta zerbitzuak lortzea. Nazioarteko merkataritzako eragiketetan bereizi egiten da nork ematen dituen eta nork jasotzen dituen ondasunak eta zerbitzuak.

Esportatzaile deritzo atzerriko herrialde bati ondasunak eta zerbitzuak ematen dizkionari, eta **inportatzaile**, berriz, ondasun eta zerbitzu horiek jasotzen dituenari.

Esportazio-inportazioko eragiketa **aduana-lurralde** beraren barruan egiten den edo ez kontuan hartuta, kanpo-merkataritza eta nazioarteko merkataritza bereizten dira. Oso bereizketa garrantzitsua da, herrialdeek merkataritza-blokeetan elkartzeko joera baitute gaur egun. Esate baterako, Espainiak eta Europar Batasuneko gainerako herrialde kideek aduana-lurralde bat osatzen dute munduko gainerako herrialdeen aurrean (11.1. irudia).

11.1. irudia. Nazioarteko merkataritzaren eta kanpo-merkataritzaren arteko aldeak.

Aduana-lurraldea salgaien zirkulazio askea duen eremu geografiko bat da, eta ez du nahitaez bat etorri behar herrialde jakin baten muga politikoekin.

1.1. Dibisak

Nazioarteko merkataritza **dibisak** erabiliz egiten da. Dibisa esaten zaio herrialdekoa bertakoa ez den beste edozein diruri. Adibidez, dolarra dibisa bat izango da Espainian, baina ez Ameriketako Estatu Batuetan, eta alderantziz gertatzen da euroarekin.

Dibisa-merkatuak badu berezitasun bat: dibisa baten truke-tasa beste moneta batekiko ezartzen da. Esate baterako, euroak dolarrarekiko duen truke-tasa honela adierazten da: €/$. Eta libera esterlinak euroarekiko duen truke-tasa, berriz, honela: £/€.

GARRANTZITSUA

Dibisa baten truke-tasak dibisa horrek beste batekiko duen prezioa adierazten du.

LEXIKOA

Ordainketa-balantza. Kontabilitate-dokumentu bat da, herrialde baten eta munduko gainerako herrialdeen artean aldi jakin batean izandako ekonomia-transakzioak erregistratzen dituena.

1. JARDUERA EBATZIA

Zenbat dolar izango lirateke 100 euro, euroak dolarrarekiko duen truke-tasa 1,08 €/1 dolar balitz?

Erantzuna:

$$\begin{array}{lcl} 1{,}08\ € & \text{———} & 1\ \text{dolar} \\ 100\ € & \text{———} & x\ \text{dolar} \end{array} \Rightarrow \left\{ \begin{array}{l} 1{,}08\,x = 100 \\ x = \dfrac{100}{1{,}08} = 92{,}59\ \text{dolar} \end{array} \right.$$

1.2. Nazioarteko merkataritzaren onurak: abantaila konparatiboa

Denok dugu ahalik aberastasun handiena sortzen duten jardueretan espezializatzeko interesa. Herrialdeei buruz dihardugula, hori ez da nahikoa; horrez gain, nazioarteko merkatuetan balio handia duten gauzetan espezializatu behar da; bestela, inork ez luke nahiko herrialde horrekin merkataritzan aritu. Alboan adierazitako adibideari erreparatuz, nork nahiko luke umezain-lanetan jardun, zerbitzu hori inork estimatu eta kontratatuko ez balu?

Norbait ona bada zenbait ondasun ekoizten, abantaila du. Baina, gainera, besteak baino hobea bada, abantaila konparatiboa izango du.

Abantaila konparatiboaren teoriaren arabera, herrialdeak besteak baino hobeto egiten dituzten ondasunetan eta zerbitzuetan espezializatzen dira.

GARRANTZITSUA !

Pertsona batzuek umezainen zerbitzuak kontratatzen dituzte lanera joan ahal izateko, aberastasun gehiago sortzen baita zerbitzu horiek kontratatu eta beste jarduera batzuetan arituta, etxean umeak zaintzen geratuta baino. Errentagarriagoa izan daiteke, esaterako, ordubete lanean ematea eta 10 € kobratzea (umezaina 6 €-ren truke kontratatuta), lanera ez joatea eta etxean umezain geratzea baino.

1. periskopioa

Norentzat da onuragarriena nazioarteko merkataritza?

Besteek gehien preziatzen duten horretan espezializatzea abantaila bat da pertsona, enpresa eta herrialdeentzat. Baina herrialde guztiek ezin dituzte ondasun-mota berak ekoitzi. Herrialde aberatsenek kualifikazio-maila altuko eskulana dute, bai eta teknologia eta makina sofistikatuak ere. Herrialde pobreek, berriz, natura-baliabide ugari eta kualifikazio-maila txikiagoko eskulana izaten dute.

Bilatu «Abantaila konparatiboa» «zentro-periferia» «truke-erlazio erreala» «ekoizpenaren espezializazioa» «truke desorekatua»

- Aukeran, zer duzu nahiago, makina sofistikatuak ekoiztea, herrialde aberatsek bezala, edo natura-baliabideak erauztea, herrialde pobreek bezala? Zergatik?

JARDUERAK

1. **Espainiak autoak saltzen badizkio Frantziari, eta Frantziak gaztak saltzen badizkio Espainiari...**
   a) Nor ari da autoak inportatzen eta nor gaztak esportatzen?
   b) Zer dira, nazioarteko merkataritzako eragiketak ala kanpo-merkataritzakoak? Eta autoak Marokori salduko balitzaizkio?

2. **Gorka indartsua da, baina ezin du luzaroan korrika egin. Jokin, ordea, denbora luzean egon daiteke korrika. Lagunak direnez, abiadura-lasterketa batzuetan izena ematea erabaki dute.**
   Nor ari da baliatzen bere abantaila konparatiboa? Zergatik?

2 Protekzionismoa versus merkataritza askea

BA AL ZENEKIEN?

Hona hemen banana baten ekoizpenean eta salmentan parte hartzen duten agenteek salmentapreziotik jasotzen dituzten ehunekoak.

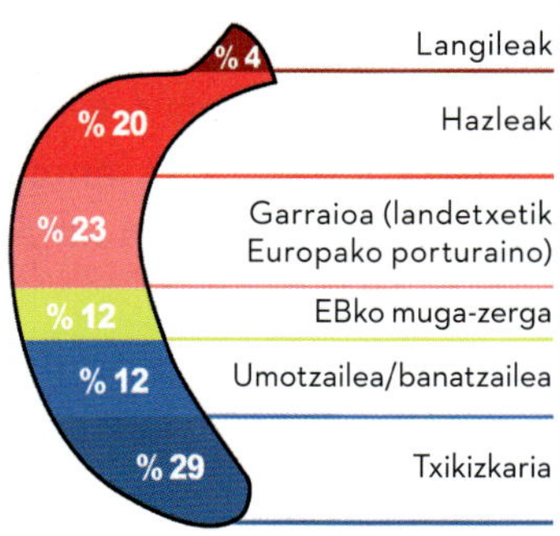

Azterketarako, Erresuma Batuko supermerkatu batean saldutako Costa Ricako banana bat hartu da oinarri.

Praktikan, badaude herrialde batek nahitaez ekoitzi behar dituen zenbait ondasun-mota, ekoitzi ezean atzerriarekiko menpekotasun handiegiko egoera sortuko litzatekeelako. Armak eta teknologia dira horrelako produktuen adibideak. Halaber, atzerriko zenbait produktu herrialdean sartzea kaltegarria izan daiteke herrialde batentzat, bertako sektoreetan eta lanpostuetan eragina badu. Arrazoi horiengatik eta beste batzuengatik, gobernuek atzerriko produktuen sarrera mugatzen dute. Horrelako jardunbideei **protekzionismo** esaten zaie.

Protekzionismoa esaten zaio, herrialdeko interesak babesteko helburuz, herrialde batean atzerriko produktuen sarrera mugatzeko hartutako neurrien multzoari.

Funtsean, merkataritza askearen aldeko argudioen aurrean, protekzionismoaren aldeko argudioak adierazten dituzte beste batzuek. Hona hemen (11.2. irudia):

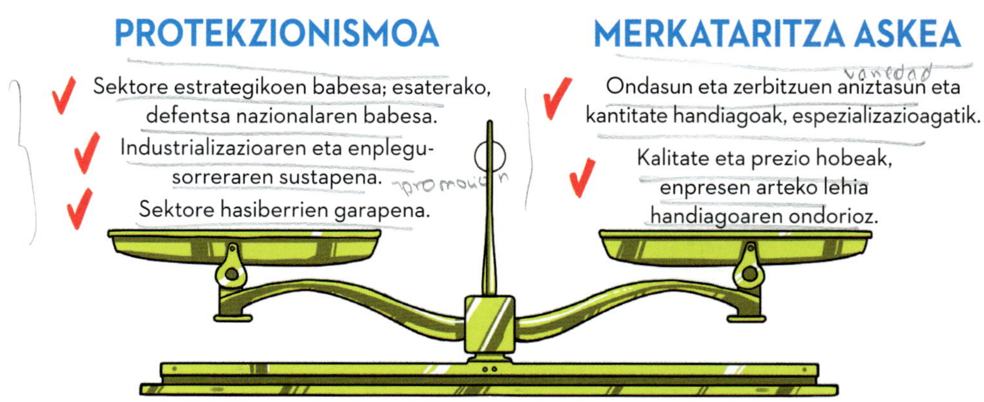

11.2. irudia. Protekzionismoaren eta merkataritza askearen aldeko argudioak.

2.1. Merkataritza askea mugatzeko hesiak

Gaur egun, hauek dira beste herrialde batzuetako produktuen inportazioak mugatzeko neurri erabilienak:

- **Inportazioei muga-zergak ezartzea.** Inportazioak mugatzeko tresna nagusiak **muga-zergak** dira; hau da, herrialde batean edo aduana-lurralde batean sartzeko eskubidea izateko ordaindu behar diren zergak.
- **Atzerriko produktuen kuota mugatuak finkatzea.** Zenbait ondasunetatik inportatu daitezkeen kantitateetan mugak ezartzea.
- **Herrialdeko industriei diru-laguntzak ematea.** Gobernuek laguntzak ematen dizkiete herrialdeko industriei eta haietako lanpostuak babesten dituzte, produktu merkeagoekin edo kalitate hobekoekin lehiatzeko gai izan daitezen.
- **Merkataritzakoak ez diren hesiak ezartzea.** Horrelako neurrien bidez, eragozpenak jartzen zaizkie inportazioei. Ez dira zergak izaten, baizik eta burokraziatramite konplexuak, kalitate-arauak betearaztea, etiketatze bereziak, etab.

LEXIKOA

Industrializazioa. Adiera zabalean, hazkundea, garapena eta modernizazio ekonomikoa esan nahi du.

Muga-zergak. Aduanazergak dira eta atzerriko ondasun bat herrialde edo aduana-lurralde batean sartzea garestiagoa izatea eragiten dute.

2.2. Nazioarteko lankidetzako erakundeak

Bigarren Mundu Gerra amaitu ondoren, hura piztu zuten arazoei buruzko gogoeta egin zuen nazioarteko komunitateak, horrelakorik berriz gerta ez zedin. Aipatu ziren arrazoien artean, honako hauek zeuden: herrialdeen arteko lankidetzarik eza eta 1930eko hamarkadako krisi ekonomikoa.

Gogoeta-prozesu horren ondorioz, zenbait herrialdek nazioarteko organismoak sortzea adostu zuten, politikaren zein ekonomiaren alorrean lankidetza sustatzeko.

Nazio Batuen Erakundea (NBE) deritzon nazioarteko erakundea sortu zuten. Hauek dira Nazio Batuen Erakundearekin lotutako erakunde ekonomiko garrantzitsuenak:

- **Munduko Merkataritza Erakundea (MME).** Erreferentzia da nazioarteko merkataritzan, eta muga-zergak kentzen saiatzen da.
- **Ekonomia Lankidetza eta Garapenerako Erakundea (ELGE).** Kapitalen eta zerbitzuen mugimenduak apurka-apurka liberalizatzeko helburua du.
- **Nazioarteko Diru Funtsa (NDF)** eta **Munduko Bankua (MB).** Nazio Batuen Erakundearekin lotutako erakundeak dira, eta, oro har, maileguak ematen dizkiete arazoak dituzten herrialdeei.

BA AL ZENEKIEN?

G8 deritzo munduko herrialde industrializatuenek (Alemania, Kanada, AEB, Frantzia, Erresuma Batua, Italia, Japonia eta Errusia) munduko arazo ekonomiko nagusiei buruz eztabaidatzeko egiten duten bilera formalari.

2. periskopioa

Zein dira herrialde protekzionistenak?

Oro har, merkataritzari dagokionez, munduko herrialdeak bi bloke handitan banatzen dira:

- Merkataritza askearen aldekoak. Trabak kentzearekin lotutako abantailak eta aberastasuna goresten dituzte.
- Herrialde protekzionistak. Beren industrien eta lanpostuen babesa argudiatzen dute muga-zergak eta beste hesi batzuk ezartzeko.

Bilatu «Merkataritza askea» «protekzionismoa» «herrialdeak»

- Zein dira herrialde protekzionistenak? Eta merkataritza askearen aldekoenak?
- Ba al dago loturarik herrialde baten aberastasunaren eta merkataritza askearen aldeko edo kontrako jarrera izatearen artean?

JARDUERAK

3. **Merkataritza askerako zer hesi-mota da neurri hauetako bakoitza?**
   a) Koreatik inportatutako autoen kopurua mugatzea.
   b) Mikroprozesadoreen industria hasiberriari laguntzak ematea.
   c) Produktu baten inportatutako ale bakoitzari zerga bat ezartzea.

3 Integrazio ekonomikoa

> **! GARRANTZITSUA**
>
> Edozein mailatako integrazio ekonomikoak, aurreko atalean aztertutako lankidetzak ez bezala, herrialdeen subiranotasun nazionalean eragiten duten neurriak aplikatzea dakar.

Bigarren Mundu Gerraren ondoren, muga-zergak kentzeko apurka-apurkako prozesuak izan ziren, eta multinazionalen jardueren ondorioz, ekonomia-harreman estuak sortu ziren munduan. Hori dela eta, zenbait herrialdek integrazio ekonomikoko prozesuak jarri zituzten martxan.

mundu merkatuan bateratzeko prozesua da.

Integrazio ekonomikoa merkatuak bateratzeko prozesua da, helburu duena nazioz gaindiko eremu ekonomikoak eratzea, jatorrizkoak baino lehiakorragoak eta efizienteagoak.

merkatu lehiakorragoak izatea da helburua

Integrazio-modalitate oinarrizkoena **lehentasunezko merkataritza** da; hau da, bi herrialdek edo gehiagok elkarren arteko muga-zergak murriztea adostea. Gainerako integrazio-formulak aurreratuagoak dira eta, muga-zergak kentzeaz gain, mailaz mailako metatze-eskema bati jarraitzen diote, maila txikienetik maila gorenera: merkataritza askeko eremua, aduana-batasuna, merkatu batua eta ekonomia- eta diru-batasuna dira (11.3. irudia).

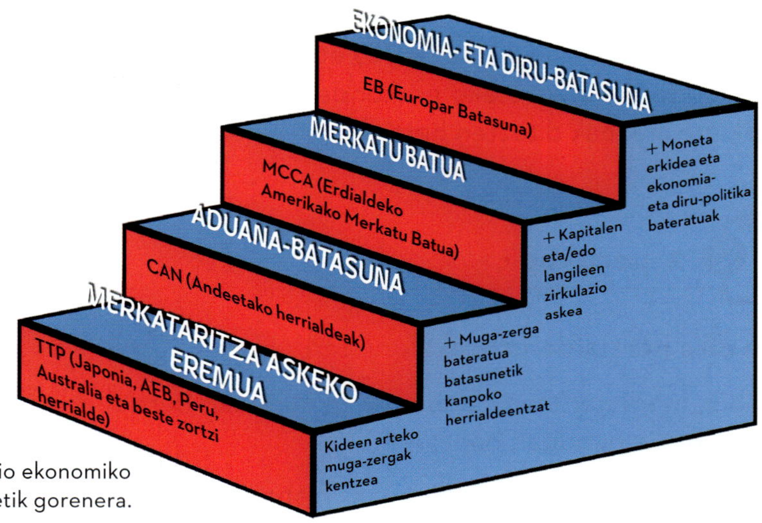

11.3. irudia. Integrazio ekonomiko motak, maila txikienetik gorenera.

3. periskopioa

Merkataritza-blokeak

Gaur egun, merkataritza-bloke handitan elkartzeko joera dago, pertsonen, salgaien eta kapitalen zirkulazio askeko geografia-eremu handiak sortzeko. Baina, askoren ustez, gizarte-prestazioen, kulturaren, aberastasunaren edo hizkuntzaren alorretan oso desberdinak diren eremuek bat egiteko prozesu horietan, enpresen mesederako irizpide ekonomikoak nagusitzen dira, pertsonen mesederako irizpide sozialak nagusitu beharrean. Alde horretatik, sarritan aipatzen da TTIPa, Estatu Batuen eta Europar Batasunaren arteko merkataritza-hitzarmenerako proiektua.

Bilatu «TTIP», «kontrakoak», «aldekoak», «merkataritza askea»

- Bilatu eta adierazi merkataritza askeko hitzarmen transatlantiko baten abantaila eta eragozpen nagusiak.
- Ados egongo al zinateke Espainiak akordio horrekin bat egitearekin? Arrazoitu erantzuna.

Azpiko irudian, munduko **integrazio ekonomikoko** prozesu nagusiak ageri dira (11.4. irudia).

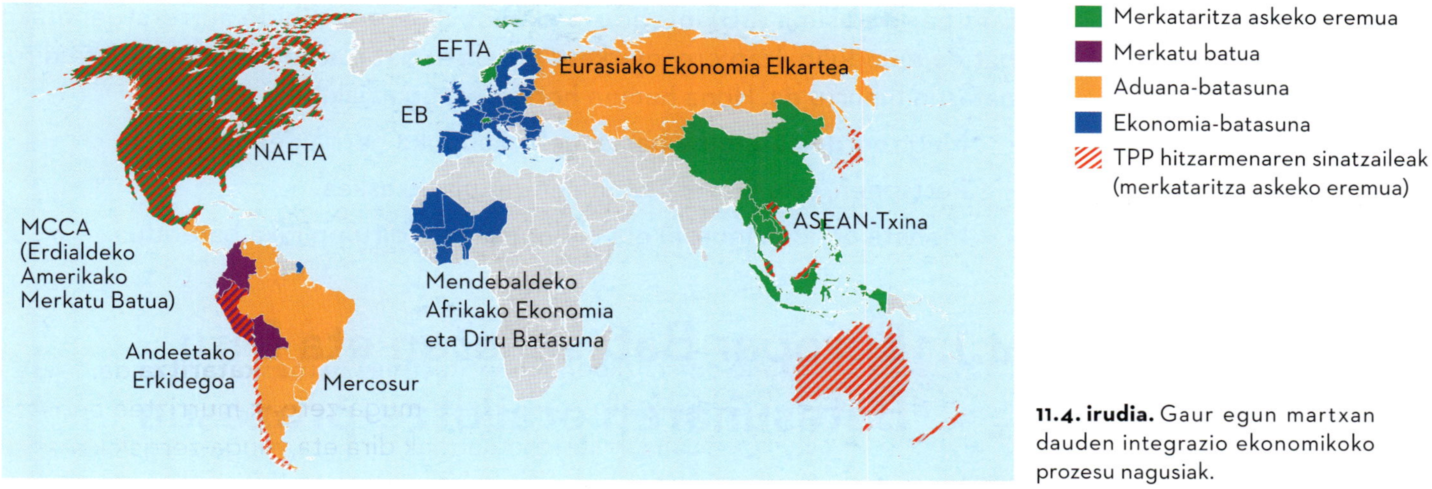

11.4. irudia. Gaur egun martxan dauden integrazio ekonomikoko prozesu nagusiak.

2. JARDUERA EBATZIA

Adierazi zer integrazio-maila dagokion kasu bakoitzari:

a) Muga-zergak murrizteko akordio bat EBren eta Afrikako zenbait herrialderen artean.

b) NAFTAk muga-zerga bateratua ezartzea NAFTAtik kanpoko herrialdeentzat.

c) Erdialdeko Amerikako Merkatu Batuak (MCCA) langileen, salgaien eta kapitalen zirkulazio askea murriztea.

d) Herrialde-multzo batek elkarren arteko muga-zergak kentzea adostea, multzotik kanpoko herrialdeei muga-zerga kobratzen jarraitzen dela.

Erantzuna:

a) Muga-zerga kentzea, erabatekoa ez bada, lehentasunezko merkataritza-akordioa da.

b) NAFTAk muga-zerga bateratua ezarriko balu NAFTAtik kanpoko herrialdeentzat, aduana-batasun bihurtuko litzateke.

c) Langileen, salgaien eta kapitalen zirkulazio askea murriztuz gero, MCCA aduana-batasun bihurtuko litzateke.

d) Elkarren arteko muga-zergak kenduz gero, multzotik kanpoko herrialdeei kendu gabe, merkataritza askeko eremu bat sortzen da.

JARDUERAK

4. **Zer dela-eta saiatzen dira herrialdeak integrazio ekonomikoak eratzen? Azaldu zertan diren desberdinak aduana-batasunak eta merkatu batuak.**

5. **Zertan dira desberdinak lehentasunezko merkataritza eta integrazio ekonomikoko gainerako formulak?**

4 Europar Batasuna

Europar Batasuna (EB) integrazio ekonomikoaren adibide aurreratuenetako bat da munduan. Izan ere, merkatu bateratu bat izatetik ekonomia- eta diru-batasun bihurtu da. Hona hemen horren ezaugarriak:

- Muga-zerga bateratua batasunetik kanpoko herrialdeentzat.
- Pertsonen, salgaien eta kapitalen zirkulazio askea.
- Moneta erkidea (euroa) eta ekonomia- eta diru-politika bateratua.

4.1. Europar Batasunaren eta Diru Batasunaren eraikitze-prozesua

1957an sortu bazen ere, gerora izandako zabalkuntzak tarteko, EB ez zen merkatu batu bihurtu 1980ko hamarkadara arte, Espainia eta Portugal sartu ziren arte, hain zuzen ere (1986).

Europaren eraikuntza

- 1951
- 1973-1995
- AED ohia (AEFrekin bat egin zuen 1999an)
- 2004
- 2007
- 2013

Aribideko zabalkuntza

- Herrialde izangaiak
- EBrekin bateratze aurretiko Egonkortze eta Elkartze Akordioa (ASA) sinatu duten herrialdeak

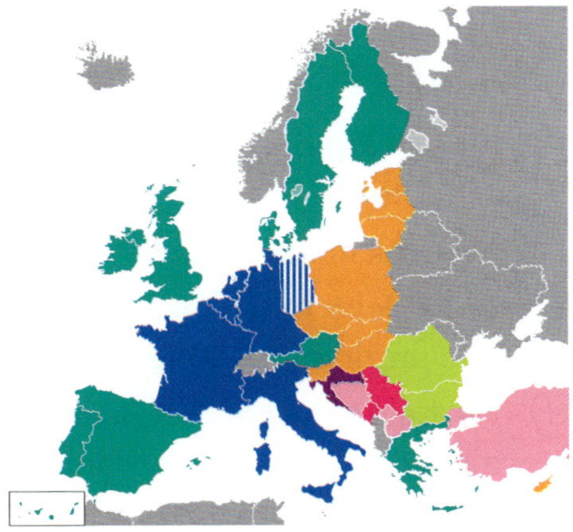

11.5. irudia. EBren eraikitze-prozesua.

Hamarkada batean prestatzen egon ondoren, 2002an sortu zen euroa fisikoki, eta harekin batera, Ekonomia eta Diru Batasuna. Gaur egun, 28 herrialdek osatzen dute EB, baina **euroguneko** herrialdeek soilik ordeztu dituzte moneta nazionalak euroaz.

- Eurogunea (19).
- Nahitaez eurogunean sartu behar duten Europar Batasuneko estatuak (7).
- Eurogunetik kanpo geratzeko klausula duten Europar Batasuneko estatuak (2).
- Europar Batasunetik kanpo egonik, euroa ofizialki erabiltzen duten estatuak, hitzarmen bat tarteko (4).
- Europar Batasunetik kanpoko eremuak, euroa *de facto* erabiltzen dutenak, hitzarmenik izan gabe (2).

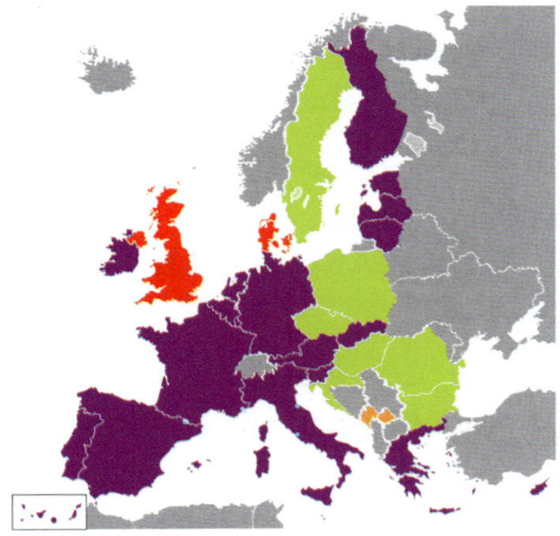

11.6. irudia. Eurogunea.

4.2. EBren abantailak

Europar Batasuneko kide izatearen abantailak ekonomia- eta diru-batasun baten babespean elkartu diren herrialdeen abantailak dira. Lelo honen bidez adieraz daitezke: «Batasunak indarra dakar». **Abantaila** hauek ditu herrialde, enpresa eta langileentzat (11.1. taula):

Herrialdeak	Enpresak	Langileak

1. Aurrekontu-diziplina handiagoa, banan-banan baino. EBko erkideek herrialde bakoitzaren aurrekontuen gainean egiten duten ikuskaritza eta kontrola dela eta, herrialde kideek zorroztasun handiagoz kontrolatzen dituzte gastua eta zorra.	**1. Kostu txikiagoak, kanbio-kosturik eta merkataritza-trabarik ez dagoelako.** Adibidez, EBn sartu aurretik, Frantzian saldu nahi zuen Espainiako enpresa batek muga-zergak ordaindu behar zituen, eta liberak eskuratu, pezeten truke.	**Prestakuntza- eta lan-aukera hobeak, pertsonen eta langileen zirkulazio askeari esker.** Gaur egun, herrialde kide bateko herritarrek ez dute lan- eta egoitza-baimenik behar Europar Batasuneko gainerako herrialde kideetan bizi edo lan egin ahal izateko, eta, oro har, horrelako baimenak eskatu egiten zaizkie Europar Batasunetik kanpokoei.
2. Lege aurreratuagoak, bateratu eta adostu egin behar direlako. Esaterako, EBko herrialde guztiek ingurumen-arloko legeak adostu behar izan zituzten, eta herrialde bakoitzeko legedia adostutako lege horietara egokitu.	**2. Espezializazio-maila handiagoa.** Espainia are gehiago espezializatu da EBri atxiki aurretik ondo jarduten zen sektoreetan; esaterako, turismoan edo autoen ekoizpenean.	
3. Beste herrialdeekiko negoziazio-ahalmen handiagoa batera jardunda, banan-banan jardunda baino. Adibidez, EBk batera negoziatzen ditu beste herrialde batzuekiko merkataritza-hitzarmenak (altzairua, nekazaritza-produktuak...).	**3. Prezio eta kalitate-maila hobeak, lehia handiagoa izatearen ondorioz.** Adibidez, teknologia erostea merkeagoa da gaur egun duela urte batzuk baino, Europan jarduten duten enpresen arteko lehia teknologiko handiari esker.	
4. Bakarka ezinezkoak liratekeen proiektuak batera egiteko aukera. Baterako zenbait proiektu ezinezkoak izango lirateke herrialde batzuk batera jardun ezean; adibidez, Airbusa, Europako Espazio Agentzia eta partikula-azeleragailua.	**4. Ziurgabetasun-maila txikiagoa, moneta sendoari esker (euroa).** Zenbait herrialderen moneta erkide denez, zailagoa da euroa desegonkortzea herrialde bakar bateko tentsioengatik.	

11.1. taula. EBko kide izatearen abantailak.

4.3. EBren desabantailak

Europar Batasunaren kide izatearen abantailak batera, talde moduan, jarduteak ekartzen dituenak dira. Desabantailak, berriz, garrantzi erlatibo desberdina duten herrialdeak egoteak sorrarazten ditu, eskualde eta enpresa batzuek abantaila baitute besteen aldean.

Hauek dira **desabantaila** nagusiak (11.2. taula):

1. Eskualdeen arteko desorekak

Eremu industrialek eta jendeztatuenek (oro har, Londres, Paris eta Berlinek osatutako triangelua) inbertsio gehiago erakartzen dituzte beste eskualdeek baino.

Espainian gertatzen den bezala –zenbait eskualdetan, errazagoa da hazkundea izatea, industria sendoa eta biztanle asko dituztelako; esaterako, Euskadin, Katalunian eta Madrilen–, industria-eskualde handiek lortzen dituzte onura handiagoak Europar Batasunean egotearen ondorioz, eta egoera okerragoan dauden eskualdeek onura handiagoak lortzea izango litzateke bidezkoena.

2. Subiranotasuna galtzea

Subiranotasuna galtzen du, bai kanpo-politikan (EBko herrialde guztiak), bai eta diru-politikan (eurogunEko herrialdeak) ere.

EBren kide izatean, adostasuna behar izaten da lehen bakarka har zitezkeen erabakiak onartzeko.

Europako Banku Zentrala da adibide argiena, euroari buruzko erabakiak hartzen baititu euroguneko herrialde guztientzat, herrialde bakoitzaren interesak direnak direlakoak izanda ere.

3. Interdependentzia eurogunean

Moneta erkide bat erabiltzen denez, herrialde baten arazoek beste herrialde batzuk kutsa ditzakete, edo besteek erreskata dezaten eragin, monetak sinesgarritasuna ez galtzeko.

Esate baterako, Europar Batasunak Grezia hiru aldiz erreskatatu behar izan zuen (azkenekoa, 2015ean), herrialde horrek barne-ordainketak eta nazioarteko zorraren ordainketak egin ahal izan zitzan. EBk hori egin izan ez balu, Greziak hondoa joko zuen, eta, horren ondorioz, krisi larria izango zen, eta kolokan jarriko luke euroak nazioarteko dibisa gisa duen fidagarritasuna.

4. Lehia urratzea

Enpresa handiek bereganatzen duten boterearen ondorioz, **enpresa txiki eta ertainek** baldintza okerragoetan lehiatu behar dute.

Muga-zergaren babesa ez dutenez, enpresa txikiek, herrialdeko enpresa handiekin lehiatzeaz gain, Europar Batasuneko enpresekin ere lehiatu behar dute.

5. Merkataritzaren polarizazioa

Herrialde kideekiko merkataritzak gora egiten du, baina munduko gainerako herrialdeekikoak, berriz, behera.

Europar Batasunean sartu ondoren, hark ekartzen zizkion onuragatik, handitu egin zen Espainiaren eta EBko bazkide berriekiko merkataritza-trukeen bolumena, eta murriztu, berriz, ordura arte Latinoamerikarekin zuena.

11.2. taula. EBko kide izatearen desabantailak.

JARDUERAK

6. EBrekin lotuta, ikertu Interneten:

a) Zergatik dira zenbait multinazional (Microsoft, adibidez) arazo enpresen arteko lehia askerako?

b) Espainiako zer titulu dunek dituzte lan-aukera handiak atzerrian?

7. Azaldu zer abantaila dituen, kostuen aldetik, Espainiako enpresa batek AEBko enpresa baten aldean, Frantzian 90 egunera kobratuko den salmenta bat egiteko.

3. JARDUERA EBATZIA

Lotu ezkerreko zutabeko prentsa-izenburuak EBko kide izateak dakartzan abantaila edo desabantailekin (eskuineko zutabea).

	Erantzuna:
«Espainiaren eta Latinoamerikaren arteko merkataritza-trukeak beherantz, eta Espainiaren eta EBren artekoak, berriz, gorantz»	→ *Eragozpena: merkataritzaren polarizazioa*
«Europako Espazio Agentziak arrakastak lortzen jarraitzen du»	→ *Abantaila: baterako proiektuen garapena*
«EBk lortu du Estatu Batuei aurre egitea altzairuaren alorrean»	→ *Abantaila: negoziazio-ahalmen handiagoa*
«Espainiak ingurumen-legedia egokitu behar du, erabilitako olioen birziklapenari dagokionez»	→ *Abantaila: lege aurreratuagoak*
«Greziako ezegonkortasuna kaltegarria da euroarentzat»	→ *Eragozpena: interdependentzia eurogunean*
«EBk gastuak doitzera behartu du Portugal»	→ *Abantaila: aurrekontu-diziplina handiagoa*

4. periskopioa

Zer gertatzen da euroguneko herrialde batek arazoak dituenean?

Familiak bezala, herrialdeak ere zorpetu egiten dira. Helburu hau izaten dute zorpetzean: mailegu horri esker lortzen den diruarekin egiten diren inbertsioen eta sortzen den enpleguaren bidez, herrialdea suspertzea eta maileguak gehi interesak itzuli ahal izatea.

2015ean, agerikoa egin zen Greziak, zenbait urtetan arazoak izan ondoren, gastu handiegia egin zuela eta ez zegoela herrialdea suspertuko zela erakusten zuen zantzurik. Zorra oso handia zen eta herrialdea behea jota zegoen. Eurogunetik ateratzea ere aztertu zen. Azken neurri horren helburua zen Greziak bere dirua berriz jaulki ahal izatea, diru-politikaren gaineko kontrola berreskuratzeko eta bere arazoak konpontzeko.

Greziako krisiak iraun zuen hilabeteetan, zatiketa egon zen euroguneko herrialdeen artean: batzuen ustez, Greziaren zorraren zama arindu behar zen (eredu txarra izan zitekeela kontuan hartuta; izan ere, erreskatatuko zituztela jakinda, beste herrialdeek ez lukete zorrotz jokatuko gastuak egitean); beste batzuk, berriz, Grezia eurotik irtetearen aldekoak ziren.

Bilatu «Eurogunearen krisia» , «Greziaren zorra»

- Bi aukera horietatik zein da, zure ustez, onena? Zergatik?

HAUSNARTU

Nekazaritza-politika bateratua zer da, gure nekazariei laguntzea ala munduko besteei kalte egitea?

EBko nekazaritza-politika bateratuak eztabaida bizia sortzen du, EBtik kanpo merkeago eros daitezkeen nekazaritza-produktuak babesten direlako mugazergen eta diru-laguntzen bidez. Babes horiek gabe, Europako nekazarientzat ezinezkoa izango litzateke kanpoko produktuekin prezioan lehiatzea. Hala, munduko gainerako herrialdeetako ekoizleek ezin dute EBn saldu, eta, horrez gain, ikusten dute Europako nekazarien soberakinak saltzen direla beren herrialdeetan.

KONTZEPTU-MAPA

Nazioarteko merkataritza

- **Motak:**
  - **Nazioarteko merkataritza** (aduana-lurralde desberdinen artean)
  - **Kanpo-merkataritza** (aduana-lurralde beraren barruan)
- **Elementuak:**
  - **Inportatzailea** (eroslea)
  - **Esportatzailea** (saltzailea)
- **Honek azaltzen du:** **Abantaila konparatiboaren teoria**

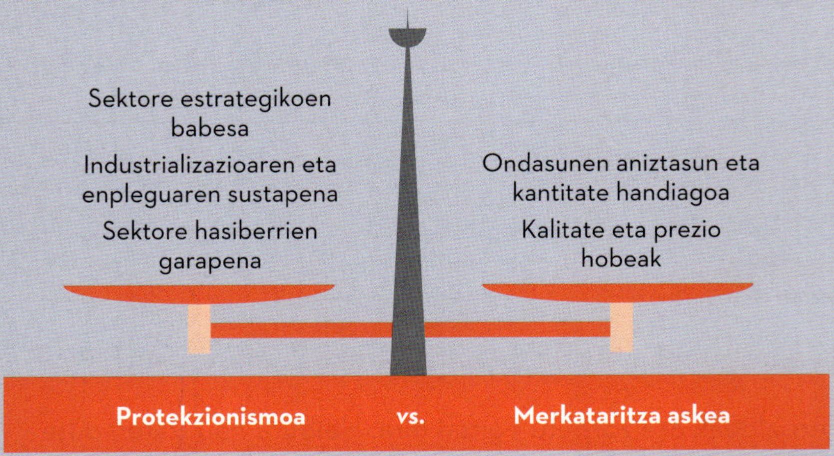

Integrazio ekonomikoa

- **Merkataritza askeko eremua** (Ad.: TTP): Herrialde kideen arteko muga-zergak kentzea
- **Aduana-batasuna** (Ad.: CAN): + Murga-zerga bateratua beste herrialdeentzat
- **Merkatu batua** (Ad.: MCCA): + Salgaien, kapitalen eta/edo langileen arteko zirkulazio askea
- **Ekonomia- eta diru-batasuna** (Ad.: EB): + Ekonomia- eta diru-politika bateratuak

Europar Batasuna

- **Abantailak:**
  - Herrialdeak
  - Enpresak
  - Langileak
- **Desabantailak:**
  1. Eskualdeen arteko desorekak
  2. Subiranotasuna galtzea
  3. Interdependentzia
  4. Lehia urratzea
  5. Merkataritzaren polarizazioa

BERRIKUSKETA-TESTA

1. Zure ustez, hauetatik zein da erosle bat?

a) Inportatzailea.

b) Aduana-lurraldea.

c) Esportatzailea.

d) Dibisa.

2. Zer gertatuko litzateke, zure ustez, abantaila konparatiborik ez balego?

a) Okerrago biziko ginateke.

b) Ez litzateke merkataritzarik egongo.

c) Herrialde guztiek kalitate-maila bera izango lukete.

d) Aurreko aukera guztiak zuzenak dira.

3. Hona hemen protekzionismoari buruzko zenbait esaldi. Zein da zuzena?

a) Merkataritza sustatzen du.

b) Sarrera fiskalen iturri da.

c) Globalizazioaren berezko ezaugarria da.

d) Produktuak merkatzen ditu.

4. Aukera hauetatik zein ez da merkataritza askerako hesia?

a) Kalitate-arauak sortzea.

b) Muga-zergak sortzea.

c) Dibisen kotizazio askea ezartzea.

d) Atzerriko produktuetarako kuotak finkatzea.

5. Nazioarteko erakunde hauetako baten eginkizuna merkataritzarako hesiak desagerraraztea da. Zein da erakunde hori?

a) NDF.

b) Munduko Bankua.

c) NBE.

d) MME.

6. Egoera hauetatik zein da integrazio ekonomikoko mailarik gorena?

a) Merkatu batua.

b) Aduana-batasuna.

c) Adiskidetasun intimoa.

d) Merkataritza askeko eremua.

7. Zer eragin du EBko kide izateak herrialde kideentzat?

a) Estatu kideak independenteagoak dira.

b) Estatu kideak interdependenteagoak dira.

c) Estatu kideak pobreagoak dira.

d) Estatu kideetako biztanleriak gora egiten du.

8. Euroa:

a) EB osoko moneta erkidea da.

b) EBren eta AEBren moneta erkidea da.

c) Euroguneko moneta erkidea da.

d) Munduko moneta garestiena da.

9. Hona hemen euroari buruzko zenbait esaldi. Zein da zuzena?

a) Merkataritza-kostuak murrizten ditu.

b) Turismoa errazten du.

c) 2002an sartu zen indarrean.

d) Aurreko esaldi guztiak zuzenak dira.

10. Espainia EBko kide izanik:

a) Munduan dugun negoziazio-ahalmena handitu egiten da.

b) Zailagoa da zorpetzea.

c) Independenteagoa da.

d) Merkataritza-kostuak handitu egiten dira.

AMAIERAKO JARDUERAK

Teoria

1. Oro har, zergatik aritzen dira herrialdeak merkataritzan?

2. Azaldu abantaila konparatiboaren teoria. Zergatik ez da nahikoa ona izatea zenbait ondasun edo zerbitzu ekoizten?

3. Noiz esaten da herrialde batek salgaiak esportatzen dituela? Eta noiz inportatu egiten dituela?

4. Merkataritza-blokeetan (Europar Batasunean, kasu), zer alde dago nazioarteko merkataritzako eta kanpo-merkataritzako eragiketen artean?

5. Euroa dibisa da Argentinan, eta Espainian, berriz, ez. Zergatik?

6. Txinak telefono mugikorrak salduko balizkio Espainiari, zer dibisatan finkatuko litzateke eragiketa? Eta alderantziz balitz?

7. Zure ustez, zein dira neurri protekzionisten onuradun nagusiak? Eta kaltetuenak? Arrazoitu erantzuna.

8. Hona hemen EBk hartutako zenbait neurri protekzionista. Zer motatakoa da bakoitza?

a) Liho-ekoizleentzako laguntzak, laborantza-mota hori desager ez dadin.

b) Inportatutako produktu guztiek EBn sartzeko kalitate-arauak bete behar izatea.

c) Inportatutako produktuetako etiketak adierazitakoa EBko hizkuntza guztietan egotea.

d) Zerga proportzional bat, inportatutako salgaiaren prezioaren gainean.

9. Adierazi merkataritza askearen aldeko arrazoi batzuk.

10. Ekonomia-krisi bat aipatzen da nazioarteko lankidetzarako erakundeak sortzeko arrazoi gisa. Zer krisi izan zen hori?

11. Zure ustez, zer nahi du ELGEk kapitalen eta zerbitzuen mugimenduak *liberalizatzen* saiatzen denean?

12. Gaur egun, Bigarren Mundu Gerraren ostean sortutako nazioarteko lankidetzarako erakundeak eraginkortasuna galtzen ari dira mugak gainditzen dituen fenomeno baten eraginez. Zein da fenomeno hori?

13. Nazioarteko merkataritzari dagokionez, herrialdeen subiranotasunaren aldetik, zertan dira desberdinak lankidetza eta integrazio ekonomikoa?

14. Kontsultatu liburuan zer motatako integrazio ekonomikoak diren Mercosur eta Europar Batasuna. Azaldu zertan diren desberdinak bi integrazio-mota horiek.

15. Gaur egun, zein dira EBn sartzeko herrialde izangaiak? Eta eurogunean sartzekoak? Aipatu herrialdeak eta epeak.

16. Zein dira Europar Batasuneko ekonomia- eta diru-batasunaren ezaugarri nagusiak?

17. Europar Batasunaren esparruan, herrialdea izan ordez, eskualdea da oinarrizko lurralde-unitatea. Zergatik?

18. EBko eta euroguneko kide denez, Espainiak Europako beste herrialde batzuek ezarrita dituzten muga-zergak eta dirua ditu. Zer eragozpen dakartza horrek?

19. Merkatu handietan —Europar Batasunean, adibidez—, denboraren poderioz, hau da joera normalena: produktuak merkeagoak izatea, eta kalitate hobekoak. Zergatik?

Praktika

20. **Karlosek eta Koldok kirol-blog bat sortu dute Interneten. Karlosek ondo idazten du eta webguneei buruzko ezagutzak ditu. Koldok ere ondo idazten du, baina denbora gehiago behar du, informatikarekin ez baita hain ondo moldatzen. Nola banatu beharko lituzkete lanak abantaila konparatiboaren teoriaren arabera?**

21. **Demagun bidaia bat egin behar duzula Londresera. Irten aurretik, 0,75 libera ematen ziren euro baten truke, eta iristean, berriz, 0,90 libera:**

a) Zenbateko balioa du euroak, bidaia abiatu aurretik zuena baino handiagoa ala txikiagoa?

b) Zenbat libera esterlina lortuko dituzu bidaiarako aurreztu dituzun 230 euroen truke?

22. **Demagun maiatzean 1,10 dolar jasotzen direla euro baten truke, eta ekainean, berriz, 1,30 dolar. Mesedegarria izango al litzateke hori Espainiatik Ameriketako Estatu Batuetara esportatutako produktuetarako? Eta inportazioetarako? Arrazoitu.**

23. **Suitzako erloju-enpresa batek erloju-sorta bat saldu dio Espainiako saltoki handi bati, 100.000 franko suitzarren truke.**

a) Zer enpresa da esportatzailea eta zein inportatzailea?

b) Zer da, nazioarteko merkataritzako eragiketa ala kanpo-merkataritzakoa?

c) Zergatik adostu da eragiketaren prezioa franko suitzarretan?

d) Euro baten truke 1,10 franko suitzar eskuratzen badira, zenbat euro beharko ditu saltoki handiak Suitzako enpresari ordaintzeko?

e) Zer agiri erabiliko lukete bi herrialdeek eragiketa erregistratzeko?

f) Erantzun *b)* galderari, baina aintzat hartuta enpresa saltzailea Suediakoa dela.

24. **Zer integrazio-maila dagokio kasu bakoitzari?**

a) Herrialde-multzo batek adostea elkarren arteko eta beste herrialdeekiko muga-zergak kentzea.

b) Andeetako Erkidegoak beste herrialdeekiko muga-zerga bateratua berriz ezartzea.

c) EFTAk beste herrialdeekiko muga-zerga bateratua ezartzea.

d) Muga-zergak murrizteko akordio bat egitea Mercosurren eta Karibeko herrialde batzuen artean.

25. **Ikertu Interneten:**

a) Zein dira Espainiako ordainketa-balantzako esportazio eta inportazio nagusiak?

b) Zein izan dira EBren sarrera- eta gastu-sail nagusiak aurten?

c) Eurostat, EBren estatistika-bulegoak, txosten batean, eskualde guztiak aberastasunaren arabera sailkatzen ditu. Ikertu zer postutan dagoen zure autonomia-erkidegoa. Nola dago, EBren batez bestekotik gora ala behera?

d) Lotu prentsa-izenburu hauek EBko kide izateak ekartzen dituen abantaila edo eragozpenekin: «EBk 50 Airbus saldu dizkio Saudi Arabiari» / «Frantziak bere gastuak doitu ditu, EBk behartuta» / «Txinak altzairuaren alorrean EBn lortu nahi zituen helburuak apaldu egin ditu» / «EBn monopolio-jardunbideak erabiltzea leporatu diote Microsofti» / «Espainiako erizainak oso estimatuak dira Erresuma Batuan».

Ezinbestekoa · Beharrezkoa · Osagarria

PRENTSA-LANTEGIA

Interneten, bilatu landu beharreko kontzeptu hauetako bakoitzerako prentsako albiste baten izenburu bat, osatu taula koadernoan, eta adierazi, lerro gutxi batzuetan, zer-nolako lotura duen unitatean ikasitakoarekin.

Landu beharreko kontzeptua	Izenburuak	Unitatean ikasitakoarekin duen lotura
Inportazioak eta esportazioak	«2015aren amaieran, Espainia 8garren izango da munduko automobilen esportatzaileen artean» *ABC* (2015/11/10)	Erosi ahal izateko, saldu egin behar da. Horrelakoa da nazioarteko merkataritza. Eta autoen esportazioei esker finantzatu dezakegu, adibidez, gure autoetarako gasolina ekoizteko behar dugun petrolioa.
Merkataritza askea	–	–
Protekzionismoa	–	–
Integrazio ekonomikoa	–	–
EBren desabantailak	–	–
EBren abantailak	–	–
Euroa	–	–

LEXIKOA

Esportazioa
Inportazioa
Dibisak
Truke-tasa
Ordainketa-balantza
Aduana-lurraldea
Abantaila konparatiboa
Protekzionismoa
Merkataritza askea
Muga-zergak
Industrializazioa
G8
Integrazio ekonomikoa
Lehentasunezko merkataritza
Merkataritza askeko eremua
Aduana-batasuna
Merkatu batua
Ekonomia- eta diru-batasuna

EKONOMIAKO JOKOA

Europar Batasunaren jokoa

EBn, Europar Batasuneko Kontseiluaren bilera garrantzitsu bat prestatzen ari dira. 28 herrialde kideetako bakoitzeko ministro banak osatzen dute erakunde hori.

Helburua

Batetik, Europar Batasuneko Kontseiluaren funtzionamenduaren berri jakingo duzu, EBko funtsezko organoetako baten berri, alegia. Bestetik, ulertuko duzu zein zaila eta interesgarria den herrialde kide guztien interesak eta herrialde bakoitzarenak bateragarri egiten saiatzea.

Denbora

Jokoa ordubeteko bi saiotan egin daiteke.

Jokalari-kopurua

12 herrialde soilik erabiliko ditugu; beraz, 12 jokalari beharko ditugu gutxienez. Ez dago gehienezko kopururik, jokalari batek baino gehiagok herrialde berarekin jokatu baitezakete.

Materiala

Irakasleak material hauek emango dizkizu: erabakien fitxa bat, onartzen diren eta atzera botatzen diren puntuen fitxa, eta herrialde bakoitzaren boto-kopuruaren orria.

Jokoaren deskribapena

Ikasleak herrialde kideen ordezkariak izango dira, bakoitzak bere interesak izango ditu, baina denek akordioak lortzeko gogoz jardungo dute. Nork irabaziko du? Alemaniak? Italiak? EB osoak?

Lehenbiziko errondan, taldeak sortuko dira, eta taldeak bozketetarako akordioak negoziatzen hasiko dira. Bigarren errondan, proposamenak bozkatuko dira, eta, azkenik, herrialde bakoitzak lortu dituen puntuak zenbatuko dira, bai eta EBk erakunde gisa lortu dituenak ere.

12 GLOBALIZAZIOA ETA MUNDUKO EKONOMIAREN DESOREKAK

Nazioarteko ekonomia-harremanak gero eta indartsuagoak dira; mugarik gabeko munduko merkatuaz ere hitz egiten da jada. Fenomeno horri globalizazio deritzo, eta aukera berriak eskaintzen ditu. Alabaina, arazo berriak ere sortzen ditu, eta aurretik zeudenak larritu ere bai; esaterako, azpigarapena, pobrezia eta ingurumenaren hondatzea.

Erronka horiei aurre egiteko, globalizazio-prozesua garapen jasangarriak gidatzea izan daiteke gakoa: printzipio horrek, akaso, balioko du globalizazioaren abantailak ahalik eta gehien aprobetxatzeko, eta mundua eta munduko biztanleak globalizazioaren alde txarretatik babesteko.

HANS VON KÖNIG ETA XABIERTXO

Baziren behin bi gizon: Hans von König, Ordena Teutonikoko zaldunen maisu handia, eta Xabiertxo. Hans XIII. mendeko gaztelu handi batean bizi zen. Xabiertxo, berriz, 2016ko etxe arrunt batean.

Egun batean, esnatu zirenean, hotz handia egiten zuen. Hans von Königek zerbitzariei hots egin zien. Haiek pertzen azpietako suak piztu zituzten, eta, ahalegin handia eginez, bainuontzi bat bete zuten. Hansek hankako behatz lodia sartu zuenerako, hotza zegoen ura. Xabiertxok ur beroaren txorrota ireki zuen, ez zuen besterik egin. Gero, gosaltzen saiatu zen Hans. Saltxitxa zati bat sutan jartzen ari zela, behatza erre zuen. Xabiertxok esnea kakaoarekin jarri zuen mikrouhin-labean.

Gosaldu ostean, bere maiteari, Clodovea Ederrari, eskutitz bat idazten hasi zen Hans. Mezulari bidez iritsiko zitzaion handik bi egunera, eta lau egunera jasoko zuen erantzuna. Onartuko al zuen Hansekin ezkontzea? Xabiertxok WhatsApp bat bidali zion Naia gelakideari: «Kaixo. Planik bai arratsalderako?».

Lanari ekin zioten gero. Hansek etsai zuten erresuma bati buruzko informazioa nahi zuen. Jakintsuei deitzeko agindu zuen, eta monasterioetan liburuak biltzeko. Xabiertxok Wikipediara jo zuen eskolako lana egiteko.

Albiste garrantzitsu baten berri izan zuten ondoren. Gazteluan, juglare baten ahotik entzun zuten; Xabiertxok, berriz, telebistan ikusi zuen zorigaitzeko albiste hura. Itsasikara handi batek Japoniako hiriburua suntsitu zuen: ehunka mila lagun hil ziren.

Hansek sorbaldak altxatu zituen. Xabiertxori barruak astindu zitzaizkion.

Galderak:

1. **Zure ustez, zergatik ematen du Tokio suntsitu izanak gehiago eragin diola Xabiertxori maisu handiari baino?**
2. **Zure ustez, zergatik dira desberdinak Xabiertxoren eta Hansen munduak?**

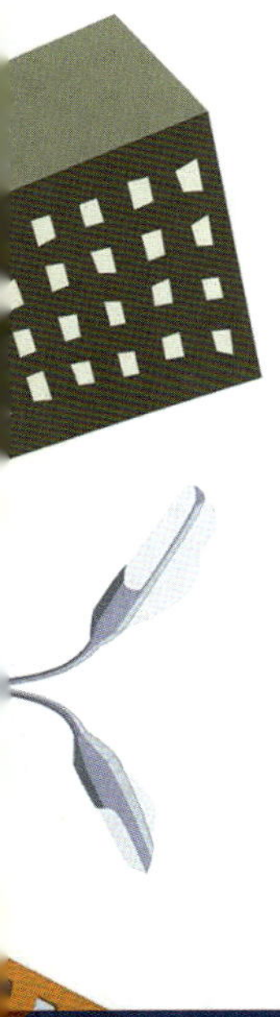

Laburpena

BA AL ZENEKIEN?

Globalizazioa terminoaren erabilera 1980tik ugaritu da, baina beste aldi batzuetan ere ohikoak izan dira merkataritza-trukeak, kanpo-merkataritza eta migrazioak. Hala eta guztiz ere, fenomeno-mota horiek garrantzi handiagoa hartu zuten Kolon Ameriketan lehorreratu zenetik. Adibidez, espainiar juduek bat-batean asmatu zuten globalizazio-modu bat, 1492an Espainiatik bota zituztenean. Munduan sakabanatuta zeudenez, harreman iraunkorren sare bat eratu zuten, Otomandar Inperiotik Amerikako kolonietaraino.

1 Globalizazioa

Azken hamarkadetan, merkantzien, pertsonen eta kapitalen mugimenduak ugaritu egin dira, eta ideien eta ezagutzen hedapena ere bai. Eta, horrenbestez, azkartu egin da ekonomiak eta mugak mundura irekitzeko prozesua ere. Globalizazioa esaten zaio prozesu horri.

Globalizazio muga geografikorik gabeko munduko merkatua sortzeko prozesuari deritzo.

Indonesian ekoitzitako marka frantseseko izozkiak daude gure merkatuetan; Hego Amerikan arrantzatu eta Errumaniako potoetan ontziratutako hegaluzea; eta Errusiako osagaiak dituzten Japoniako kalkulagailuak ere bai. Wall Streeteko akzioetan ere inberti dezakegu. Eta europarrok mundu osoko produktuak eskuratu ditzakegun bezalaxe, atzerritarrek ere eskuratu ditzakete gure produktuak. Alabaina, ez da ekonomia soilik bihurtu global eta planetario: gure ohiturak, elikagaiak, entzuten dugun musika eta janzten dugun arropa ere globalizatu dira. Gaur egun, Lurra planetako biztanle guztiok lotura dugu elkarrekin: toki batean gertatzen denak ondorioak ditu oso urruneko tokietan eta pertsonengan.

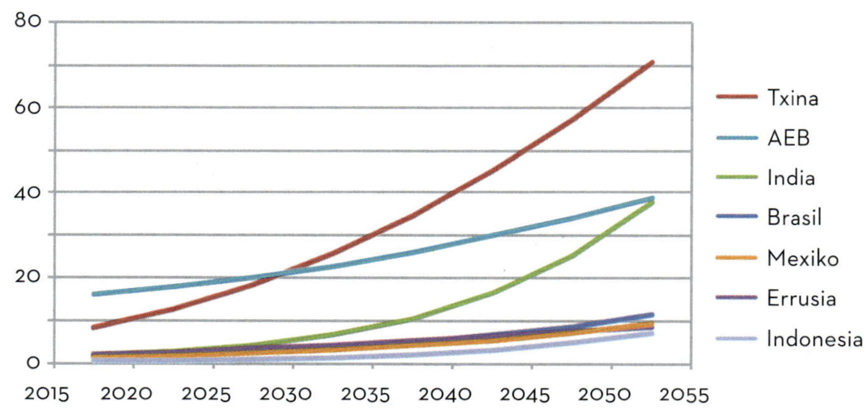

12.1. irudia. BPGd-aren 2015 eta 2055 arteko bilakaera, mila milioi dolarretan, Goldman Sachs bankuaren kalkuluen arabera. Brasil, Errusia, India, Txina eta beste zenbait —gora egiten ari diren herrialde esaten zaie— ez dira gerturatzen soilik ari herrialde aberatsetara: ematen du XXI. mendeko ekonomia-potentzia handiak izango direla.

1. periskopioa

Zergatik da hain zaila multinazionalak kontrolatzea?

Enpresen fakturazioa BPGd-aren antzeko zerbait da. Hau da desberdintasuna: BPGd-ak herrialde bateko enpresa guztien datuak hartzen ditu kontuan; fakturazioak, berriz, enpresa bakar batenak. Multinazional baten fakturazioak, adibidez, enpresa bakar batek herrialde askotan lortutako irabaziak adierazten ditu. Hesiak ezabatu direnez, multinazionalak herrialde askotan aritzen dira; beraz, sarri, sorterritik kanpo eskuratzen dituzte sarrerarik handienak.

Bilatu *Fakturazioa, multinazionalak, BPGd-a, herrialdeak*

- Bilatu multinazional ezagunenen fakturazio-datuak, eta alderatu herrialdeen BPGd-arekin. Zer ikusten duzu? Multinazionalek zer herrialde kontrolatu ahal izango lituzkete? Arrazoitu erantzuna.

1.1. Globalizazio-faktoreak

Bost faktoretan oinarritzen da globalizazioa: teknologian, finantzaketa-aukeretan, liberalismo ekonomikoan, beharrak berdintzean, eta azkenik, produktu, prozesu eta arauak orokortu edo estandarizatzean (12.2. irudia).

12.2. irudia. Globalizazio-faktoreak.

LEXIKOA

Liberalismo ekonomikoa. Estatuen esku-hartzearen aurrean ekinbide pribatua defendatzen duen pentsaera ekonomikoa.

1. JARDUERA EBATZIA

Globalizazioaren zantzuak

Martinek etxe bat erosi nahi du, eta hipoteka franko suitzarretan kontratatu. Horretarako, zenbait egun daramatza banku suitzar batzuekin mezu elektronikoak trukatzen eta informazioa biltzen. Eguerdietan jatetxe italiar batean bazkaltzen du, eta kreditu-txartelarekin ordaintzen du. Gaur, pixka bat beranduago iritsi da, New Yorkeko Burtsan Israelgo enpresa baten akzioak erosteko zain egon baita. Sakelako telefono txinatarrarekin egin du eragiketa. Azaldu Martinen bizitzan dauden globalizazio-faktoreak.

Erantzuna:

Liberalismo ekonomikoa	*Orain urte batzuk atzerrian ezin zen inbertsiorik egin, tramite korapilatsuak egin eta komisio garestirik ordaindu ezean.*
Finantzaketa-aukerak	*Gaur egun, munduko edozein herrialdetako banku eta kutxetan ireki ditzakegu banku-kontuak eta haietako edozeinetan eskuratu ditzakegu maileguak; adibidez, yenetan eta franko suitzarretan.*
Teknologia	*Informatikak, Internet bidez, ia denbora errealean komunikatzeko, erosteko eta saltzeko aukera ematen du; adibidez, Suitzako bankuekin harremanetan egoteko eta Koreako enpresa bateko akzioak erosteko.*
Beharrak eta gustuak berdintzea	*Munduko pertsona asko eta askorekin partekatzen ditugu zaletasun ugari; janari italiarrarekiko zaletasuna da horietako bat.*
Orokortzea (produktuak)	*Kreditu-txartelak, aparatuen lokiak, sakelakoak, bonbillak, etxetresnen neurriak eta beste hainbat produktu mundu osoan erabiltzen dira, eta ezaugarri berberak dituzte.*

1.2. Globalizazioaren hutsegiteak

12.3. irudia. Globalizazioak bultzatuta, kultura ezberdinen beharrak eta gustuak bateratu egiten dira. Hori modu naturalean gertatuko balitz, ez litzateke arazo bat izango, baina, askotan, merkataritza-interesak egoten dira tartean.

Globalizazioari esker, produktu-mota gehiago dago mundu osoan; teknologia-aurrerapenak izan dira; prezioak jaitsi dira; eta ekoizpen-kostuak murriztea lortu da, besteak beste. Alabaina, abantailak ez ezik, ondorio negatiboak ere eragin ditu globalizazioak dakarren munduko merkatuak (12.1. taula):

Globalizazioaren hutsegiteak	Azalpena
Multinazionalek botere handiagoa	Abantailaz lehiatzen dira enpresa txikiekin.
Herrialdeek krisiak izateko arrisku gehiago	Ekonomiak elkarren mende daude.
Ingurumen-arazoak	Natura-baliabideak gehiegi ustiatzen dira.
Alde handiagoak herrialde aberatsen eta pobreen artean	Garapenari esker, herrialde aberatsek hobeto baliatzen dituzte munduko merkatuaren aukerak.

12.1. taula. Globalizazioaren hutsegiteak ikuspegi ekonomikotik.

Hurrengo ataletan azken bi hutsegite horiek landuko ditugu: ingurumen-arazoak, eta herrialde aberatsen eta pobreen arteko desberdintasunak. Globalizazioak areagotu egin ditu arazo horiek, edo ez ditu konpondu, bederen.

2. periskopioa

Zergatik eragiten du kezka kultura-globalizazioak?

Globalizazioa hasi zenetik, 1980 ingurutik, herrialde garatuak eta multinazionalak daude buru aberastasunaren hazkundeari buruzko zerrendetan. Aldi berean, multinazionalen publizitate-kanpainek lagunduta, bateratu egin dira munduko biztanleriaren zati handi baten beharrak eta gustuak. Gaur egun, hizkuntza eta etniaren berezko aurpegiera alde batera utziz gero, ezingo litzateke jakin 15 urteko mutil bat zer den: euskalduna, australiarra, estatu batuarra, hegoafrikarra edo japoniarra. Izan ere, bizi-eredua eta zaletasunak ia berdinak dira alde guztietan.

Bilatu *Globalizazioa, publizitatea, multinazionalak, aberastasuna, identitatea, herrialdeak*

- Zer neurritan eragiten dute publizitateak eta multinazionalek zure gustu, zaletasun eta ideietan? Ba al dakizu zer herrialdetakoak diren zuri gehien gustatzen zaizkizun musika taldeak eta filmak?
- Demagun Afrikako artisautza-enpresa txiki batean lan egiten duzula. Zure ustez, gai izango al zinateke kultura-globalizazioaren eraginez modan dauden produktu-motak ekoizteko?

GLOBALIZAZIOA		EUROPAR BATASUNA
Bigarren Mundu Gerraren amaiera	**1945**	
Estatuek ekonomian esku hartzearen aldeko politikei esker, oparotasuna lortu zuen Mendebaldeak.		Europako merkatu bateratua sortu zen 1957an, Erromako Itunarekin.
LPEEren petrolio-enbargoa	**1973**	
Ekonomia-krisi larria munduan. Politikak aldatzeari ekin zioten herrialdeek, lehentasuna langabezia kontrolatzeari eman beharrean, inflazioa kontrolatzeari emanez.		Espero baino motelago ezabatu ziren hesiak, bata bestearen atzetik hainbat herrialde sartu zirelako EBn.
Ordenagailu pertsonala sortu	**1980**	
Globalizazioaren hasiera: merkatuak eta finantza-erakundeak desarautu zituzten AEBk eta Erresuma Batuak; Europa kontinentalak, ez. Bloke sobietarrak ekonomia marxista zuen 1917tik, eta merkatu-ekonomiara egokitu nahian ari zen.		1986ko Europako Akta Bakarrak pixkanaka kendu egin zituen pertsonen, kapitalen eta merkantzien zirkulazio askerako hesiak. Espainia eta Portugal EEEra atxiki ziren. Europar Batasunaren aurrekoa zen hura.
Berlingo harresia erori	**1989**	
Ekonomia-potentzia berriak agertu ziren. BRICS esaten zaienak nabarmendu ziren: Brasil, Errusia, India, Txina eta Hegoafrika. Esparru guztietan handitu zen desarautzea.		1992an, Maastrichteko Itunean, txanpon bateratua, euroa, jartzeko irizpideak finkatu zituzten.
Teknologia-burbuila lehertu burtsetan	**2001**	
Globalizazioak geldiezina zirudien telekomunikazioen aurrerapenari esker, bereziki Interneti esker. Herrialde aberatsen eta pobreen arteko aldea hazi egin zen.		2002an sortu zen euroa. Lisboako Itunak onartu egin zuen porrot egin zuela Europako konstituzio bat eratzeko ahaleginak. Gogoetarako aldi bat ireki zen, eta euroeszeptizismoak gora egin zuen.
Etxebizitza-burbuila lehertu izanak eragindako banku-krisia	**2008**	
Munduko krisiak agerian utzi zuen herrialdeek elkarrekiko zuten mendekotasuna, bai eta merkatuen funtzionamendu askeak dituen gizarte-kostuak, lan-kostuak eta ingurumen-kostuak ere.		2012an EBk aurrekontuei lotutako itunak indartu behar izan zituen, hegoaldeko herrialdeen (adibidez, Grezia) gehiegizko zorpetzearen eraginez.

12.2. taula. Globalizazioaren kronologia, Europar Batasunaren historiarekin alderatuta. Agerikoa da azken horren bilakaerak lotura estua izan duela globalizazioarekin.

JARDUERAK

1. Zergatik esaten da globalizazioa ez dela ekonomikoa soilik?
2. Bilatu Interneten historian izandako beste hiru globalizazio-fenomeno, gutxienez.
3. Zure ustez, zer neurritan izan daiteke globalizazioa arazo munduko kulturentzat?

2 Ingurumen-arazoak

Industria Iraultzaz geroztik, teknologiak garapen ekonomikoa eta oparotasuna sustatu ditu, erregai fosilek (petrolioa, ikatza, gas naturala, etab.) lagunduta, batez ere. Baina oparotasun hori ez da musu-truk izan: natura-baliabideak gehiegi ustiatzen ari gara, eta, gainera, ingurumena kaltetzen. Hauek dira **ingurumen-arazo** nagusiak:

Kutsadura eta euri azidoa	Atmosferara isuritako gasak azido bihurtzen dira, eta, azido hori lurrazalera erortzen denean, landareak eta ura kutsatzen ditu; hau da, bizia hiltzen du.
Desertifikazioa	Lehorteek eta deforestazioak erraztu egiten dute desertifikazioa. Gaur egun, arazo handia da, urhorniketarekin lotura baitu. Espainian, lurraldearen % 50 dago arriskuan.
Biodibertsitatearen galera	Baliabideak gehiegi ustiatzearen eta transgenikoak erabiltzearen eraginez, suntsitu egiten dira habitat naturalak; hain zuzen, urtero milaka eta milaka animalia- eta landare-espezie desagertzen dira, haietako asko oraindik ezezagunak.
Hondakinen trataera eta biltegiratzea	Gero eta hondakin solido gehiago sortzen ditugu. Horrez gain, hondakin kimikoen eta erradioaktiboen trataerak eta biltegiratzeak ere arazoak eragiten ditu.
Klima-aldaketa	Atmosferan berotegi-efektuko gasak deritzenak pilatzeak tenperaturak igoarazten ditu, eta ondorio oso larriak izan ditzake horrek: izotza urtzea, itsasoaren maila igotzea, ekaitz suntsitzaileak gertatzea eta uholdeak gero eta sarriago izatea.

2.1. Klima-aldaketa

Kezka handiena eragiten duen ingurumen-arazoa da; izan ere, iraunkorrak izan daitezke ondorioak, eta horrek esan nahi du hurrengo belaunaldien bizi-kalitateari eragingo diotela. Gehien-gehienek onartzen duten arren ezinbestekoa dela zerbait egitea, ekonomialariak eta gobernuak ez dira ados jartzen hartu beharreko neurriei buruz, klima-arazoaren **ezaugarri** hauen eraginez:

- **Denbora-eskala luzea.** Urteak pasa daitezke efektu kaltegarriak agerikoak izan arte.
- **Ingurumen-etekinaren erlatibotasuna.** Ingurumen-konponbideak nork bere egiteak dituen kostuak berehalakoak eta garestiak dira; ingurumen-etekinak, berriz, luzera begirakoak eta orokorrak. Egoera horrek portaera lauso eta nora ezekoetara bultzatzen ditu gehien egin dezaketen haiek. Gainera, ez dago argi kalte batzuk konpontzerik ba ote dagoen jada.
- **Etekinen eta kostuen banaketa desberdina munduan.** Munduko kutsatzaile nagusiak Europa, Txina eta AEB dira. Alabaina, herrialde garatu gehienak gune epeletan daude, eta, horrenbestez, tenperaturen igoerak ez die hainbesteko arriskurik eragiten. Hau da, gehien kutsatzen dutenek eskuratzen dituzte etekinak, eta beste batzuek jasaten dituzte ingurumen-kostuak.
- **Nazioarteko garrantzia.** Praktikan, herrialde pobreenak dira kutsadura murrizteko pizgarri gehien dituztenak, baina murriztuko balute ere, klima-aldaketak beren lurralde-eskumenetatik haragoko zerbait izaten jarraituko luke. Arazoa globala da, eta mundu osoak **modu bateratuan jokatzea** eskatzen du.

GOGOETA

Produktu kutsatzaile merkeak edo produktu ekologiko garestiak?

Ingurumena errespetatzen duten ekoizpen-prozesuak erabiltzeak produktuen kostua igotzea dakar, eta, horrenbestez, baita prezioa ere.

Benetan prest al gaude gehiago ordaintzeko produktu ekologikoen truke?

2.2. Ingurumen-politika

Ingurumena maila guztietan ari da hondatzen, eta eskumenak dituzten agintariek ez dute arrakastarik izan kalte horiei aurre egitean. Europar Batasunetik datoz Espainian aplikatzen diren ingurumen-legeak; dena den, Espainian, autonomia-erkidegoen esku daude naturaguneak arautzeko, espezieak babesteko eta hondakinak tratatzeko eskumenak.

12.4. irudia. Beste energien sustapena ingurumen-politikari lotutako neurrietako bat da.

Ingurumen-politika natura-baliabideak mantentzen lagunduko duten araudi eta neurriak garatzea eta aplikatzea da.

Arauez gain, honako hauek dira ingurumen-politikei laguntzen dieten neurri garrantzitsuenak:

- **Energia berri eta berriztagarriak sustatzea,** hala nola eguzkiarena, haizearena edo mareena (marea-energia).
- **Zergak eta isunak** jartzea jarduera kutsatzaileei, eta ez-kutsatzaileei, berriz, **diru-laguntzak** ematea.
- **Ingurumen-heziketa** ematea publizitate-kanpainen eta ikastaroen bidez, baina baita hezkuntza-sistemaren bidez ere.

GARRANTZITSUA

Energia **garbiak** hondakinik sortzen ez dutenak dira; **berriztagarriak**, berriz, iturri agorrezinetatik etengabe berritzen direnak dira.

3. periskopioa

Zergatik ez dira eraginkorrak ingurumen-politikak?

Ingurumen-politikak ez dira gai izaten ari ingurumenaren hondatzeari aurre egiteko. Herrialde garatu gehienek —AEB salbuespena da, salbuespen handia inondik ere— ingurumena babesteko neurriak bultzatu nahi dituzte, Kiotoko protokoloan ikusi zen moduan. Garapen-bidean dauden herrialdeek, berriz, ez dute horrelako neurri murriztailerik nahi, kaltetu egingo lituzketelako ekonomia-hazkunderako dituzten aukerak.

Bilatu «Kiotoko protokoloa», «ingurumen-akordioak», *kutsadura, herrialdeak* «prebentzio-neurriak»

- Aurkitu garapen-bidean den herrialderen batek ingurumen-arloko akordioren bati uko egiteko duen arrazoiren bat.
- Zer arrazoi dago ingurumen-arloko neurriak ez izateko eraginkorrak eta herrialdeak ados ez jartzeko?

JARDUERAK

4. **Zergatik esaten da klima-aldaketa dela ingurumen-arazo garrantzitsuena?**
5. **Irakurri esaldiak eta adierazi zer esan nahi den haiekin.**

a) «Ingurumenaren hondatzea herrialde aberatsek lortutako ekonomia-hazkundearen truke ordaindu beharreko faktura da».

b) «Lurra ez da gure gurasoen ondasun bat, baizik eta gure seme-alaben mailegu bat» (Indiako esaera zahar bat).

3 Desberdintasunak. Azpigarapena

Globalizazioarekin, herrialde guztietan handitu dira barne-desberdintasunak. Baina, barne-desberdintasunak baino askoz handiagoak dira herrialdeen arteko desberdintasunak, ez baitago aberastasuna banatzeko nazioarteko birbanaketa-tresnarik, hau da, herrialdeetan aberastasuna banatzeko egoten diren tresnen antzekorik.

Horrenbestez, munduko biztanleriaren zati bat eroso bizi da, eta gainerako gehienak pobreziaren azpitik bizi dira. Azpigarapenaren ezaugarri gehienak ekonomikoak dira, baina badaude **azpigarapenaren** bereizgarri diren ezaugarri demografikoak eta instituzionalak ere (12.3. taula).

Azpigarapenaren ezaugarriak		
Demografikoak	Ekonomikoak	Instituzionalak edo publikoak
Per capita errenta txikia	1. sektorean oinarritutako ekoizpen-egitura	Ezegonkortasun politikoa eta demokrazia eta gardentasun falta
Demografiaren hazkunde-tasa handiak	Merkatuen funtzionamendu txarra	Azpiegituren maila eskasa
Kultura- eta gizarte-prestakuntza urria	Aurrezki eta inbertsio urriak	Zor handiak beste herrialde batzuekin (kanpo-zorra)

12.3. taula. Azpigarapenaren ezaugarriak.

4. periskopioa

Zergatik da hain zaila azpigarapenetik ateratzea?

Hauek dira ekonomia-garapena lortzeko behar diren ezaugarrietako batzuk: azpiegiturak, mekanizatutako nekazaritza, gobernu demokratikoak, prestatutako biztanleria eta aurrezteko ahalmena.

Guztiok dakigu faktore horiek beharrezkoak direla, baina herrialde gutxi batzuek soilik lortzen dute ekonomikoki garatzea. Hain da zaila lortzea, lortutakoan **mirari ekonomikoa** izan dela esaten baita, eta sakon aztertzen dira arrakastaren gakoak, ulertzen saiatzeko eta akaso antzeko ezaugarriak dituzten beste herrialde batzuetara hedatzeko.

Espainia arrakastaren adibide bat izan zen 1980ko hamarkadan, ia mende erdiko diktaduraren ostean, ekonomia moderno bihurtu zenean. Dena den, adibide garbiena Txina da: xx. mendearen erdialdean Asiako *Errauskine* zen arren, munduko potentzia bihurtu da. Alemania, Italia eta Japonia berehala suspertu ziren Bigarren Mundu Gerraren ostean, nahiz eta gerra galdu zuten, suntsituta geratu ziren eta biztanleria asko galdu zuten.

Beste muturrean, Saharaz hegoaldeko Afrikako herrialdeak daude: laguntza ekonomiko handiak jaso dituzten arren, atzean geratu dira ekonomian.

Bilatu «Ekonomia-formulak», azpigarapena, «mirari ekonomikoa», *hezkuntza, Espainia, Txina*

- Zein izan ziren Espainiaren eta Txinaren mirari ekonomikoen gakoak?
- Herrialde batzuk zergatik ateratzen dira azpigarapenetik eta beste batzuk ez?

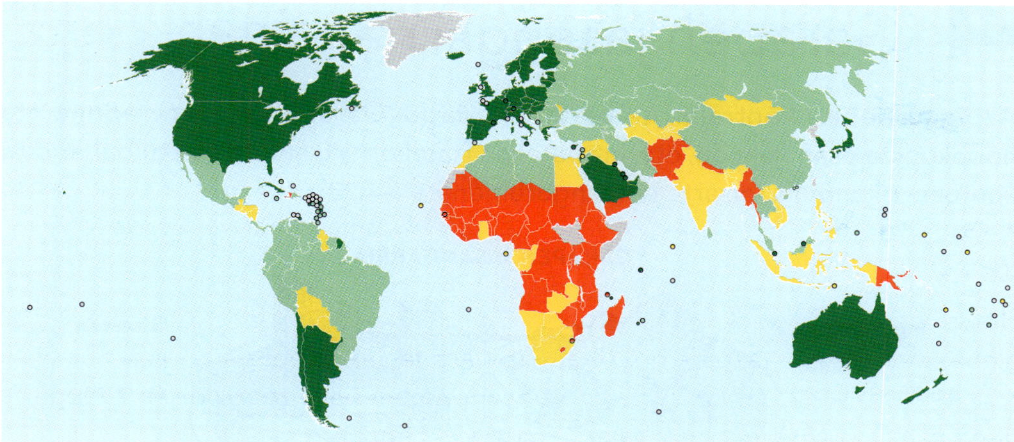

12.5. irudia. Ekonomia-hazkundea ez da kontuan hartu beharreko adierazle bakarra. Bada **Giza Garapenaren Indizea (GGI)** deritzon adierazle bat; Nazio Batuen Garapen Programak (NBGP) egiten du, eta erosteko ahalmenera egokitutako BPGd-a ez ezik, bizi-itxaropena eta hezkuntza ere hartzen ditu kontuan.

2. JARDUERA EBATZIA

Azpigarapenaren ezaugarriak

Lotu ezkerreko zutabean ageri diren prentsa-izenburu hauek azpigarapenaren ezaugarriekin. Ekonomia-prentsatik ateratakoak dira, eta garapen-bidean diren herrialdeei buruz ari dira.

	Erantzuna:
«Biztanleko errenta, munduko baxuenetakoen artean».	*Per capita errenta baxua.*
«Oposizioko kide batzuk espetxeratu egin dituzte berriro ere».	*Demokrazia eta gardentasun falta.*
«Aurrezki urrien eraginez, inbertsioa ez da suspertzen».	*Aurrezki edo inbertsio urriak.*
«Kafea eta kotoia dira gehien esportatzen diren produktuak».	*Lehen sektorean oinarritutako ekoizpen-egitura.*
«Alfabetatzea ez da % 60ra iristen».	*Kultura- eta gizarte-prestakuntza urria.*

HAUSNARTU

Arrainak edo kanaberak?

Garapena sustatu nahian, herrialde garatuek zenbait ekimen jartzen dituzte abian larrialdi-laguntzetarako eta **garapenerako lankidetzarako**. Askotan, ordea, kanpaina horiek mesede gehiago egiten diote herrialde emaileari herrialde hartzaileari baino.

Adibidez, **laguntza baldintzatua** deritzonarekin, Gobernuak produktuak erosten ditu, eta produktu horiek beharrean dauden herrialdeetara bidaltzen; dirua, ordea, herrialde emailean geratzen da, eta han sortzen dira enplegua eta negozioa. Herrialdeei ez bazaizkie ematen beren arazoak konpontzeko bitartekoak, beti nazioarteko laguntzaren mende egongo dira.

JARDUERAK

6. Erantzun azpigarapenaren ezaugarriei lotutako galdera hauei:

a) Kanpo-zorra zergatik da arazo herrialde guztientzat?

b) Zure ustez, zergatik da azpigarapenari lotutako arazoa lehen sektorean oinarritutako ekoizpen-egitura izatea?

7. Zergatik hartzen da giza garapenaren indizea BPGd-a baino adierazle osoagotzat herrialde baten bizi-kalitatea neurtu behar denean?

4 Garapen jasangarria

BA AL ZENEKIEN?

Garapenak alderdi asko agerian jartzen ditu, baina, jakina, adierazle guztiak erlatiboak dira, eta erreferentzia bat behar dute alderatzeko. Konparaketa gehienek erakusten dutenez herrialde garatu gehienak ipar-hemisferioan daudela, eta gorabidean dauden herrialde gehienak hego-hemisferioan, ohikoa da bien artean dagoen aberastasun-desberdintasunari **«Iparra-Hegoa arazoa»** esatea.

Azpigarapenari kontrajarrita garapena dago. Garapenak aurrerapena eta hobekuntza esan nahi du, eta, erabatekoa izateko, hiru alderdi hartu behar ditu kontuan: ekonomia, gizartea eta ingurumena.

12.6. irudia. Garapen jasangarriaren hiru dimentsioak.

Baina, lorturako garapena ez dadin egun bateko lorea izan, hau da, iraun dezan, jasangarria izan behar du. Horregatik hitz egiten da garapen jasangarriari buruz.

Garapen jasangarria pertsonen egungo beharrak asetzen dituen garapena da, etorkizuneko belaunaldiek beren beharrak asetzeko duten ahalmena arriskuan jarri gabe.

5. periskopioa

Zergatik halako obsesioa ekonomia-hazkundearekin?

BPGd-az gain, beste adierazle asko daude, eta haietako bat giza garapenaren indizea (GGI) da. Badaude arreta ekonomiarekin loturarik ez duten faktoreetan jartzen duten beste indize batzuk ere; esate baterako, zoriontasuna eta ekologia kontuan hartzen dituztenak. Zoriontasuna, ordea, erlatiboa da; ingurumen-etekinak neurtzea, berriz, zaila da, eta etekinak lortuko direla ere ez da segurua.

Eta herrialde bateko lanpostuen bilakaera, auto-salmenten hazkundea eta turista-kopuruak, berriz, epe laburrean neur daitezke.

Bilatu «Barne-produktu gordinaren adierazle alternatiboak», *BPGd, jasangarritasuna, ongizatea*

- Aurkitu, garapenarekin lotuta, BPGd-a eta giza garapenaren indizea ez diren beste sistema batzuei buruzko informazioa.
- Hautatu sistema alternatibo horietako bat, eta defendatu haren abantailak. Ikaskide batek sistemarik objektibo eta errealena BPGd-a dela defendatuko du.

4.1. Etorkizuneko helburuak

Garapen jasangarriaren helburua aurreko ataletan ikusi ditugun globalizazioaren bi arazo handiri konponbide bakar baten bidez aurre egitea da: ingurumen arazoei eta desberdintasun- eta azpigarapen-arazoei, hain zuzen.

Garapen jasangarria lortzeko, Nazio Batuen Erakundeak helburu batzuk zehaztu ditu 2015-2030 aldirako, **Garapen Jasangarrirako Helburuak** (GJH) deritzon programaren bidez. Helburu horien jatorria beste programa bat da, **Milurtekoko Garapen Helburuak** deritzona. Programa hori 2000-2015 aldian garatu zen.

BA AL ZENEKIEN?

2000. urtean, Nazio Batuen 55. biltzarrean, Milurtekoko Adierazpena onartu zuten. Han dute jatorria Milurtekoko Helburuek. Adierazpen horretan, XXI. mendean munduak nolakoa izan beharko lukeen zehaztu zuten.

12.7. irudia. Milurtekoko Helburuetatik Garapen Jasangarrirako Helburuetara.

JARDUERAK

8. Baliabideak gehiegi ustiatzea zergatik da arazo garapen jasangarriaren ikuspegitik?
9. Aukeratu 12.7. iruditik garrantzitsuena iruditzen zaizun helburua, eta ikertu alderdi hauek Interneten: zer datuk eragiten duten bereizita landu behar izatea, zer helburu dituen 2030erako finkatutako eta zer neurri ezarri dituzten arlo horretan zenbait herrialdek.

KONTZEPTU-MAPA

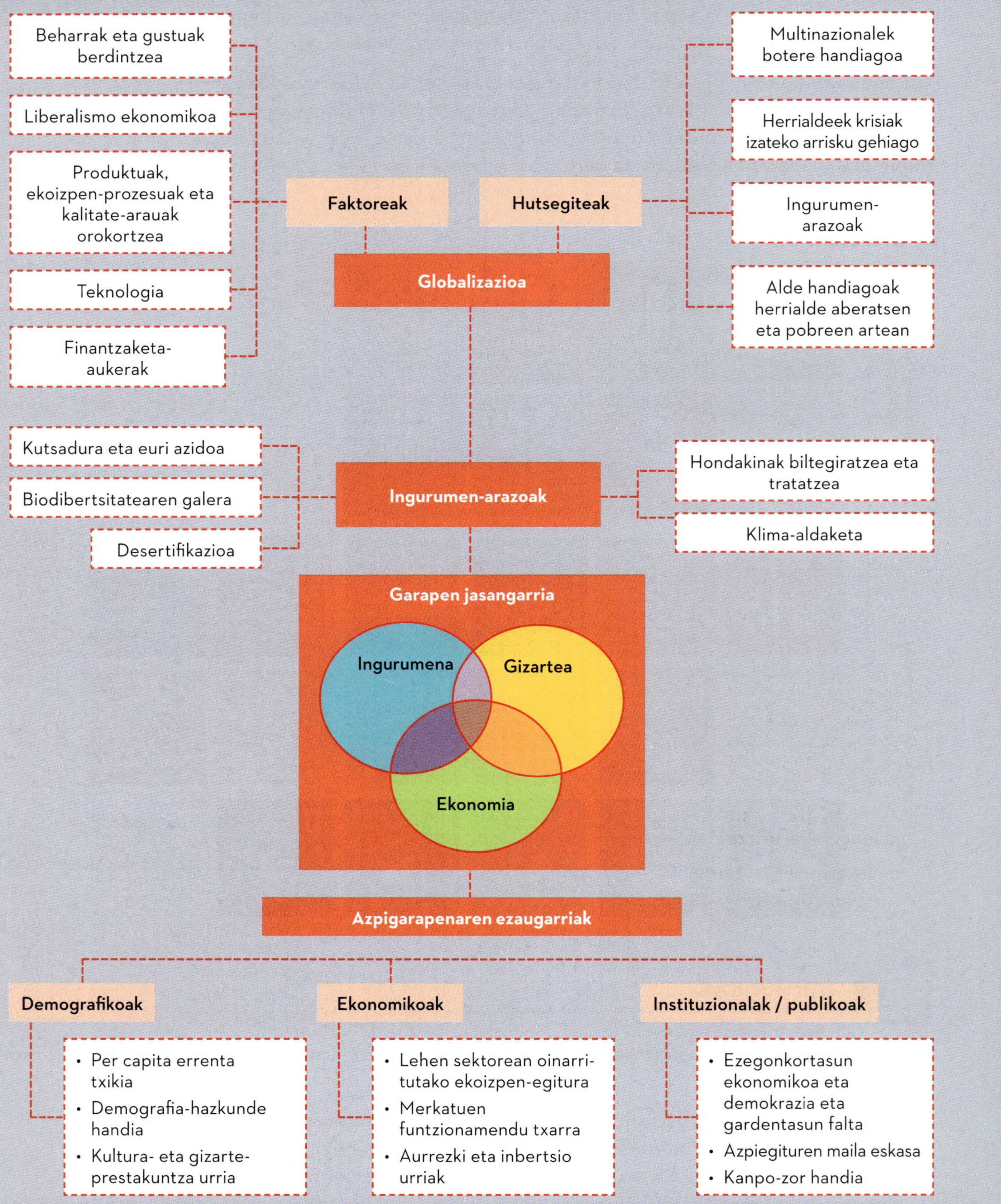

BERRIKUSKETA-TESTA

1. Globalizazioaren eraginei erreparatuta, esan zein esaldi den zuzena.

a) Elkarrekiko mendekotasuna gero eta handiagoa da.

b) Merkatuak elkartu egiten dira.

c) Ekonomia-hazkundea azkartu egin da.

d) Aurreko guztiak zuzenak dira.

2. Zer gertatu da ohitura eta gustuekin azken urteotan?

a) Desberdinago bihurtu dira.

b) Homogeneizatu egin dira.

c) Ez dira lehen bezain garrantzitsuak.

d) Amerikatik soilik datoz.

3. Zein da globalizazioak demokraziari sorrarazten dion arriskuetako bat?

a) Alderdi politikoen ustelkeria.

b) Multinazionalen gero eta eragin handiagoa.

c) Armaden gero eta botere handiagoa.

d) Futbolarekiko pasioa.

4. Zeri begiratu behar diogu herrialde baten benetako garapena zein den jakin nahi badugu?

a) KPIari.

b) GGIari.

c) BEZari.

d) IBHari.

5. Zein da mehatxurik handienetako bat garapen jasangarriarentzat?

a) Interneten boterea.

b) Errealitate birtualeko jokoetan bizitzen amaituko dugula.

c) Laster beste finantza-krisi handi bat gertatzea.

d) Lurraren berotzea.

6. Ezaugarri hauetako zein izan ohi du azpigaratutako herrialde batek?

a) Langabezia-tasa handia.

b) Zor publiko handia.

c) Jaiotza-tasa altuak.

d) Aurreko guztiak zuzenak dira.

7. Hauetako zein da hondakinen trataerari lotutako arazo global bat?

a) Itsasoetan *plastikozko kontinenteak* egotea.

b) Uranio-erregaiaren biltegiratzea.

c) Itsasoetan toxinak pilatzea.

d) Aurreko guztiak zuzenak dira.

8. Ekonomia handi hauen artean, zeinek du errurik txikiena klima-aldaketan?

a) AEBk.

b) EBk.

c) Indiak.

d) Txinak.

9. Garapen-bidean dauden herrialdeek ez dute gogoko ingurumen-politikak ezartzea. Zergatik?

a) Garatutako herrialdeek ez dietelako uzten.

b) Ekonomia-hazkundeari kalte egiten dietelako.

c) Lurraren berotzea mito bat dela uste dutelako.

d) Ez dutelako kutsatzen.

10. Faktore hauetako zein izan da funtsezkoa globalizazioa gertatu ahal izateko?

a) Internet.

b) Munduko ekonomiaren hazkundea.

c) AEBren eta Txinaren arteko lehia.

d) Hidrokarburoak agortu izana.

11. Nola esaten zaie munduko potentzia berriei?

a) PIGS.

b) BRICS.

c) TETRABRIC.

d) ELGE.

12. Zer lortu nahi ditu NBEk 2030erako?

a) Milurtekoko Garapen Helburuak.

B) XXI. Mendeko Helburuak.

c) Betiereko Bake Helburuak.

d) Garapen Mugagabeko Helburuak.

AMAIERAKO JARDUERAK

Teoria

1. **Zure ustez, globalizazioak lehiatzeko zer abantaila ematen dizkie enpresa handiei?**

2. **Zer lotura du globalizazioarekin deslokalizazioak, hau da, enpresak herrialde batetik beste batera aldatzeak?**
Deslokalizazioari buruz gehiago jakin nahi baduzu, Interneten bilatu ditzakezu albisteak. Artikulu hau da adibide bat: «¿Dónde han ido las empresas que han cambiado de ubicación en los últimos cuatro años?». *Expansión* egunkariak argitaratu zuen 2016ko urtarrilaren 4an.

3. **Erreparatu bi esaldi hauei: «Globalizazioak herrialde aberatsen nahiz pobreen aberastasuna handitzen du» eta «handitu egin dira herrialde aberatsen eta pobreen arteko aldeak». Bateraezinak al dira bi esaldiak? Azaldu.**

4. **Erreparatu 12.2. taulari eta erantzun.**

a) Estatuen esku-hartzeko politikek oparotasuna ekarri zuten Bigarren Mundu Gerraren ostean. Zure ustez, zertan oinarritu ziren politika horiek?

b) Zure ustez, zer izan ziren testuak aipatzen dituen *burbuilak*?

c) Munduko zer gertaerak geldiarazi zuen globalizazioa XXI. mendearen hasieran?

5. **Klima-aldaketari dagokionez, erantzun:**

a) Zer kontraesan dago gehien kutsatzen duten herrialdeen eta herrialde horiek jasaten dituzten ingurumen-ondorioen artean?

b) Zure ustez, batera aritu behar al lukete herrialdeek klima-aldaketarekin lotutako gaietan? Zergatik?

6. **Esan garbiak edo/eta berriztagarriak diren energia-iturri hauek: gas naturala, eguzki-energia, marea-energia, biomasa, haize-energia, energia nuklearra, petrolioa.**

7. **Zure ustez, kontsumitzaileek eta administrazio publikoek nola saritu edo zigortu dezakete enpresen ingurumenarekiko errespetua?**

8. **Zergatik funtzionatzen dute zenbait ekonomia-formulak herrialde batzuetan baina beste batzuetan ez?**

9. **Zer esparru bildu behar ditu giza garapenak osoa izateko? Zergatik da ezinbestekoa garapen hori jasangarria izatea?**

Praktika

10. **Aukeratu gehien gustatzen zaizun janaria, musika taldea, jantzia, filma eta liburua. Alderatu zure erantzunak ikaskideekin, eta idatzi gehien agertzen direnak. Azaldu, zure ustez, aukeraketa hori bera egingo al luketen Espainiako beste toki batzuetan eta beste herrialde batzuetan.**

11. **Egin hiru talde ikasgelan: talde batek globalizazioa defendatuko du, eta beste batek kritikatu egingo du. Irakasleak bozeramaile bana aukeratuko du talde horietan. Defendatuko dituzten argudioak prestatu behar dituzte, eta aurkariak zer esango duen igartzen ere saiatuko dira. Ordu-laurden batean taldeko kideek proposamenen berri elkarri eman ostean, bi taldeek beren proposamena defendatzeari ekingo diote. Hirugarren ikasle taldeak, irakaslea barne, bozketa bidez erabakiko du nork irabazi duen.**

12. **Naroa euskalduna da eta Parisen bizi da. Londresen egiten du lan, eta egunero joaten da hara Mantxako kanalaren azpitik pasatzen den abiadura handiko trenean. Bidaiako txartelak makina automatikoan erosten ditu geltokian, eta kreditu-txartelarekin ordaintzen ditu. Londresen, janari azkarreko jatetxe batean bazkaltzen du egunero. Zenbait banku-kontu**

ditu Frantziako banku batean; horiez gain, beste kontu bat du Erresuma Batuko banku batean, libera esterlinatan. Hain zuzen, Erresuma Batuko banku horrek finantzatu dio Frantziako etxearen erosketa. Azaldu zer globalizazio-faktore dauden Naroaren bizitzan.

13. **Lotu izenburu hauek unitateko 2. atalean aipatutako ingurumen-arazoekin:**

Izenburua	Arazoa
«Espainiak baso-hedadura galtzen jarraitzen du»	–
«Udalak uko egin dio hilerri nuklearra jartzeari»	–
«Eztanda kimikoak euri azidoa eragin du azkenean»	–
«Hazten jarraitzen dute karbono dioxidoaren isurketek»	–
«Espainian, arriskuan daude narrasti-espezieen % 30»	–

14. **Lotu prentsa-izenburu hauek azpigarapenaren ezaugarriekin:**

Izenburuak	Ezaugarriak
«Hauteskundeak susmopean»	–
«Kafearen nazioarteko merkatuetako prezio txikia, oztopo herrialdeko emaitzentzat»	–
«Urteko aberastasunaren % 80 eramaten jarraitzen du zorrak»	–
«Errepide-eskasiak ekialdearen eta mendebaldearen arteko komunikazioa oztopatzen du»	–
«Hiru enpresak lortzen dituzte herrialdeko salmenten % 90»	–

15. **Beti esaten da herrialdeek eta enpresek, baliabide gehiago dituztenez, kutsadurari aurre egiteko eta ingurumena babesteko neurriak garatu behar dituztela, baina pertsonok ere jartzen dugu nork bere alea. Jarri ingurumenaren alde zuk egiten dituzun edo banaka egin daitezkeen bost neurriren adibideak.**

16. **Bilatu, Interneten, eskatzen zaizuna.**

a) 12.2. taulari erreparatuz, adierazi:
- Ekonomia marxistaren ezaugarriak.
- Sobietar blokeko ekonomia erortzea bultzatu zuten faktoreak.

b) Unitate honetako 2. atalean zenbait ingurumen-arazo aipatzen dira. Bilatu komunikabideetan haietako bakoitzari lotutako albiste bat.

c) Ingurumenaren arloan sinatu zen azken nazioarteko hitzarmen edo protokoloa. Esan zer hitzartu zuten, baita zenbateko lotura eskatu zitzaien herrialdeei ere.

d) 12.5. irudiko mapa lagungarri duzula, aurkitu antzeko giza garapenaren indizea izan arren, biztanleko BPGd oso ezberdina duten herrialdeak.

e) Bildu Hirugarren Munduaren garapenaren alde lan egiten duten gobernuz kanpoko erakundeei (GKE) buruzko informazioa:
- Zein dira haien helburuak?
- Zer neurri erabiltzen dituzte helburuak lortzeko?
- Izango al zinateke haietakoren bateko kide? Azaldu arrazoiak.

Ezinbestekoa   Beharrezkoa   Osagarria

PRENTSA-LANTEGIA

Bilatu Interneten landu beharreko kontzeptu hauetako bakoitzerako prentsa-izenburu bat, eta osatu taula koadernoan, unitatean ikasitakoarekin zer-nolako lotura duen lerro gutxi batzuetan adieraziz.

Landu beharreko kontzeptua	Izenburuak	Lotura unitatean ikasitakoarekin
Globalizazioaren onurak	«Lider izan nahi badu, merkatu globalen bila joan behar du Indiak» *El País* (2016/02/28)	Globalizazioak muga guztiak gainditzen ditu, eta hazteko aukera ematen die gora egiten ari diren herrialdeei (aukera horiek aprobetxatzen badituzte). India da adibideetako bat.
Kritikak globalizazioari	–	–
Kultura-globalizazioa	–	–
Klima-aldaketa	–	–
Ingurumen-politika	–	–
Azpigarapena	–	–

LEXIKOA

Globalizazioa
Liberalismo ekonomikoa
Biodibertsitatea
Ingurumen politika
Energia berriztagarriak
Ekoizpen-egitura
Kanpo-zorra
Azpiegiturak
Garapen jasangarria
Bizi-kalitatea

EKONOMIAKO JOKOA

Mundu txikiegia

Entzelado planetan lau nazio bizi dira. Guztiek nahi dute industrializatu, seguru sentitu eta ekonomia-hazkundea izan. Haietako bateko agintaria zara zu, eta zure zibilizazioarentzat ahalik eta oparotasun handiena lortzen saiatu behar duzu. Zeu izango ote zara agintaririk loriatsuena?

Helburua

Garatzen eta hazten saiatuko dira herrialdeak. Ekonomia-hazkundeak etekinak ematen dizkio hazkundea duen herrialde horri; alabaina, hazkundeak ingurumen-kostuak ere eragiten ditu guztiontzat.

Jarduera honen bidez, hazkundearen, ingurumenaren eta elkarrekin garapen-lehian ari diren herrialdeen arteko tentsioen oreka korapilatsua ulertzen saiatuko gara.

Denbora

Ordubeteko saio bakar batean egingo da jokoa.

Jokalari-kopurua

Egokiena 4k jokatzea da, baina 2rekin edo 3rekin ere egin daiteke. Beraz, ahal den heinean, 4naka eseri.

Materiala

Irakasleak material hau emango dizue:

1. Kontagailu bat jokalari bakoitzarentzat.
2. Bost fitxa, kontagailu bakoitzarentzat bat (adibidez, 5 txanpon).
3. Lurra berotzearen kontagailu bat guztientzat.

Jokoaren deskribapena

Txanda bakoitzean jokalariak bost ekintza hauetako bat egin dezake (bat bakarrik): inbertitu, ekoitzi, ingurumena zaindu, gerra deklaratu edo kontsumitu.

Jokalariek modu askean egin dezakete diplomazia jokoan. Akordio guztiak daude baimenduta, akordioak ez betetzea ere bai.

Jokalariren batek 10 kontsumo-unitate eskuratzen dituenean amaitzen da jokoa. Horrek irabaziko du. Bestela, ingurumena zerora iristen denean amaituko da jokoa. Mundua suntsitu, eta denek galduko dute.

Film-proposamena

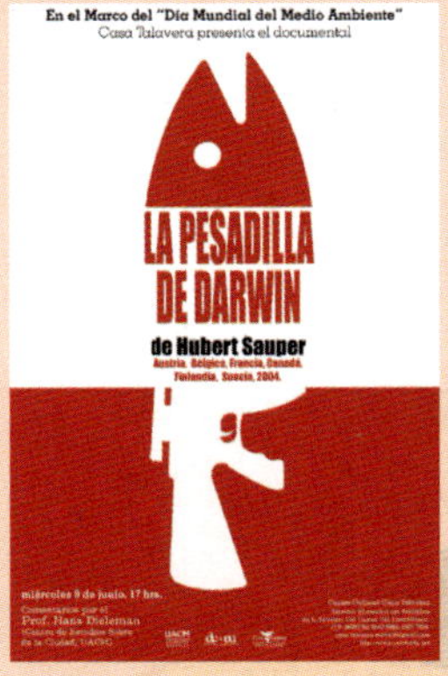

Darwinen amesgaiztoa

Zuzendaria: Hubert Sauper

Urtea: 2004

Herrialdea: Frantzia

Sinopsia:

Tanzaniako txoko batean, Victoria aintziraren ondoan, ekonomia-jarduera bakar bat egiten da: Niloko perkaren arrantza. Gizakiak ibaian modu artifizialean jarritako espezie horren bueltan, mundu osoko pertsonek nahiz enpresek egiten dute negozioa.

Gogoetarako gakoak:

Dokumental horrek gure ikasgaiaren amaierako zatiko alderdi asko jorratzen ditu. Alde batetik, Tanzanian egiten den perkaren merkaturatzeak bikain erakusten du globalizazioaren neurria: pilotu ukrainarrek Errusiako konpainietako hegazkinetan eramaten dute tanzaniarrek harrapatu eta enpresaburu indiarren lantegietan prozesatutako arraina, Europako eta Japoniako merkatuetara bidaltzeko. Bestalde, ibaian harrapakari hori jarri izanak sekulako desoreka eragiten du lurraldeko ekosisteman, baina arraina modu industrialean ustiatzeko aukera ematen du, eta jarduerak milaka laguni ematen die lana. Horrenbestez, hazkundearen jasangarritasunaren gaia jartzen du mahai gainean filmak, baita errenten nazioarteko desoreken gaia ere.

Irakasgaiko edukiak:

- Globalizazioa unibertsala dela ikustea.
- Globalizazioaren ondorioen anbibalentziaz jabetzea.
- Gainerako herrialdeen errealitatearen berri izatea eta haiekiko enpatia izatea.

Galderak:

a) Dokumentala ikusi ondoren, erosiko al zenuke Nilo ibaiko perka supermerkatuan? Zure ustez, zer gertatuko litzateke perkarik salduko ez baldin balitz?

b) Zure ustez, zer egin genezake guk Victoria aintziraren inguruko herritarren bizi-baldintzak hobetzeko? Eta zer egin dezakete tanzaniarrek berek?

Albistea

Langabezian zaudela esatea... drama bat?

TINO FERNÁNDEZ. (*Expansionetik moldatua*, 2015/05/13)

Lanik gabe zaudenean, lehentasunezko enplegu bat izaten duzu: lana bilatzea. Eta egunean 8 ordu gutxienez ez badituzu ematen horretan, erlaxatzen ari zaren seinale. Gullem Recolons enplegu-bilaketan adituak dio hobe dela nork bere burua «bezerorik gabeko profesional» moduan ikustea eta «langabearen» estigma apurtzea. «Ez ibili lanpostu baten eske, eskaini konponbideak», dio. Recolonsen arabera, «bete gabeko behar asko dago, eta enpresak jabetu ere ez dira egiten. Lerro bakarra izan behar luke curriculumak: profesionalaren Interneteko helbidearena. Han erakutsi behar lituzke egiten dakizkien gauza guztiak».

Galderak:

a) **Zure ustez, langabezian egotea estigma bat, trauma bat izan daiteke egoera hori bizi duenarentzat? Zergatik?**

b) **Egileak lana bilatzeko beste modu batzuei buruz hitz egiten du, enpresei «konponbideak eskaintzeko» esaten du, eta ez ibiltzeko lan eske. Zure ustez, zer esan nahi du?**

c) **Interneteko atari batean erakutsi beharko bazenu egiten dakizun guztia, zer jarriko zenuke? Inoiz egin al duzu webgunerik?**

Galdetegia

1. Pertsona bat langabetzat hartzeko, zer baldintza bete behar ditu?

a) Ez aritzea lan bila.

b) 0 eta 99 urte artean izatea.

c) Lan bila aritzea.

d) Soldata bat kobratzea gaur egun.

2. Zer ondorio du zerga-politika murriztaileak?

a) Soldatak handitzen dira.

b) Gizarte-kotizazioak murrizten dira.

c) Zergak handitzen dira.

d) Herri-lan gehiago egiten dira.

3. Zer gertatzen da Estatuak defizit publikoa badu?

a) Ondasun publikoen kantitatea gutxitzen da.

b) Ondasun publikoen kantitatea handitzen da.

c) Zor publikoa gutxitu egiten da.

d) Zor publikoa handitu egiten da.

4. Hauetako zein ez da politika makroekonomikoaren helburua?

a) Ekonomia-hazkundea.

b) Prezioen egonkortasuna.

c) Enplegu betea.

d) Doako hezkuntza 16 urtera arte.

5. Neurri hauetako zeinek handituko lituzke errenta-banaketaren desberdintasunak?

a) Lanaldia 35 ordura aldatzeak.

b) Aberatsen zergak handitzeak.

c) Mundu osoari 1.000 euroko zerga bat jartzeak.

d) BEZa murrizteak.

6. Neurri hauetako zein da inbertsio publiko bat?

a) Errepide bat egitea.

b) Langabezia-sariak handitzea.

c) Langile-gastuak handitzea.

d) Zergak murriztea.

7. Zer egiten du herrialde protekzionista batek?

a) Merkataritza askearen alde egon.

b) Kontsumitzaileen interesak defendatu.

c) Muga-zergak jarri.

d) Moneta sendo bat izan.

8. Zein da Frantziako moneta?

a) Libera.

b) Dolarra.

c) Euroa, Euskal Herrian bezala.

d) Dolar galiarra.

9. Garapen jasangarriarentzat mehatxu bat da...

a) Langabezia.

b) Klima-aldaketa.

c) Ustelkeria.

d) Gastu publikoa.

10. Azpigaratutako herrialdeetan...

a) Ustelkeria gutxi dago.

b) Per capita errenta txikia da.

c) Jaiotza-tasa txikia da.

d) Egonkortasun politikoa egoten da.